Hofrat Hommels

Des Herren Marquis von Beccaria unsterbliches Werk von Verbrechen und Strafen

Hofrat Hommels

Des Herren Marquis von Beccaria unsterbliches Werk von Verbrechen und Strafen

ISBN/EAN: 9783742897336

Hergestellt in Europa, USA, Kanada, Australien, Japan

Cover: Foto ©Thomas Meinert / pixelio.de

Manufactured and distributed by brebook publishing software (www.brebook.com)

Hofrat Hommels

Des Herren Marquis von Beccaria unsterbliches Werk von Verbrechen und Strafen

Des Herren Marquis von Beccaria unsterbliches Werk von Verbrechen und Strafen.

In rebus quibuscunque difficilioribus non expectandum, ut quis simul et serat et metat; sed praeparatione opus est, ut per gradus maturescant. **BACO** Serm. Fidel. XLV.

Auf das Neue
selbst aus dem Italiänischen übersezet
mit
durchgängigen Anmerkungen
des Ordinarius zu Leipzig
Herren Hofrath Hommels.

Breslau,
bey Johann Friedrich Korn, dem ältern.

Hommelische Vorrede.

Der dreyſigſte April des 1765ſten Jahres war der mir unvergeſliche Tag, an welchen ich der höchſten Gnade theilhaftig wurde, in huldreicher Gegenwart des damals minderjährigen und nun glorwürdigſt regierenden Churfürſtens zu Sachſen Durchlauchtigkeit, eine ofentliche Streitſchrift zu vertheidigen. Höchſt deſſelben Frau Mutter und des Herren Adminiſtrator Xavers königliche Hoheiten begleiteten den jungen Helden in Hörſal, und man hätte ſagen können, daß Apollo, Mars und Minerva damals Aſträens Tempel beſtrahlet. Der ganze Hof war gegenwärtig. Leute mit Ordensbändern, Räthe, Prälaten, Obriſten, Stallbediente, und viele Fremde, weil es iuſt in die Oſtermeſſe fiele, ſaßen damals

damals auf den Bänken mitten unter den Studenten. Ich muste kurz zu Werke gehen; denn nur einige Wochen vorher wurde mir höchsten Ortes vorgeschrieben, daß ich einen Gegenstand zur Abhandlung wehlen solte, der einem künftigen Landesherrn dienlich seyn könte. Also wurden Carpzov, Berger, Stryk und Menke vom Tische geworfen, blos die Vernunft zu Rathe gezogen, und meine Disputation überschrieben: Principis cura Leges. Ich habe darinnen folgende Grundsäze behauptet:

Härte schadet; übertriebene Geseze werden lächerlich, und am wenigsten gehalten. Todesstrafen helfen nichts.

Wir haben kein charakterisches Kenzeichen von einem götlichen algemeinen positiv Geseze. Alle Kenzeichen, welche man zeithero davon gegeben, trügen. Es giebt dergleichen nicht.

Ein Gesezgeber muß der menschlichen Schwachheit eingedenk seyn, und die Natur der Sterblichen kennen. Wilst du einen Menschen verdammen, so erinnere dich selbst, daß du Mensch bist.

Ich wünschte, daß die Strafen, welche blos aus einer üblen, durch die Päbste gemachten, Anwendung der mosaischen Geseze entstanden, abgeschaffet werden möchten, weil Christus uns vom Geseze befreyet, und das mosaische Recht uns ganz und gar nichts angehet. Christus ist des Gesezes Ende, Röm. X, 4. Also sol man das jüdische und christliche nicht durcheinander kneten.

Wo

Hommelische Vorrede.

Wo die Natur selbst strafet, so daß der Verbrecher ohne alle Geseze schon satsame Ursache hat, die Sünde zu unterlassen, sol der Gesezgeber gar nicht strafen.

Die Schande, so einer Geschwächeten auf dem Fuße nachfolget, die Züchtigung der Eltern, die Unbequemlichkeit der Schwangerschaft, die Furcht des höllischen Feuers, sind weit ärger, als alle obrigkeitliche Strafen nur immer seyn mögen. Da nun jene vergeblich, was wollen diese helfen?

Man muß Sünde, Verbrechen und verächtliche Handlungen nicht unter einander werfen. Ein Loch im Strumpfe zu haben, ist weder Sünde noch Verbrechen, sondern Schande; seine Schwester zu heyrathen, ist bey den Christen Sünde, aber kein bürgerliches Unrecht. Denn Verbrechen oder Unrecht heist nur dasjenige, wodurch ich jemanden beleidige. Blos dieses ist der Gegenstand bürgerlicher Strafgeseze. Es kan etwas schändlich, es kan etwas sündlich und doch bürgerlich kein Verbrechen seyn. Mensch, Bürger und Christ sind drey unterschiedene Begriffe.

Freyheit, das heist, aufgehobener Zwang in Kleinigkeiten, ist der Zuker, wodurch man denen Bürgern die Unterwürfigkeit versüset. Also hinweg alle Einschränkung solcher Handlungen, wodurch niemanden geschadet wird, und deren Verbot gleichwohl der Schazkammer kein Geld einbringet. Lobet mir keinen gesezgebenden Mükenfänger, welcher die Unterthanen in Schulknaben verwandeln wil. Freyheit und Gelindigkeit der Geseze ist in Monarchien so gut, als in Republiken möglich; sie macht, daß die Leute gerne im Lande wohnen, und loket Fremde herbey.

Die Römer, ein Volk mit politischer Klugheit die bezwungene Welt durch weise Geseze zu regieren, über alle Völker erhaben, hütheten sich wohl, ihre Religion in ihre peinliche Geseze zu mengen, sondern sagten kurz und gut: Wer sich an Göttern und deren Gebothe versündiget, das werden die Götter rächen.

Die abschenlichsten Verbrechen sind, wodurch die algemeine Sicherheit am heftigsten gestöret wird, als vorsezlicher Mord, Feueranlegen, Wegelagerung, Prellerey, Vergiftung, Strasenraub. Mitlere Verbrechen sind, die weniger beleidigen, als Diebstahl, Todschlag aus Jähzeit des Zorns, Ehebruch, doch nur alsdenn, wenn der beleidigte Ehegatte ihn rüget; auf eben die Art, als wie der Hausdiebstahl nicht eher von Richter untersuchet werden darf, als bis der bestohlne Vater es verlanget. Endlich ganz geringe, als Beschimpfungen, Plünderung der Gräber und dergleichen.

Es giebt chimärische Missethaten, die man belohnen und die Verbrecher mit Kränzen zieren solte. Unter sehr vielen nur ein Beyspiel zu geben, so höret man bey Hungersnoth wohlhabende Bürger, welche in wohlfeilen Zeiten dasjenige gethan, was Jehova in Egypten seinem Freunde Joseph eingegeben, gar öfters von Kanzeln verfluchen. Wenn es keine solche Josephe gäbe, so müsten, bey Miswachse, die Armen zu Tausenden verhungern. Es giebt erdichtete Verbrechen, die mit Feuer bestrafet werden.

Täglich sieht man Beyspiele und das päbstliche Recht wimlet davon, daß Worte Sachen aus dem Felde schlagen, und die Wahrheit einem leeren Schalle weichen muß.

Die heilige Inquisition, die Behmischen Gerichte, der Hexen Proceß, die so genanten Gottes Urthel und viele andere blutige Geseze sind aus dem Misbrauche der Religion entstanden.

Diese

Hommelische Vorrede.

Diese höchst feyerliche Disputation habe ich hernach meiner Rhapsodie in einzeln Stüken, damit das Lesen nicht ermüden möge, einverleibet und, um meiner Meynung ein Gewichte zu geben, je zuweilen eine Stelle des Beccaria (den ich hernach erst gelesen hatte, zu der Zeit aber, als ich die Disputation hielte, noch nicht gelesen haben könte) nach der Hamburgischen Uebersezung beygefüget.

Als ich damals von Katheder herunter stiege, schüttelte man die Köpfe. Es widerlegte zwar nur gedachte ärgerliche Säze niemand, warum? Weil jederman meynte, sie widerlegten sich selbst, doch hörte ich, daß einer dem andern ins Ohr sagte: Wenn die Folter, wenn die Lebensstrafen abgeschaffet werden solten, so sey des Nachts niemand sicher über die Strase zu gehen, aus Furcht erschlagen zu werden. Der Herr Regierungs und Consistorial Rath Hankel schiene der einzige, welcher an der Menschlichkeit Gefallen trage, da er diese Abhandlung noch in eben diesen 1765sten Jahre ins Deutsche übersezete, stükweise den

Frankenhausischen Intelligenz Blatte einverleibete, hernach aber zusammen mit einigen Anmerkungen zu Frankenhausen in Octav druken liese.

Der geringe Beyfal, den die Rechtsgelehrten diesen damals ungewöhnlichen Lehren beylegten, machte mich kleinmüthig, bis kurze Zeit darauf, dieses Mistrauen gegen mich in Zufriedenheit sich verwandelte, als ich in gegenwärtiger Schrift des Herren Marquis von Beccaria sehr vieles von demjenigen, was ich in finsterer Sprache Latiens entworfen hatte, durch der Redekunst Fakeln erleuchtet und in Worte umgeschaffen sahe, die nur Engel reden können.

Wenn dessen Buch zuerst an das Licht getreten, bin ich auf das genaueste anzuzeigen nicht im Stande; nur so viel kan ich sagen, daß in der deutschen zu Hamburg 1766. herausgekommenen Uebersezung, welche mir zuerst in die Hände kam, der Dolmetscher in der Vorrede sich beklaget, daß, weil die italiänische Urschrift noch nicht nach Deutschland gekommen sey, er sich genöthiget

thiget gesehen, dieses Werk nicht aus solcher, sondern aus der vor kurzen herausgekommenen französischen Ueberseczung ins Deutsche zu wenden. Fast also zu der nehmlichen Zeit habe ich auf der untersten, so wie der Marquis auf der obristen Staffel der Ehre nicht ganz verschiedentlich gedacht, und Säze, die der Lehre dieses italiänischen Weisen völlig gleichen, vorzutragen den Muth gefasset.

Ich weis nicht, ob vielleicht aus dieser Ursache der Herr Verleger in Breslau, der ältere Herr Korn, da er mir eine ganz neue Ueberseczung unmittelbar aus dem Italiänischen zu besorgen den Auftrag that, und über dieses schäzbare Kleinod der Sanftmuth und Gelindigkeit, das Italien so viel Ehre macht, einige Anmerkungen nebst einer Vorrede verlangte, mir einen Funken philosophischer Kentnis zugetrauet haben mag? Ich muß ihn aber seines Irthums belehren, indem ich zwar ein tiefer Verehrer der Weltweisheit, nicht aber selbst Philosoph bin. Rechtsgelehrte, d. i. Ausleger und Anwender giebt es viele. Aber Chri-

Christian Thomasius ist nicht mehr. Doch solten wohl unter der so grosen Menge nichts als lauter Ausleger und Anwender sich finden? Der Herr Verleger hätte, ehe er sich an mich gewendet, sie fleisiger durchsuchen, nachzehlen, herumforschen und weiter reisen sollen, um diesen Phönix anzutreffen. In tiefen Norden, wo Katharine herschet, hätte er anfragen sollen. Folgende Worte, die Allerhöchst Dieselbe in der Instruction zu Fertigung eines neuen Gesezbuches ertheilet, sind bey mir unvergänglich ins Herz gegraben:

>Nicht alle moralische Unarten, nicht alle Sünden sind bürgerliche Verbrechen, noch ein Gegenstand peinlicher Geseze.

>Die zwanzig jährige Regierung der Kayserin Elisabeth Petrowna, die niemals am Leben gestraft, giebt denen Vätern der Völker ein Beyspiel der Nachahmung, das viel herlicher ist, als alle glänzende Eroberungen.

>Die Schreibart der Geseze muß nicht verflochten und dunkel seyn. Reiche Worte und arme Gedanken verrathen einen Asiatischen Stolz. Die Schreibart des von Zaren Alexei Michailowiz, höchstsel. Andenkens, gegebenen Gesezbuches, ist deutlich, einfach und kurz. Wenn aus selbigen Stellen angeführet werden, hört man solche mit Vergnügen an.

Geseze,

Hommelische Vorrede.

Geseze, die in Ansehung der Geldbuse für gewisse Verbrechen eine namentliche Summe bestimmen, müssen wenigstens alle 50 Jahre auf das neue nachgesehen werden *).

Bey dem Verbrechen der beleidigten, sowohl götlichen als menschlichen, Majestät verkehret und verwirft derjenige alles unter einander, der aus Worten und Gesprächen ein alzu groses Verbrechen macht. Es ist ein wichtiger Unterschied zwischen Unbedachtsamkeit und Bosheit. Der wirkliche grose Geist verachtet die ihm angethane Schmähreden, und nur der strafet, der sich getroffen findet. Es saget jemand zum Xerxes: er verstehe den Krieg nicht, Es sagt eben dieses ein anderer zum grosen Alexander; Xerxes wird strafen, Alexander wird lachen. Wie können wohl Fürsten blose Reden als wirkliche Thaten bestrafen, da ein bedenkliches Stilschweigen zuweilen mehr ausdrükt, als alle Gespräche? Ein bloser Verweis würde sich besser schiken.

Wenn die Bücher Censur zu scharf, so vernichtet man die Gaben des menschlichen Verstandes, und benimt die Lust zum Schreiben. Die Verfolgung reizet die Gemüther, aber Glaubensfreyheit erweichet die verhärtesten Herzen und beuget die Halsstarrigen.

Wie können wohl Prinzen an solchen Schmeichlern Gefallen tragen, die ihnen täglich vorlügen, daß die Völker ihrentwegen erschaffen sind? Wir aber halten dafür und schäzen es uns zum Ruhme, zu sagen und frey zu bekennen,

---

*) Besser vielleicht, Getrayde zum Maasstabe anzunehmen oder, weil auch hier es nicht zu allen Zeiten einerley Scheffel giebt, so wie die ältesten Römer, nach Schafen und Ochsen nicht in Natur, sondern nach der mittlern Zahl zwischen den höchsten und niedrigsten Marktpreise, wie er in einem Durchschnitte von 20 Jahren auf dem nächsten Viehmarkte gestanden, die Summe zu bestimmen.

kennen, daß Wir unsers Volkes wegen erschaffen sind. Got verhüte, daß ein Volk auf Erden gerechter, folglich blühender seyn möge, als das Unsrige.

Doch ich kehre zu meinen Beccaria zurük, von dessen deutscher Uebersezung, welche zu Hamburg herausgekommen und gut gerathen, ich schon oben Erwehnung gethan. Ein Jahr darauf, nehmlich 1767. erschiene zu Ulm eine andere, selbst aus dem Italiänischen. Ob dieser Uebersezer das Welsche verstanden? weis ich nicht, weil ich selbst dieser Sprache gänzlich unerfahren, aber wohl so viel erhellet zuversichtlich, daß er der deutschen Zunge nicht mächtig gewesen. Kaum ist man im Stande, eine Seite ohne Widerwillen zu lesen. Einige dieser Uebersezung beygefügte, überaus christliche und wohlgemeynte Anmerkungen, in welchen Consilia Tubingensia, Lauterbach und Daniel Classen fleisig angeführet, verunstalten des Beccaria götliches Werk. Viel zu schwach, diesen Weltweisen nur zu fassen, wil der Anmerker ihn erklären, oder wohl gar, Got sey bey uns! widerlegen. So unschmakhaft diese Ulmerische Anmerkungen sind,

Hommelische Vorrede.

sind, so sehr erhebt sich dargegen ein vortreflicher Commentar in französischer Sprache, welcher nach Angabe des Titelblattes zu Philadelphia bey Johann Roberten, Buchdrukern des General Congresses 1775, wenn es jemand glauben wil, gedrukt seyn sol. Ich werde das Brauchbare davon dann und wann bey meinen Noten unter der Bemerkung Franz. Comment. mit einrüken. Sie sind voller Geist und Einsicht.

Auch werde ich wegen Misverstandes und irriger Anwendung des Mosaischen Rechts, mitten unter meinen Anmerkungen, je zuweilen aus des Ritter Michaelis Schriften etwas beybringen. Der Ort, wo er lehret, erlaubet ihm, nicht allein frey zu denken, sondern auch was er denket, frey zu schreiben. Diese vorzügliche Zierde der Göttingischen hohen Schule wird in Auslegung der heiligen Schrift, nach Verlaufe einer kurzen Zeit, unter den Theologen eben dasjenige seyn, was Cujacius unter den Juristen.

Was die von Beccaria erwehlte Ordnung anbetrift, so getraue ich mir nicht selbige

bige zu loben, ob er wohl daran bey jeglicher Ausgabe gekünstlet und öfters das hintere vorgesezet. Seine Gedanken sind einzelne Blumen, die noch in Korbe liegen, ohne daß sie zierlich in einen Kranz geflochten. Uebrigens wil ich hoffen, daß die gegenwärtige dritte, unmittelbar aus dem Italiänischen erfolgte Verdolmetschung sich gut lesen lassen werde. Ich habe den Uebersezer, Herren **Philip Jacob Fladen**, sehr gebethen, nur dahin zu trachten, daß er den Sin und Geist des Beccaria treffen und keinen demüthig gehorsamsten Diener der Redensarten und Worte abgeben möge. Die langen und zierlich in einander geflochtenen italiänischen Perioden solle er lieber zergliedern und, mit einem Worte, frey übersezen. Ich muß dieses erinnern, damit, wenn er etwa diesfals Tadel ausgesezet würde, die Schuld nicht auf ihn, sondern auf mich zurükfallen möge.

Solte wohl in übrigen jemand von aller billigen Denkungsart sich so weit entfernen, daß er nicht begreifen solte, wie sowohl Beccaria als ich, blos den Adel des menschlichen

lichen Geschlechtes, welches bishero denen grausamsten Vorurtheilen aufgeopfert worden, durch Menschlichkeit zu beschüzen gesuchet, keinesweges aber die Geseze besonderer Länder anzugreifen, die Meynung gehabt haben. Sein Buch und meine Anmerkungen beschäftigen sich mit der gesezgebenden Klugheit, nicht aber mit der Auslegung und Anwendung bereits gegebener Rechte. Jene ist ein Werk der alltäglichen Jurisprudenz, dieses die Beschäftigung der Politik und Weltweisheit, der Weltweisheit sage ich, für welche derer Rechtsgelehrten gemeiner Haufe sich mit Kreuzen segnet, und die Klügeleyen der Vernunft als ein neues Thor anstaunet. Wenn irgendwo ein selbst denkendes Geschöpfe mit Bescheidenheit, daß ein gegebenes Geseze dem gemeinen Wesen nicht zuträglich sey, erinnert; jedoch seine Meynung, wie er thun muß, der Majestät unterwirft und unterdessen selbst gegen die gegebenen Geseze nicht handelt, sondern sie beobachtet und fürchtet, so sol man einen solchen Freywilligen, der mit leisen Schritten, nicht ohne

Gefahr,

Gefahr, gleichsam auf den Zehen herbey komt, keinesweges abweisen; sondern wenigstens dessen guten Willen belohnen, gesezt auch, daß seine Vorschläge nicht annehmlich schienen. Des Philosophen mühseliges Bestreben bearbeitet ein Feld, welches die Eigenthümer Braache liegen lassen; er biethet ihnen noch überdieses, unentgeltlich, die Früchte zu beliebigen Gebrauche dar. Das thut er, und du wilst ihn strafen? Ich habe mich öfters sehr verwundert, daß das bürgerliche Recht, so blose Geldsachen betrift, vortreflich bearbeitet und fast zu seiner Volkommenheit gebracht sey. Nur Kirchen=Policey= und Criminal Ordnungen der meisten Provinzen Deutschlandes enthalten Finsternisse, und sind ein unbebautes Feld, ein Lehde und wahre Wüsteney:

> Pro molli viola, pro purpureo narcisso
> Carduus, et spinis surgit paliurus acutis.

Auser was Christian Thomasius, Montesquieu und unser Marquis gethan, ist alles öde. Es suchet ja aber sonst dieses philosophische Jahrhundert alles bis auf den Gipfel zu treiben; Romanen, Predigten, Naturlehre,

lehre, Malerey und Arzneykunst prangen mit den herlichsten Verbesserungen. Nur du Aſträa bist verlaſſen! Vergeblich ſuchet ein Deutſcher Flavius den Urthels Styl zu beſſern. Es bleibet alles bey voriger Barbarey. Die von Dorfe auf Landtäge berufene Edelleute und Stände, wenn ſie einen Proceß gehabt, der ihnen ſchweres Geld gekoſtet, glauben, das ganze Wohl des Staates beruhe auf einer Tax= und Proceß Ordnung. Allein eine ſchlechte Gerichts Ordnung fält zwar ſchwer in Beutel, aber ſie beraubet doch niemanden ſeiner Freyheit, ſeiner Ehre, Geſundheit und ſeines Lebens.

Wolte Got, daß alle Geſeze ſo gut bear=beitet wären, wie die Cammeral Wiſſen=ſchaften! Hier haben die Räthe geglaubet, verlohne es ſich der Mühe, ihren Wiz an=zuſtrengen, alles übrige möge immerhin in ſeinem Chaos verwildern.

Prinzen, wenn ihr das Leben eines ge=meinen Mannes und eines Windhundes nicht für eines achtet, ſo komt es euch zu, ſchändliche Geſeze, die wir noch haben, vom alten Sauerteige und Vorurtheilen zu reini=

Becc.   b   gen,

gen, folglich auch diejenigen zu schüzen, die zum Denken Anlas geben. Man nenne den Marquis keinen Projectmacher. Das Bedenklichste, das Allerabscheulichste, worüber Rechtgläubige sich schüttelten und die Augenbraunen thürmeten, ist glüklich ins Werk gesezet; nehmlich die Folter ist zernichtet; die hochheilige Kirchenbuse nunmehro selbst von Geistlichen für ungereimt erkláret; und die Landesverweisung des Landes glüklich verwiesen. Alle seine übrige Sáze sind eben so unumstöslich. Nur muß man es wagen, weise zu seyn; nur muß man von denen Begriffen, die der Herr Schulmeister tief in unsere annoch leere Seele gepräget, als: daß Got durch Hängen und Köpfen sich versöhnen lasse und daran einen Gefallen trage, daß Kezerey bestrafet werden müsse, daß unordentliche Vermischung des Fleisches ein weit gröseres Verbrechen sey, als Strasenraub und Gift; daß Got zürne, wenn er donnere, u. s. w. in etwas sich entfernen. Aus solchen schulmeisterlichen Lehren entstehen abentheuerliche Begriffe vom Christenthume und

Reli=

Religion. Einen einfältigen und schlecht denkenden Juden, der zu stehlen, auch nach Gelegenheit, zu morden und zu betrügen keinen Anstand nimt, kanst du sicher am Sabbathe einen mit Ducaten erfülten Huth hinlegen. Geld an diesen Tage anzugreifen, ist ihn mehr, als an einem andern seine Mutter zu verrathen. Das nennet er Religion; das heist bey ihm dem heiligen Geseze seiner Väter Abraham, Isaac und Jacob nachleben. Wahre Verbrechen, meynet er, vergebe Got demjenigen, welcher in keiner verbothenen Ehe lebe, Fasten und Gebethe in den vorgeschriebenen Stunden beobachtete, sich von der Speise des Erstikten, des Blutes und unreinen Viehes enthielte, gar leicht, denn er sey ein barmherziger Vater. Auch unter den Christen habe ich in Criminalacten durchtriebene Bösewichter und Mörder angetroffen, welche gleichwohl am Freytage, unter Verheisung des ansehnlichsten Gewinstes, kein Fleisch gegessen haben würden. Wenn die anbefohlne Beobachtung der heiligen Tage zu sehr in das Jüdische fält, wenn man die

Leute

Leute durch weltliche Strafen zum heiligen Abendmahle zwingen wil, wenn man das Innerliche und Wesentliche, welches den Christen machet, wie es beständig geschiehet, verwechselt mit dem Aeuserlichen, woran der Pöbel klebet, so entstehet daher das für die wahre Kirche und den Staat so höchst gefährliche Uebel, daß der gemeine Haufe meynet, es bestehe die Religion aus Feyerlichkeiten, in Kirchengehen, in blosen Singen und Bethen. Als ein einfältiger Dorfprediger sich gegen den Erzbischof von Fenelon rühmte, er habe in seinem Dorfe das Tanzen am Sontage gänzlich abgeschaffet, so antwortete ihm dieser würdigste Prälat, lieber Mitbruder: Misgunst ist es, und nicht Gottesfurcht, so euren Eifer beflügelt. Lasset uns nur nicht selbst den Vorreyhen machen, die Bauern mögen in Gottes Namen tanzen. Warum erlaubet ihr ihnen nicht, wenigstens einige Stunden lang, ihr Elend zu vergessen? Sechs Tage betrügt der Jude, aber den siebenten nicht. Das thut er, und nennet dieses Gottesfurcht. Auferziehung, Grosmütter,

Ammen

Ammen und Schulmeister sind die Perpendikel unsers Lebens, und man siehet häufig, daß die Kinderstube annoch im Alter uns hinterher läuft. Man lasse nur wenigstens die Stunden, in welchen man dieses Buch lieset, der Urtheilungskraft über das Gedächtnis die Oberhand, und seze deutlich begriffene Wahrheiten an die Stelle derer, die man blos auswendig gelernet. Der Allerhöchste hat an Grausamkeiten keinen Wohlgefallen, wie einige Zorntheologen vermeynet haben. Er vergiebt dem bußfertigen Sünder, wenn er auch nicht geköpfet wird, und thut dieser keine Buße, so wird das vom Richter vergossene Blut die Sünde nicht abwaschen. Gottes Gerichte und menschliche Gerichte sind heterogene Dinge, und so schwerlich, wie Wasser und Oel, mit einander zu vermischen, weil ihre Bestandtheile und ihre Quellen verschiedentlich. Die Quelle, woraus menschliche Strafgeseze fliesen, ist einzig und allein die Gröse des Unheils, welches ein Verbrechen dem Nächsten oder der ganzen Republik verursachet. Wer dieses nicht wohl unterscheidet, der errich-

errichtet ein Lehrgebäude, ähnlich dem, welches Horaz verlachet.

> Fürwahr ein artig Bild! Es steht ein Menschenkopf
> Auf eines Pferdes Hals: den diken Vogelkropf
> Bedekt ein bunter Schmuk von farbigen Gefieder;
> Hernach erbliket man verschiedner Thiere Glieder.
> Von oben zeigt ein Weib ihr schönes Angesicht
> Von unten wirds ein Fisch. Ihr Freunde lacht doch nicht!

Das Bedenklichste im ganzen Werke des Beccaria ist wohl vermuthlich dieses, daß er die Todesstrafe gänzlich abgerathen. Eine ganze Heerde von Schriftstellern hat ihn darüber angeschnattert. Hätte er aber nicht wenigstens den vorsezlichen Mord ausnehmen, und des Spruches gedenken sollen: **wer Menschenblut vergeust, des Blut wird wieder vergossen werden?** Selbst habe ich noch immer einen starken Hang, wenigstens den Todschlag, (nehmlich den meuchelmörderischen und vorsezlichen, nicht den, welcher aus Jähheit des Zorns entstanden) mit dem Schwerde zu belegen. Nicht des ob angezogenen Spruches halber, den Moses nicht zuerst geprediget, sondern der, so wie die ganze jüdische Blutrache, ein viel älteres arabisches Recht ist: auch nicht deswegen,

wegen, als ob ich glaubte, es könte ein Volk auser einem solchen Geseze nicht in Sicherheit leben. O warum nicht! Bey den meisten alten Völkern, als Griechen und Römern, war weiter nichts, als Landesverweisung, bey denen Deutschen aber, als sie schon Christen waren, und bey den Pohlen, nur eine Geldstrafe auf den Todschlag gesezet; sondern deswegen, weil derjenige, der sich berechtiget hält seinem Feinde das Leben zu nehmen, auch von diesem ein Gleiches erdulten muß, weil lezterer das nehmliche Befugniß hat zu sagen: Nun dann, so bist du auch mein Feind! Er ist aber tod, folglich muß die Obrigkeit es rächen, und ihm sagen: Du bist unser aller Feind, denn niemand ist für dir sicher. Michaelis in der Vorrede des 6ten Th. Mosaischen Rechts sagt folgendes: Auf Mord muß, wie es scheint, ordentlich wieder der Tod stehen. Dies gar nicht um des Gesezes 1 B. Mos. IX, 6. willen, denn das gehet uns gar nicht an, sondern ꝛc. Auch schon längstens vor demselben hat der hällische Gottesgelehrte Baumgarten, bey welchem ich in

Halle an Tisch gegangen und deſſen Aſche mir heilig iſt, daß dieſes ein bloſes jüdiſches Geſez ſey, ſo die Chriſten in mindeſten nicht verbinde, ganz augenſcheinlich gelehrt und erwieſen; wannenhero die Meynung derjenigen Rechtsgelehrten, welche dem Landesherrn bey Todſchlägen das Begnadigungs Recht zu verſagen ſich erfrechen, keine Kentnis, ſondern Finſternis verräth. Es hat freylich, ich empfinde es, das Wort Blut was ſchauderhaftes an ſich, weshalb Dichter und Redner es lieben, weil ſo gleich der Schall die Einbildungskraft erhizet. Dergleichen Worte giebt es viele, die niemand ohne Verdacht einer Gotloſigkeit zu zergliedern und, daß ſie nichts vorſtellen, zu zeigen ſich unterfangen darf, ſo daß öfters eine klingende Schelle über Wahrheit und Sachen triumphiret, weil ſolche Wörter, wie gedacht, die Phantaſie in Brand ſteken, und abſonderlich diejenigen ſchwachen Seelen am meiſten zitternd machen, die am wenigſten ſothane Worte verſtehen, als Zeter, Zetergeſchrey, Donner, Thräne, Seraph, Zähre, Heilig, Seladon u. ſ. w.

Alles

Alles herzbrechende, mächtige Worte, die Häuser niederreisen und alles übertäuben. Unter diese baumstarke Wörter, die ohne weitere Ueberlegung alles zu Boden schlagen, gehört auch das Wort Blut oder noch schrekhafter — Menschenblut, besonders aber Blutschuld, welches leztere bey den Christen gar keine Bedeutung hat. Wem schaudert unterdessen nicht die Seele, wenn er die Juden rufen hört: Sein Blut komme über uns und über unsere Kinder! Bey den Juden und Arabern hatte das allerdings eine vernünftige Bedeutung, indem diese jüdische Redensart vom Bluträcher hergenommen ist, da des Entleibten nächster Anverwandter, wenn er nicht von aller Welt verachtet und für einen feigherzigen Schurken gehalten seyn wolte, so wie auch auserdem eine Verbindlichkeit auf sich hatte, an den Todschläger sich zu rächen, welche Obliegenheit man Blutschuld nante, so gar daß die Obrigkeit verbunden war, den Rächer zu unterstüzen und, wenn sie den Mörder gefangen hielte, ihn auszuliefern, damit dieser Bluträcher ihn selbst töden und

seine Rache an ihm austoben lassen könte. Wenn ein Anverwander den Tod selbst rächen wolte, wie er zu thun schuldig war, so bekümmerte sich die Obrigkeit um nichts, und stellete keine Untersuchung an, sondern nur alsdenn, wenn kein Anverwander da war, muste sie dessen Stelle vertreten, als in welchen leztern Falle sie selbst die Blutschuld auf sich hatte, und den Mörder bestrafen muste, unter der Verwarnung: daß widrigenfals die Stadt und das Land, welches den Mörder hegete, verhehlete und schüzte, verflucht seyn solle. Es komt auch die Sache im Korane vor, wo aber Mahomed diese Blutrache, weil sie ganze Familien von Grosvater bis zum Urenkel gegen einander wechselsweise empörte, folglich zu unaufhörlichen Kriegen unter den Horden Anlas gabe und der Prophet solchemnach erkante, daß das Geseze, welches dem Morde steuren solte, selbst zum Morden Anlas gebe, gar sehr einzuschränken und fast in ein Nichts zu verwandeln, bemühet gewesen. Die Araber, und mit solchen die Juden, haßten also den Anverwanden, wenn er kein Bluträcher
                                                                                                wurde.

wurde. Doch dauerte diese Blutrache nicht länger, als bis auf den Tod des Hohenpriesters, 4 B. Mos. XXXV, 32. wo alle Blutschuld aufhörete und gänzlich erlosche, welches alles bey uns Christen keine Anwendung findet, und auf den Tod unserer Herrn General Superintendenten schwerlich passen würde. Sol aber der Tod des Priesters bey denen Christen nichts gelten, da er doch bey den Juden so kräftig war, o! so würde ja Christus, anstat uns vom Joche des Gesezes zu befreyen, noch ein härteres, als selbst den Juden, uns auferleget haben. Ich zweifle nicht, daß diese Blutrache bey denen herumziehenden Patriarchen, die keine Obrigkeiten hatten, also bey andern Völkern und zu andern Zeiten ein heilsames Gesez gewesen, aber bey den Christen sind die Redensarten: Blutschuld auf sich haben; Blutschulden auf ein Land bringen, blos rednerische Blumen aus der Kanzelsprache, die allerdings sehr überraschen, und ein Schaudern erregen, übrigens aber so wenig wahren Sin in sich fassen, als Zeter und Zetergeschrey, welches ohne alle Bedeutung,

tung, gleichwohl aber doch ein gar gewaltiges Wort ist. Knecht und Freyer sind, deucht mich, vor Gottes Augen eins und, da niemand den rothen Lebensstrom, der in den Adern eines Sklaven fleust, den Namen des Menschenblutes absprechen wird, so hätte das Geboth: wer Menschenblut vergeust, wenn es ein algemeines Geseze wäre, auch den Herren treffen müssen, der seinen Knecht oder Magd erschlagen. Allein dieses bliebe unbestraft, mit dem im 2 B. Mos. XXI, 20. 21. angehängten Entscheidungs Grunde: denn sie sind sein Geld. Auch konte kein Sklav einen Bluträcher haben. Ferner, wäre das Geseze: wer Menschenblut vergeust unwandelbar, so würde Got nicht sechs Freystädte verordnet haben, in welchen zwar nicht der meuchlerische und vorsezliche Mörder, jedoch derjenige, so in Jähheit des Zornes jemanden erschlagen hatte, für dem Rächer gesichert war.

Irre ich, oder ist es wirklich an dem? daß, nachdem man Gelegenheit gefunden, das römische Wort Incestus, welches Unkeuschheit bedeutet, in das Wort Blutschande

schande umzukleiden, der Abscheu dargegen nicht der Sache, sondern blos des Wortes Blut halber, bey denen Deutschen höher gestiegen sey? Die Strafe der Blutschande, der ich hier von ungefähr nur Meldung thue, muß eine Kirchenstrafe bleiben, wenigstens halte nicht für zuträglich, daß ein weltlicher Herr auf Mord und Blutschande einerley Strafe seze.

Da Mord ein beleidigendes Verbrechen, Blutschande aber bloß Sünde ist, wodurch niemand beleidiget wird, und überhaupt dem Fürsten keinesweges die himlische, sondern blos die irdische Wohlfarth seiner Unterthanen anvertrauet, so siehet wohl ein jeder den Unterschied. Fleischliche Vergehungen entstehen aus Schwachheit, Verbrechen aus Bosheit. Als des Königs in Preusen Majestät die Kirchenbuse zuerst abschaffete und ferner in Jahre 1765. verordnete: daß, damit geschwächete Weibspersonen um so viel weniger Bedenken finden möchten, ihre Umstände jemanden zu entdeken, zu Abwendung eines grösern Uebels, von nun an alle Hurenstrafen,

fen, von welcher Gattung und Art sie seyn mögen, abgeschaffet seyn und dergleichen Weibsleute, ihres begangenen Fehltrits halber, zu keiner Strafe ferner gezogen, auch ihnen nicht der geringste Vorwurf deshalb oder einige Schande gemachet werden solle, so sagten die Geistlichen in frommen Ländern und Reichs Städten: Got werde Feuer und Schwefel von Himmel regnen lassen. Gleiche Seufzer erschalleten, als dieser durchschauende Monarch bey Heyrathen in überley verbothenen Graden, der Dispensations Gelder grosmüthig entsagte, und auf die Bevölkerung Rüksicht nahme. Es hat aber meines Wissens noch niemand von diesen Schwefel Dampfe etwas verspüret und, ist ja auf Berlin etwas von Himmel gefallen, so ist es Seegen.

Naturlehre, Grammatik, Arzneykunst und Mathematik sind zufälliger Weise darinnen glüklich, daß man in diesen Wissenschaften etwas neues sagen darf, ohne in Pfuhl der Hölle geworfen zu werden. In der Gottesgelahrheit und Philosophie, auch

bey

bey der Rechtslehre, in so weit sie mit jenen verbunden, gehet es anders. Alles neue ist verdächtig. Allein der selbst denkende Jurist und Staatskundige muß durchaus durch moralische Plauderey und betäubende Wörter sich nicht irre machen lassen, die Gröse des Verbrechens in etwas anders als einzig und allein in den Schaden zu suchen, welcher daraus der Geselschaft erwächset. Es sey die begangene That oder das ausgestosene Wort immerhin ein grammatikalisches, logikalisches, moralisches oder theologisches Verbrechen, das gehet uns nichts an, die wir uns blos mit bürgerlichen Unheile beschäftigen. Unsere Regel ist diese: Je trauriger der Erfolg, den eine That dem gemeinen Wesen verursachet, desto strafälliger ist sie. Hat sie aber keinen nachtheiligen Erfolg in gemeinen Wesen, so ist sie gleichgültig, allerwenigstens kein Gegenstand der bürgerlichen Strafgeseze.

Dieses zum vorausgesezet, so wollen wir mit der Wagschale der Vernunft, welche bey allen Völkern gilt und die der Christ nicht verwerfen darf, weil sie allein

unsern

unsern allerheiligsten Glauben von falschen Religionen unterscheidet, nur jezt in kurzen Injurien, Diebstähle und Mordthaten gegen einander aufwiegen. Durch Schmähungen schmälert man des andern Ehre, welches ein blos eingebildetes Guth ist, so daß die Verlezung erträglich, weil ein einzeln schimpfender Kerl mir meine ganze Ehre zu rauben nicht im Stande, welches nur geschiehet, wenn das ganze Volk schimpfet. Diebstahl benimt einen Theil der Güther, und kan den Bestohlenen in unverdiente Armuth bringen, welches zwar ein wirklicher Verlust, doch kan er ersezet werden. Mord aber entziehet ein unersezliches Guth und bringet den Tod, als das Schreklichste unter den Schreklichen. Dieses sind, deucht mich, drey sehr kentliche Stufen. Daß ohne Willen und böslichen Vorsaz jemanden zu schaden sich kein Verbrechen denken lasse, sondern dieses allein das Wesen des eigentlichen so genanten Verbrechens ausmache, ist der Vernunft so gemäß und fält dergestalt in die Augen, daß ein Rechtslehrer bey Erklärung der Anfangs

Hommelische Vorrede.

fangs Gründe sich kaum die Mühe giebt, seinen Schülern solches zu erklären, weil die Sache keiner Erklärung bedarf; und ist daher gar nicht zu begreifen, wie aus fremden Wissenschaften, besonders aus der Hoheit des päbstlichen Rechts, welches das jüdische und christliche gar vielmals unter einander knetet, der Seele tief eingeprägte und durch langen Gebrauch geheiligte Lehren, diesen Saz so unkentlich machen können, daß Beccaria, mit Beyfal der grosen Welt, dieses ganze Buch deswegen schreiben müssen, worinnen er beweist, daß, wo niemand beleidiget wird, daß, wo kein Schade erfolgt, die That kein Verbrechen genennet werden könne. Es hat zwar hin und wieder der Unverstand ein anderes eingeführet, und muß der schüchterne Philosoph freylich zum öftern verstummen, so bald ein Heer Menschen wüthend auf ihn losschreyet: der Gebrauch wil es aber, der Gebrauch, ein wüthender Despote! Darum sol der Fürst den Philosophen, damit er nicht überschryen werde, schüzen und nicht selbst auf ihn mit losschreyen.

Es ist eben so handgreiflich, daß man bey einem geschehenen Unglüke Bosheit und Fahrläsigkeit zu unterscheiden habe. Wenn jemand durch Unachtsamkeit und blose Nachläsigkeit dem andern schadet, so zweifelt niemand in der Welt, daß er nicht den Beleidigten den Schaden ersezen müsse, so bald der Beschädigte darauf bürgerlich klaget, und gehöret diese Sache für den Stadtrichter. Aber in wie weit nach völliger Genugthuung und hinlänglichen Ersaz des Schadens (so daß man nicht sagen könne, daß die Züchtigung des Leibes an die Stelle des Geldes trete) die Fahrläsigkeit ein Gegenstand und Geschäfte für den Blutrichter sey, darüber wünschte ich, daß der Verfasser, nach seinen philosophischen Scharfsinne, sich herausgelassen hätte. Insonderheit bedaure ich, daß er derer

Policey Strafen

gar keine Erwähnung gethan. Der gröste Theil unserer Policey Ordnungen ist aus Predigten entstanden, und würde ein Philosoph, wie der Marquis von Beccaria, eben
den

den Dank der Menschlichkeit verdienen, wenn er einen Fingerzeig thun wolte, wie eine neue, von Vorurtheilen gereinigte, Policey Ordnung zu fertigen? so wie er uns in gegenwärtiger Schrift zu einer verbesserten Criminalordnung den Weg gebahnet. Die Einrichtung der Policey zu Paris könte zu einiger Vorschrift dienen, die keine Müken fängt, sondern ins Grose gehet, und mit Hindansezung des Zwangs in Kleinigkeiten, den Hauptzwek ergreifet. Gleichwie das peinliche Recht Verbrechen straft, so ahndet die Policey Ordnung Unanständigkeiten und Fahrläsigkeit, nicht Sünden, nicht Verbrechen. Denn so bald die Policey Sünden strafen wil, so fält sie der Kirchenordnung ins Handwerk. Es geht jemand mit einem brennenden Lichte in Stall; er hat etwas vor das Fenster gesezet, dessen Herabfal den Fußgänger beschädigen könte; er läst Mitwochs und Sonnabends nicht vor seinem Hause kehren, sol er deswegen bestrafet werden? Freylich. Nur muß diese Untersuchung nicht vor dem Blutrichter, sondern vor dem Policey Amte ange=

angestellet werden, und niemals (der daraus entstandene Schade sey auch noch so groß) auf Inquisition, weniger auf eine Leibes oder Lebens Strafe, am allerwenigsten auf Beraubung der Ehre, erkant werden. Denn es ist kein wahres Verbrechen vorhanden. Daß dergleichen Policeystrafen keine wahren Strafen sind, haben die Römer, welche an gesezgebender Klugheit und der Kunst zu herschen es allen Völkern des Erdkreises, die je gewesen sind und noch seyn werden, zuvor gethan haben, vernünftig eingesehen, wenn sie dergleichen Vergehen Quasi delicta benennet; woraus folget, es müsse die darauf stehende Ahndung auch nur gleichsam eine Strafe, so wie die Vergehung nur ein gedichtetes Verbrechen genant werden. Aber das wahre peinliche Recht hat mit Erdichtungen nichts zu schaffen. Auch, wenn die Proceß Ordnung das Ausenbleiben der Partheyen oder sonst Etwas mit fünf Thalern verpönet, können nur blödsinnige dieses für ein Verbrechen halten, und ist hier keine wahre Strafe, sondern nur Etwas einer Strafe ähnliches vorhanden. Armuth

der

der Sprache macht, daß man für die eigentlichen auf Bosheit und Beleidigungen gesezten Strafen kein besonderes Wort hat, sondern ein jedes Uebel, das in Gesezen (es mögen Proceß = oder Policey = oder auch Kirchen Ordnungen seyn) bestimmet, algemein Strafe zu nennen pflegt; woraus Trugschlüsse erfolgen, die kaum der Scharffin des Weltweisen zu entwikeln im Stande ist. Ich glaube so gar, daß der Wucher nur ein Policey Verbrechen, nicht aber ein wirkliches, genant zu werden verdiene. Denn wenn sich jemand gutwillig verkürzen lässet, so ist es keine Verkürzung. Er wil; also geschieht ihm kein Unrecht. Ein Wucherer scheint mir zwar ein unbilliger Man, und gewissermasen ist sein Handwerk verdächtlich; aber ist er Verbrecher? Herr Möser in seinen patriotischen Phantasien hat erwiesen, daß der Verkauf der Frucht auf dem Halme, welcher für einen wucherlichen Contract gehalten wurde, eher zu begünstigen, als einzuschränken sey. Obst auf den Bäumen an Obsthändler zu verkaufen ist ja heutiges Tages sehr gewöhnlich. Als die

die gotseeligen Väter in denen Kirchenversamlungen den heiligen Einfal hatten, daß nicht allein übermäsige, sondern ganz und gar alle Zinsen wider Gottes Wort wären, so kamen Kirchengeseze zu Stande, welche überhaupt von einem ausgeliehenen Hauptstamme, auch die allermindesten und billigsten Zinsen zu nehmen, für eine Todsünde erkläreten. Man braucht kein Weltweiser, kein Staatskundiger zu seyn, um zu begreifen, daß nicht, nach aufgehobenen Zinsen, so gleich alle Räder des Commerzes stille stehen, und der Kreislauf des Geblütes, ich meyne des Geldes, stoken müsse, so daß der Staat in eine völlige Auszehrung und Schwindsucht verfallen muß. Die reichen Mönche, welche nach Verkündigung dieses Kirchengesezes nicht wusten, wie sie ihr Geld unterbringen solten, waren die ersten, welche eine weit häslichere Sache, nehmlich die Census irredimibiles, dagegen einführten, viel abscheulicher als der ärgste Wucher, weil man bey selbigen auch von Zinsen, Zinsen fordern konte. Eben so ist das hohe Spielen, wenn es ohne Betrug geschiehet, keine

Ver=

Verlezung des gesellschaftlichen Vertrages, sondern dessen Verboth blos eine Policey Veranstaltung, deren Grund oder Ungrund zu untersuchen viel zu weitläuftig wäre. Lotterien sind ja auch Glükspiele, und könte mancher Bauer zehen Jahre lang spielen, ehe er so viel verlöhre, als er hier für ein einziges Loos bezahlet. Bey dem leztern darf der Gerichtshalter nichts sagen, aber desto kräftiger donnert er bey dem erstern. Gundling spricht: darf ich mein Geld zum Fenster hinauswerfen, so darf ich es auch verspielen. Es bleibet im Lande, und ist dem Ganzen einerley, ob der Sieger oder Besiegte das aufgesezete Geld besize. Die Wegwerfung meines Geldes ist aber nicht mit unter die Verbrechen gezehlet, da vielmehr mir der Staat das Eigenthum, das ist die freye und ungestörte Verwaltung meiner Güther und meines Vermögens, zusichert.

Aus dem Vorhergehenden erhellet, daß nicht nach gemeiner Einrichtung; sondern auf philosophische Weise, d. i. der Natur gemäs, die Strafen in drey Ordnungen vertheilet werden können: 1) in wahre Strafen,

fen, die auf wahre Verbrechen gesezet, 2) in Policey Strafen, auf Quasi delicta gesezet, als da sind Wucher, hohe Spiele, fleischliche Verbrechen, Verschwendung des Vermögens und andere unanständige, nicht aber ungerechte Dinge, endlich 3) geistliche Strafen wegen der Sünde, welches wiederum keine eigentlichen Strafen, sondern blos Censurae sind, und kan die höchste weiter nichts, als der Ban oder Ausschliesung aus der Kirche seyn, jedoch ohne den allermindesten Verlust der Ehre oder Güther, als welches eine bürgerliche Strafe ist.

Wer nun nicht in dieser geistlichen Gesellschaft begriffen, also nicht in der Kirche ist (als etwa ein Schuz Jude) den kan man auch natürlicher Weise mit Kirchenstrafen nicht belegen. Das wäre lächerlich. Ueberhaupt, da die Kirche gar nicht zur Republik gehört, sondern ein eigenes Reich ausmacht und nicht alle Einwohner der herschenden Religion beygethan, so hätte ich diese dritte Ordnung der Strafen eigentlich gar nicht erwehnen sollen, oder ich müste auch der Soldaten Strafen gedenken. Aber nein;
nicht

nicht jeder Bürger ist Soldat. Eben darum hat Moses die drey ersten Gebothe des geistlichen Rechtes auf eine besondere Tafel geschrieben, weil sie mit dem bürgerlichen Rechte der andern Tafel nicht die mindeste Gemeinschaft haben. Doch die Wichtigkeit der Sache erfordert, daß ich mich noch etwas länger bey diesen

Kirchenstrafen

aufhalte. Da jede Geselschaft, jede Zunft, jede Innung das Recht hat, diejenigen Mitglieder, so Unordnungen stiften, dem gemeinschaftlichen Zweke entgegen handeln und ihre Pflichten nicht erfüllen, aus ihrer Vereinigung auszuschliesen, warum solte dieses Recht nicht auch die Kirche haben? da sie nichts anders, als eine Geselschaft ist. Also sind sowohl die geringen Kirchenstrafen als auch die höchste, der Ban, überaus billig und gerecht. Ob ich nun wohl den Kirchenban vertheidige, so muß doch, welches wohl zu merken, dessen Wirkung blos in Beraubung der geistlichen Gemeinschaft und anderer geistlichen Vorrechte bestehen.

Aber daß der Landesfürst oder die Republik dem Oberpriester nachhinket und den Gebanneten seiner Freyheit, seines guten Namens, des Eigenthums seiner Lehne und weltlichen Güther, oder wohl gar seines Lebens berauben wil, ist der Vernunft entgegen und dem Fürsten nachtheilig. Er wird auf solche Art des Hohenpriesters Diener und Generalgewaltiger. So bald der Priester spricht: Der Fabrikant Zinsendorf hat, in dieser oder jener Lehre, nicht die Begriffe, die ich habe, so sol, nach frommer Meynung und Begehren der Kirche, der Fürst so gleich antworten: O! so wil ich diesen bösen Menschen nicht zum Zeugnisse lassen, er sol über seine Güther nicht schalten und walten dürfen; sein lezter Wille sol nichts gelten; er sol seiner Ehre verlustig seyn; ich wil ihn zum Lande hinaustreiben. So sol denn der Fürst, auf Befehl der Kirche, Leute bestrafen, welche niemanden beleidiget, also nie ein Verbrechen begangen haben! Noch viel weiter haben Justinian, sowohl einige seiner Vorgänger und Nachfolger, sich vergangen, daß sie so gar den heiligen

Hommelische Vorrede.

ligen Kirchenverſamlungen erlaubet, Ehr=
loſigkeit und andere weltliche, blos der Maje=
ſtät vorbehaltene, Strafen denen Irgläubi=
gen aufzubürden. Es iſt Zwang und Ge=
wiſſenspeinigung, wenn der Fürſt die Ju=
den, damit ſie fein bekehret werden mögen,
in chriſtliche Kirchen nöthiget, oder auch zu
ſeinen übrigen Unterthanen ſpricht: Ich
wil euch, weil der Erzbiſchof es wil, mit
Striken zum Abendmahle und in die Pre=
digt führen, ihr ſolt gezüchtiget werden,
wenn ihr nicht zu der geſezten Stunde be=
thet. Ein weltlicher Herr, der ſich derge=
ſtalt vom Hohenprieſter gänglen läſt, und
ſich ſo weit vergiſt, daß er weltliche Stra=
fen wegen geiſtlicher Vergehungen verord=
net, iſt wenig auf ſeiner Huth, und vergiebt
ſich des Rechts, das Got ihm anvertrauet.
Weit fürſichtiger ſchreibt Ek von Repkau
in Sachſenſpiegel: Bann ſchadet der Seelen, und nimt doch niemanden Guth oder
Leib, es folge denn des Königes Acht
darauf. Der Pabſt mag uns kein
Recht ſezen, wodurch er unſer Landrecht
oder Lehnrecht kränke. Er erwehnet der
Acht.

Acht. Nehmlich der Pabst bannet, der Kayser ächtet. Es ist dahero zwischen der weltlichen Acht des Kaysers, so wahre Verbrechen zum voraussezet, und dem Kirchenbanne, der Ehrlosigkeit halber und sonst, ein Unterschied wie Himmel und Erde. Wie? Sol derjenige ehrlos werden, den die Kirche wegen gewisser Gebräuche ausschliesset? Wäre es nicht abgeschmakt zu glauben, daß die Unterthanen und Vasallen desjenigen Fürsten, den der Pabst für einen Kezer erkläret, des Eydes der Treue quit und los wären? abgeschmakt zu glauben, daß sein Zeugnis in Gerichten nichts gelten solle? abgeschmakt ihn mit der mindesten bürgerlichen Strafe zu belegen, oder auch nur zu bedrohen? Wolte man ihn aus dem Lande jagen, o! so finden sich Fürsten, geizig auf die Vermehrung derer Unterthanen (die wahre Gröse eines Landes) die ihn mit Freuden aufnehmen. Wer reich werden wil, muß auch einen Pfennig zu Rathe halten, weil deren zwölfe einen Groschen machen, und so hält ein weiser Fürst, der sein vielleicht ohnehin schon

geschwäch=

geschwächtes, Land nicht noch mehr schwä=
chen wil, einen auswandernden Hausva=
ter mit Familie für einen grosen Verlust.
Wenn ich dieses alles nicht dächte, wie ich
es denke, wenn ich es nicht lehrte, nicht
schriebe, so wäre ich kein evangelischer Christ
und nicht eingedenk des neunten Schmal=
kaldischen Artikels: Die Prediger sollen
geistliche Strafen nicht mengen in die
weltliche Strafe; Nicht eingedenk der aug=
spurgischen Confeßion, worinnen es heist:
Die Gewalt der Kirche hindert die Po=
licey und das weltliche Regiment nichts
überal, welches schüzet nicht die Seele,
sondern Leib und Guth wider äuserliche
Gewalt. Darum sol man die zwey
Regiment nicht in einander mengen und
werfen. Die geistliche Gewalt sol Ge=
seze nicht zerrütten, noch der weltlichen
Gewalt Geseze stellen. Kurz! es ist
und bleibet ewig falsch, daß, weil wir Lu=
theraner bey den Katholiken Kezer und in
Banne sind, wir deswegen keine ehrliche
Leute seyn sollen. Aber dieses gilt nicht
allein hier, sondern es gilt auch umgekehrt

bey)

bey uns Protestanten, daß, wenn wir jemanden von uns ausschliesen und in Ansehung unserer Lehre für irrig halten, dieser deswegen in der politischen Sphäre der bürgerlichen Welt nicht ehrlos oder sonst auf einige, auch nur die allergeringste, Art straffällig werden dürfe. Was die Kirche als eine eigene Geselschaft thut, muß keine Wirkung in bürgerliche Geseze haben, sonst verwechselt man Irthum mit Laster, und die Begriffe sowohl von Sünde als Verbrechen werden finster, verwirt und unbestimmt. Es ist aber unter beyden ein gewaltiger Unterschied, der sich auch unter andern darinnen äusert, daß wahre Verbrechen bey Scythen und Garamanten, bey Römern und Griechen, bey Christen und Türken gleichdurch bestrafet werden, dahingegen die Religions Verbrechen oder Sünden nach der Geographie sich ändern und öfters in einen Lande etwas so gar gelobet wird, was man in einen andern mit Todes Pein beleget. Aber, sprichst du, wenn der weltliche Arm den geistlichen Arm nicht unterstüzen sol, so hat ja die Kirche keinen Zwang.

Hommelische Vorrede.

Zwang. Antwort: sie kan auch keinen haben und sol keinen haben, als nur den, welchen ihr Got verliehen, nehmlich die Beraubung der heiligen Sacramente und zulezt den Ban. Alles was darüber, ist von Uebel.

Da der Verfasser nicht den Willen gehabt eine peinliche Rechtsgelahrheit für die Christen, keine für die Tartarn, keine für die Chineser zu schreiben, sondern derselbe so wie ich, der ich dessen Spuren folge, freymüthige Gedanken von einem peinlichen Rechte nach der Vernunft entwerfen wollen, so wäre der Tadel kindisch, wenn jemand uns als ein Versehen anrechnen wolte, daß wir die Religions Verbrechen gänzlich abgesondert. Wer deswegen uns Vorwürfe machet, durchsiehet nicht den Zusammenhang der Dinge, sondern alles ist bey ihm Mengsal, Allerley, und seine Wissenschaft ein Quodlibet. Seine Gotseligkeit mag vielleicht hoch gestiegen seyn, aber seine Einsicht und Kentnis ist in dem Wetterglase der gesezgebenden Klugheit bis auf den Eispunct herunter gefallen. Sehet also die Nothwendigwendigkeit, gewiſſe Grenzſteine zu ſezen, wie weit die bürgerliche, wie weit die peinliche, wie weit die geiſtliche Gerichtsbarkeit und Policey ſich erſtreke? So erfordert es die gute Ordnung; ſo wil es die Regel; ſo verlangt es der Zuſammenhang des Lehrgebäudes; ſo gebeut es die Natur der Sache und die Vernunft. So bald man vormals nur das Wort Strafe hörte, ſogleich ſchryen unſere Väter: O! das gehört zum peinlichen Rechte. Die Linien liefen ſo verworren durch ein ander, daß eine Abtheilung und Grenzbeziehung höchſt nöthig geweſen.

Uebrigens hoffe ich, daß meine Bemühung, überal Gelindigkeit zu verbreiten, kein böſes Herz verrathen werde. In Rom waren die ſchärfſten Sittenrichter, ſo wie zu Jeruſalem die Phariſäer, nicht allemal die tugendhafteſten, vielmehr muſte ihre äuſerliche Strenge gar öfters ihre geheimen Laſter deken.

Gerichtshalter! die ihr, wenn eure Küche entblöſet, herumſchleichet, um zu erforſchen,

forschen, ob nicht jemand über die Zeit gespielet? ob nicht junge Leute in Geselschaft gesponnen? oder ob nicht am dritten Feyertage jemand sein Geschir geflikct, seine Sense geschärfet? ob nicht jemand ein Ungebührnis seines guten Freundes verschwiegen und es zur Bestrafung nicht angezeiget habe? vergebet mir die Sünde, welche wider euch in diesem Buche begangen worden. Wo nicht, so werde ich Beyspiele erzehlen, wo Bauern durch dergleichen, oder doch nicht viel schlimmere Ursachen, Got zu Ehren, so tief in Unkosten und Strafe gerathen, daß sie die landschaftlichen Steuern nicht mehr entrichten können, und nach Pensylvanien (dessen jezige in so kurzer Zeit erlangte Gröse satsam zeiget, daß Gelindigkeit der Geseze und Freyheit in gleichgültigen Dingen der kräftigste Magnet sey, Völker anzuziehen) entweichen müssen.

Odimus accipitrem, qui semper vivit in armis,
Et pavidum solitos in pecus ire lupos.
Sit piger ad poenas judex, ad praemia velox,
Et doleat, quoties cogitur esse ferox.

Becc.   d   Haltet

Haltet euch ja nicht etwa deswegen für Weise, weil ihr auf Universitäten eine Inquisition nach Carpzovischer Methode regelmäsig zu führen gelernet und fleisig euren Lehrern nachgeschrieben; sondern glaubet, daß einige eurer Professoren wohl noch Ursache gehabt haben möchten, den Beccaria zu hören, diesen Weisen, diesen Sokrates unserer Zeit, dem die künftige Welt Bildsäulen sezen und aus Pflicht der Dankbarkeit Altäre bauen wird. Unterdessen brauchet er allerdings einige und zwar deutliche Anmerkungen, weil Gelehrte von der algemeinen Art ihn zwar gelesen, jedoch so, daß man schwören solte, sie hätten ihn nicht gelesen.

Herr Korn zu Breslau hat, da er von mir Erläuterungen zu diesem Buche verlanget, zwo ganz verschiedene Seelen mit einander vereiniget, da er mich zum Ausleger ausersehen, mich, der ich Bosheit und Unschuld, sowohl als den Gerichts Geist satsam kennen lernen, nachdem ich seit zwanzig und etlichen Jahren mein Leben ununter=

Hommelische Vorrede.

ununterbrochen mitten in Acten verhauchet, und unglükliche Schiksale der Menschen, als Urthelssprecher, häufig entschieden. Vielleicht also können, durch Vermischung der Temperamente, meine Anmerkungen dieses Buch volkommen machen, da Beccaria blos Philosoph und wenig Jurist, ich aber bloser Jurist und wenig Philosoph bin. Dessen hohes Genie und meine lange Erfahrung werden sich begatten; just was dem einen fehlet, das besitzet der andere.

Leipzig, den 15. Jenner
1778.

Inhalt.

§.
Ursprung der Strafgeseze.

§. II.
Von Befugnisse zu strafen.

§. III.
Folgerungen.

§. IV.
Von Auslegung der Geseze.

§. V.
Von der in Gesezen herschenden Dunkelheit.

§. VI.
Von dem Verhältnisse zwischen den Strafen und Verbrechen.

§. VII.
Irthümer in Maaße der Strafen. (Von Hochverrathe.)

§. VIII.
Eintheilung der Verbrechen.

§. IX.
Von der Ehre.

§. X.

Inhalt.

§. X.

Von Zweykampfe.

§. XI.

Von der öfentlichen Ruhe.

§. XII.

Von Endzweken der Strafen.

§. XIII.

Von Zeugen.

§. XIV.

Von Anzeigungen und heimlichen Processen.

§. XV.

Von heimlicher Anklage.

§. XVI.

Von der Marter.

§. XVII.

Von Fiscus.

§. XVIII.

Von Eyden.

§. XIX.

Von der Geschwindigkeit der Strafen.

§. XX.

Von Gewalthätigkeiten.

§. XXI.

§. XXI.

Von den Strafen des Adels.

§. XXII.

Vom Diebstahle.

§. XXIII.

Von der Strafe der Ehrlosigkeit.

§. XXIV.

Vom Müßiggange und Landesverweisung.

§. XXV.

Von Einziehung der Güter.

§. XXVI.

Vom Familiengeiste.

§. XXVII.

Von der Gelindigkeit der Strafen.

§. XXVIII.

Von der Todesstrafe.

§. XXIX.

Vom Verhafte.

§. XXX.

Von der Verjährung.

§. XXXI.

Von Verbrechen, die schwer zu beweisen, als Ehebruch, Kindermord ꝛc.

§. XXXII.

Inhalt.

§. XXXII.

Vom Selbstmorde.

§. XXXIII.

Von der Strafe des Schleichhandels.

§. XXXIV.

Strafe der Bankeruttierer.

§. XXXV.

Von Freystäten und Auslieferung der Missethäter.

§. XXXVI.

Von dem Gebrauche, einen Preis auf den Kopf zu setzen.

§. XXXVII.

Von angefangenen Verbrechen und Mitschuldigen.

§. XXXVIII.

Von verfänglichen Fragen.

§. XXXIX.

Von einer besondern Art von Verbrechen.

§. XL.

Falsche Begriffe, so die Menschen von gewissen eingebildeten Vortheilen haben.

§. XLI.

Wie man den Verbrechen vorbeugen soll.

§. XLII.

Von den Wissenschaften und Religion.

§. XLIII.

Inhalt.

§. XLIII.
Von obrigkeitlichen Personen.

§. XLIV.
Von Belohnungen.

§. XLV.
Von der Erziehung.

§. XLVI.
Von Begnadigungen.

§. XLVII.
Beschluß.

Von

Von Verbrechen und Strafen.

Einleitung.

Menschen überlassen gemeiniglich ihre wichtigsten Dinge guten ehrlichen Leuten von altäglicher Klugheit, oder wohl gar dem Gutbefinden solcher Personen, deren Eigennuz es erfordert, Männern von Einsicht, und den weisesten Erfindungen Hindernisse in Weg zu legen. Vernünftige Geseze verbreiten natürlicher Weise algemeines Wohl, und widerstehen dem Bestreben derjenigen, die einem geringen Theile des Staats alle nur mögliche Macht, hingegen dem andern alle Noth und alles Elend zuzuwenden suchen. Es wird daher vieles verdunkelt und unterdrükt, was das glükliche Leben und die Freyheit eigentlich ausmacht. Nur alsdenn,

denn, wenn es die äuserste Nothwendigkeit erheischet, wenn die Beschwerden auf das Höchste gestiegen, und die Gedrukten müde sind länger zu leiden, verfallen die Menschen erst darauf, denen Uebeln bösartiger Geseze abzuhelfen. Dann erst verwünschen sie die Irthümer, dann erst suchen sie Arzney gegen die entkräftende Krankheit, dann erst öfnen sie die Augen der allerdeutlichsten Wahrheit, die eben deswegen, weil sie alzu einfach und natürlich, vor dem unachtsamen Blödsinne gemeiner Einsicht vorbeyrauschet, und denen blos nachbethenden Seelen entwischet, weil sie eine Sache zu zergliedern, und in ihrer nakenden Schönheit zu betrachten, unfähig, da sie blos von Hören sagen, nicht aber von Selbstdenken Gebrauch zu machen wissen.

Schlagen wir die Geschichte nach, so werden wir finden, daß die Geseze, welche doch eigentlich Verträge und Einwilligungen freyer Menschen sind und wenigstens seyn solten, zum öftern nichts, als Werkzeuge der Leidenschaften einiger Wenigen a), oder aber wohl gar Misgeburten einer zeitigen

---

a) Leidenschaften. Diese Leidenschaften erstreken sich so gar bis auf den Neid, welcher die Kleiderordnungen erschaffen, damit Vornehmere sich von denen Niedern aus-

Einleitung.

zeitigen blos zufälligen und vorübergehenden Nothwendigkeit gewesen. Vergeblich suchet man in solchen auszeichnen möchten. Wenn der Bauer sich in Seide hüllet, so beleidigt er, wie mich dünket, die öffentliche Ruhe dadurch in geringsten nicht. Er schadet niemanden, als vielleicht sich selbst. Edle Ritter! misgönnet ihm das nicht! er wird deswegen doch kein Edelmann. Pracht sol man nicht einschränken, denn sie ernähret Arme und belebet den Handel. Geseze, welche ohne Ursache die natürliche Freyheit hemmen und unschuldige Begebenheiten, durch welche Niemanden das Seinige entzogen wird, Missethaten gleich stellen, sind schädlich und von keiner Dauer. Der Fürst büset ein, und die Accise leidet. Es sind also dergleichen Verbothe weder gerecht noch ökonomisch. Die erträglichste Abgabe unter allen ist wohl unstreitig diejenige, die man gerne und willig zollet. Es hat das Ansehen, als wäre es keine. Nun aber giebt für auswärtigen Puz die Zofe und der Stuzer ihre Accise mit Freuden hin. O wären doch alle Abgaben von dieser Art! Und das neidische Geseze wil gleichwohl dem Landesherren solche entziehen. Wie sehr ist der Minister zu loben, der die Schwachheit der Unterthanen zum Besten der Schazkammer sich zu Nuzen machet. Zergliedert die Policey- und Kleiderordnungen, wie ihr wollet, so werdet ihr finden, daß der Grund dieser Geseze in der Misgunst verborgen liege, welche verursachet, daß die Gesezgeber ihren eignen Nuzen verkant haben. Eine neue auf vernünftige Grundsaze erbauete Policeyordnung würde so schäzbar seyn, als eine neue Criminalordnung. Der Hr. von Sonnenfels philosophiret zwar, aber zu wenig. Wie viel gesezliche Verordnungen haben nicht die Reichen bey Bewilligungen und sonst,

chen einen stillen Beobachter der menschlichen Natur, der die Kunst versteht, die Menge menschlicher Handlungen in einem einzigen Mittelpuncte zu samlen, und also zu betrachten: Daß die gröste in bürgerlicher Verfassung mögliche Volkommenheit diejenige sey, woran die gröste Zahl der Bürger Antheil nimt. Glüklich sind die Völker, welche ohne zu warten, bis der Nachbar es ihnen vorgemacht, aus eigenen Nachsinnen durch vernünftige Geseze zu ihrer Wohlfarth eilen, und nicht so lange Anstand nehmen, bis die Erfahrung des höchsten Elendes, sie zum Uebergange guter Geseze in eine langsame Bewegung sezet. Seyd dankbar jenen Weisen, (er verdienet es), der es muthig wagte, aus dem Winkel seiner stillen und einsamen Kammer den lange Zeit unfruchtbaren Saamen nüzlicher Wahrheiten unter den gemeinen Haufen auszustreuen.

Dem angezündeten Lichte philosophischer Wahrheiten, die durch Erfindung der Drukerey bekanter

gegen die Niedern erpresset! Man wil, daß der Bauer, der doch dem ganzen Staate das Leben giebet, ohne Leben seyn, und daß selbst zu der Zeit, wenn der Vornehme derer Armen Schweiß mit Trompeten zum Fenster hinaus bläset, und sich im Weine badet, der gebeugte Landman mit gesenktem Haupte in seiner Hütte Wermuth kochen sol.

Einleitung.

ter worden, ist man die Kentnis der wahren Verhältnisse schuldig, welche zwischen dem Beherscher und seinen Unterthanen obwaltet, und die Völker mit einander verbindet. Nationen belebt durch Eifer es einander zuvor zu thun, entbranten nunmehro in einem vernünftigen Krieg, ohne Blutvergießen, der den Menschen ganz würdig war. Dieses sind die Früchte, welche man unsern erleuchteten Jahrhunderte zu verdanken hat.

Allein fast niemand hat die Abscheulichkeit grausamer Strafen, und das Unregelmäßige in peinlichen Verfahren zu untersuchen und zu bekämpfen sich die Mühe genommen, da es doch das Wohl und Weh der Unterthanen, also den wichtigsten Theil der gesezgebenden Klugheit ausmachet. Nur wenige haben es gewagt, bis zu den algemeinen Grundsäzen hinaufzusteigen, und die übereinander aufgethürmten Irthümer voriger Zeiten zu stürzen. Kaum noch haben die neuerkanten Wahrheiten in etwas den übelgerichteten Lauf eines hergebrachten Misbrauches der peinlichen Gewalt gehemmet, welcher bisanher blos Vorurtheil des Alterthums mit einer kaltblütigen Grausamkeit [b] bestätiget hatte.

Wie

[b] Noch bis diese Stunde sind die frommen Verordnungen, welche Hexen verbrennen, nicht förmlich abgeschaffet, sondern

Einleitung.

Wie aber? Solten nicht wenigstens nunmehr die Seufzer der Unterdrükten, welche einer schändlichen Unwissenheit und einer fühllosen Gleichgültigkeit der Reichen und Mächtigen gesezmäßig aufgeopfert

sondern die Urthelssprecher schämen sich nur, nach dergleichen Gesezen, welche wirklich noch stehen, zu erkennen. Noch jezt erblikt man die Kezerey, die wir andern vorwerfen, und die von Katholiken uns vorgeworfen wird, roth angestrichen unter denen Verbrechen. Und wenn ich noch einige Bogen dergleichen Beyspiele anführen wolte, wie ich thun könte, so würde ich doch nicht alles erschöpfet haben, woraus sich erkennen liese, wie bey der gemeinen Sorte alltäglicher Criminalisten noch so große Unwissenheit hersche, daß selbige nicht einmal das große A, ich meyne, den Grund und Endzwek aller Strafgeseze zu nennen wissen, welcher darinnen bestehet, daß nie eine bürgerliche Strafe gerecht zu nennen, auser nur diejenige, welche die Stöhrer der öffentlichen und privat Sicherheit in Schranken hält. Daher komt es, daß gedachte peinliche Rechtslehrer, denen dieser Grundsaz, dieser erste und ursprüngliche Vertrag der Völker noch fremde ist, frisch darauf in Lüften herumhauen, ohne daß sie wissen, wornach sie bauen sollen: Gedächtniß und das Herkommen, nicht Vernunftschlüsse, sind ihre hohe Gelehrsamkeit. Niemand unter ihnen hat das Vermögen zu zweifeln, sie bethen nach, und schreiben gelehrten Unsin, mit goldnen Buchstaben von Großvater bis zum Enkel. Hingerichtet durch den Dolch der Gerechtigkeit, haben Sokrates, das Madgen von Orleans, Johann Huß, Calas, und tausend andere die Geseze zu verwünschen wohl Ursache gehabt.

geopfert worden; solten nicht die barbarischen Quaalen, welche bey unerwiesenen, oder, welches noch ärger, bey eingebildeten und chimärischen Verbrechen, mit verschwenderischer Strenge, leider! vervielfältiget worden; solte nicht der schrekende Anblik eines gräslichen Kerkers, welcher noch dasjenige, worinnen die meiste Quaal der Gefangenen bestehet, und der Angeklagten gröster Henker ist, nämlich die folternde Ungewisheit von Ausgange des Processes, vervielfältiget; sollten nicht, sage ich, diese schreklichen Dinge die Beherscher der Welt, die zwar zum Theil selbst noch durch jene altväterische Meynungen beherschet werden, von ihren Schlummer erweken, und zur Rettung beflügeln?

Der unsterbliche Präsident von Montesqvieu ist sehr schnel über diesen Gegenstand hingehüpfet. Unterdessen hat Liebe zur Wahrheit, die immer einerley ist, mich bewogen, den hellen Spuren dieses grosen Mannes zu folgen. Nichts destoweniger werden Leute, die zu denken gewohnt (und für solche schreibe ich) meine Schritte von den seinigen wohl zu unterscheiden wissen. Wie glüklich würde ich seyn, wenn mein Unternehmen, so wie das seinige, den geheimen Dank der verborgenen und friedsamen Schüler der Vernunft mir erwerben, und ihnen einen gewissen Wiederhal und angenehmen Schauer einflösen könte, wodurch fühlbare Seelen der Stimme desjenigen antworten, der den Adel und die Hoheit des menschlichen Geschlechts zu vertheidigen unternimt. Die von mir aufgeworfenen Fragen verdienen mit derjenigen geometrischen Richtigkeit aufgelöset zu werden, welche über die unfruchtbare Spizfindigkeit sophistischer Schlüsse sowohl, als über die verführerische Beredsamkeit des Aberglaubens triumphiret. Könte ich, indem ich die unüberwindliche Wahrheit vertheydige, der Tyranney oder Dumheit ein einziges Schlachtopfer entreisen, so würden die Seegenswünsche eines einzigen Unschuldigen, in der Entzükung seiner Freudenthränen, mich wegen Verachtung des ganzen menschlichen Geschlechtes entschädigen!

§. I. Ur=

§. I.
Ursprung der Geseze.

Bey Anbegin des menschlichen Geschlechts waren Geseze die Bedingungen, welche die vormals unabhängigen und einsamen Menschen in eine Gesellschaft vereinigten. Des immerwährenden Balgens überdrüßig, und einer Freyheit müde, welche wegen Ungewisheit, ob sie selbige ewig behaupten möchten, bedenklich wurde, opferten sie einen Theil derselben klüglich auf, um den annoch sich vorbehaltenen Rest in Sicherheit und Ruhe zu geniesen. Demnach bestehet die höchste Gewalt aus der Summe dieser zum Theil abgetretenen Freyheit, die ein jeglicher für seine mehr sichere Wohlfarth einem einzigen aufgetragen und hingegeben. Sie ist als ein heiliges Depositum den Händen eines Beherschers und seiner Verwaltung anvertrauet c). Allein es

war

---

c) Dieser Ursprung der Republiken ist zwar nur erdichtet. Denn ich glaube nicht, daß alle und jede Völker durch Verträge, sondern daß sie allermeist durch die Macht des Ueberwinders vereiniget worden. Allein dem ohngeachtet ist diese Erdichtung von Ursprunge der Gesellschaft, gesezt auch, daß sie nicht historisch wahr, dennoch von unvergleichlichen Nuzen. Die Meßkünstler,

wenn

§. I. Ursprung der Geseze.

war nicht genug, ein so theures Heiligthum zu treuen Händen niedergeleget, und obgedachten Antheil von Freyheit dem Fürsten übertragen zu haben, sondern man muste es auch gegen die Nachstellungen eines jeglichen Mitgenossen der Geselschaft insbesondere schüzen. Denn es gelüstet immer einem jeden, nicht allein seinen weggegebenen Theil, sondern, wenn es möglich wäre, auch derer andern Antheile hinwiederum der gemeinschaftlichen Masse zu entziehen, und seine natürliche Freyheit, durch Unterdrückung seiner Mitbürger, wieder zu erobern. Nachdrükliche und handgreifliche Mittel waren

wenn sie vorgeben, daß aus der fließenden Bewegung eines Puncts die Linie, aus dem Fluße einer Linie die Fläche, und aus der Fortbewegung der Fläche ein Würfel entstanden sey, wissen gar wohl, daß dieses ein bloßer Traum. Aber sie leiten daraus nüzliche Wahrheiten ab. Es mag also immerhin ein Staat erwachsen seyn, wie er wil, so ist doch nöthig, daß, weil der eigentliche Ursprung der Städte unbekant, man sein Lehrgebäude auf diese durchgängig angenommene Erdichtung gründe. Alles läßt sich daraus ableiten und erweisen, und wissen Rechtsgelehrte von sich selbst, daß dergleichen Fictionen, so gut als Wahrheit sind. Auch wird der Besiegte nicht eben ein Galeerensclave. Die Bedingungen des Friedens sind mancherley. Oefters wird er blos ein Freund und künftiger Bundesgenosse. Kurz, eine Erdichtung, auf die Hobbes und Puffendorf auf gleiche Art sich berufen, muß wohl richtig seyn. Man nenne mir nur einen einzigen, der nicht die ganze Lehre des natürlichen Rechts auf diesen, obschon nur erdichteten, Vertrag gebauet hätte.

§. II. Von dem Befugniße zu strafen.

waren solchemnach nöthig, jedem Menschen den herschsüchtigen Geist zu benehmen, wenn die Gesellschaft nicht in ihr altes Chaos hinab, und zurüksinken solte. Nun dann, diese nachdrükliche Hemmungsmittel sind die denen Uebertretern der Geseze bestimte Strafen. Diese Hemmungsmittel müssen handgreiflich seyn, weil die Erfahrung lehret, daß der Pöbel nicht nach festen Grundsäzen handelt oder regelmäsig denkt. Also müssen die gedachten Hemmungsmittel unmittelbar die Sinne auf das kräftigste rühren, und unaufhörlich vor Augen schweben, wenn sie den starken Eindrüken der stürmenden Leidenschaften das Gleichgewichte halten sollen. Weder Vernunftschlüße, noch Beredsamkeit, noch die erhabensten Wahrheiten sind vermögend, die von einem alzu sehr blendenden Schimmer, alles zu thun was uns beliebig ist, heftig gerührten Sinne und aufbrausenden Leidenschaften, zu bezähmen.

§. II.
Von dem Befugniße zu strafen.

Jegliche Strafe, welche nicht die dringendste Noth erfordert, ist nach dem Ausspruche des grosen Montesqvieu, tyrannisch *). Dieser Saz kan

*) Daß alle Strafen, die dem Verbrecher nicht zur Besserung gereichen, grausam und ungerecht, hat schon Grotius (I. B. et P. lib. 2. c. 20. §. 4.) gelehret. Sie sind ungerecht, weil sie des Endzwekes verfehlen, der darinnen

§. II. Von dem Befugniße zu strafen.

kan algemeiner auch also ausgedrükt werden: Die Gewalt einer privat Person gegen eine andere ist ungerecht, wann sie nicht dringend nothwendig ist; nun gründet sich aber die dem Oberhaupte gegebene Gewalt auf die Nothwendigkeit, das anvertraute öffentliche Wohl wider die Eingriffe eines jeglichen zu vertheidigen. Je heiliger also die Freyheit ist, welche der Beherscher seinen Unterthanen gewähren muß, desto gerechter sind die Strafen.

Daneben gründet sich auch das bürgerliche Recht oder Unrecht zum Theil auf die unauslöschliche Empfindung und innere Kenntnis der menschlichen Natur. Diese müssen wir zu Rathe ziehen *).

Welchem nen bestehet, daß man entweder dem Missethäter seine üble Gewohnheit abgewöhnen, oder das gemeine Wesen vor seinen künftigen Anfällen schüzen, oder andere dadurch abschreken wil. Widrigen Fals und auserdem sind die Strafen nichts, als eitel Rache. Aber die Rache ist unter allen menschlichen Begierden die niederträchtigste, und wieder die erste Hauptregel des Christenthums. Nur amerikanische Wilde zerfleischen ihre Gefangene. Wer härtere Strafen auf die Verbrechen sezet, als die Noth erfordert, der mordet.

ε) Menschliche Natur. Diejenige Sittenlehre taugt nichts, welche von Menschen fodert, daß er vier Centner von der Erde heben, das heißt: sich über die Menschheit empor heben solle. Er thut sich weh; ein Bruch oder Verrenkung der Glieder, und das Gelächter derer, so die Natur des Menschen kennen, sind die Belohnung dieses kindischen Unternehmens. Ganz Geist zu seyn, ist kein Loos der Sterblichkeit, wohl aber Thorheit Leidenschaften

§. II. Von dem Befugniße zu strafen.

Welchem Geseze diese Eigenschaft fehlet, das wird sich-
ten zu entsagen, die derjenige erschuf, der meine Seele und meinen Körper erschaffen hat. Denen meisten Sittenlehrern ist die menschliche Natur gänzlich verborgen. Sie erdichten sich ein Muster der Vollkommenheit einer übersteigenden menschlichen Natur, die nur da anzutreffen, wo man den volkommenen Stoischen Weisen findet, und ein albernes Geseze fodert, ich sol mich besser machen, als es der, welcher die Natur erschaffen hat, haben wolte. D. Luther spricht, da er wider den Mönchsstand eifert: Sich selbst die Gabe der Enthaltung zu geben, ist eben so viel, als sich ein ander Geschlecht zu geben. Geseze, die nicht gehalten werden können, sind in denen Augen eines Weltweisen lächerlich, und zerstäuben in Kurzen. Natur und Vernunft glänzen bey Mohren und Weisen. Heilig und dreymal heilig sey uns allenthalben das Beyspiel der großen Natur, die auch der Gesezgeber verehren muß. Ihre Stimme ist Gottes Stimme. Höchst erleucht sagt Justinian im 73 Capitel der 134sten Novelle: Der Gesezgeber muß der menschlichen Schwachheit nachsehen, d. h. er muß die Natur der Sterblichkeit kennen, und nicht glauben, daß er Geseze für Götter schreibe. Also darf ein Hirte der Völker Strafgeseze nicht übertreiben. Er muß kein Aristarch seyn. Alle Geseze, die verlangen, daß man seine eigene oder seiner Familie Schande anzeigen solle, sind wider die Natur. Würde es wohl Kenntniß des Menschen verrathen, wenn jemand behauptete, daß ein Mann, der ein Mädgen ihrer Schönheit halber zur Ehe nimt, und nicht hauptsächlich dabey die heilige Absicht hat, Kinder zu erzeugen, eine Todsünde begehe? Aber man lehrt dieses gleichwohl, und giebt Worten den Triumf über die allerdeutlichste Wahrheit.

sich nicht lange behaupten: Denn der Widerstand des menschlichen Herzens gegen ein solch unnatürliches Geseze, wenn er gleich nur geringe ist, wird dennoch das Gesez endlich vernichten, wie wir in der Mechanik sehen, daß eine geringe Kraft, die sich aber unaufhörlich reibet, endlich die heftigste Bewegung zum Stillestande nöthiget.

Niemand hat je ein Opfer oder Geschenke seiner Freyheit umsonst gemacht. Es geschahe des eigenen Nuzen halber. Nur in Romanen finden solche Chimären einer Freygebigkeit ohne Vortheil stat. Wohl aber umgekehrt wünschte ein jeder von uns, daß die Verträge, welche andere binden, uns nicht binden möchten. Jeder Mensch macht sich zum Mittelpunkte der ganzen Schöpfung, und glaubet, alles übrige in der Welt habe eine Beziehung blos auf ihn.

Wir haben zeithero gesehen, daß die Befriedigung gar verschiedener unter den Menschen täglich je mehr und mehr erwachsener Bedürfniße die Vereinigung der ersten Wilden veranlasset. Als einige Gesellschaften errichtet waren, entstanden bald darauf neue, um den übrigen Widerstand zu thun, und der Krieg zwischen ganzen Völkern, trat an die Stelle des Krieges, den vorher der einzelne Man gegen den einzeln Man geführet hatte. Nothwendigkeit war es also, welche die Menschen zwange, einen Theil ihrer natürlichen Freyheit der ganzen Gesellschaft abzutreten; Woraus folget, daß jederman

§. II. Von dem Befugniße zu strafen.

man nur den kleinsten Theil, der möglich gewesen, zum gemeinschaftlichen Beytrage hergegeben, nehmlich nur so viel, als unumgänglich war, die Mitgenossen zu vermögen, daß sie ihn auch ihres Theils für Gewalt der übrigen beschützen, und von ihrer Freyheit etwas abtreten möchten. Die Zusammenhäufung dieser möglichst geringen Portionen schufe das Recht, den Beleidiger der Geseze in Strafe zu nehmen. Alles, was über diesen Endzwek der algemeinen Sicherheit gehet, und diese Absicht übersteiget, wird Misbrauch und nicht Berechtigkeit. Es ist Gewalt, aber kein Recht. Man bemerke, daß das Wort Recht dem Worte Zwang nicht geradezu widerspreche. Denn auch das Recht, so die übrigen haben, ist in Ansehung dessen, dem etwas oblieget, Zwang. Unter dem Worte Recht verstehe ich nichts anders, als das Band der Nothwendigkeit, welches das Wohl einzelner Personen verkündiget, und ohne welches der Rückfal in den alten Stand der Wildnis unvermeidlich wäre. Alle Strafen, welche nicht auf den Zwek dieser geselligen Verbindung abzielen, sind also, so gleich an und für sich selbst, das ist, ihrem innern Wesen nach, ungerecht. Man hüte sich wohl, daß man unter der Gerechtigkeit sich kein physikalisches Ding, oder was Wirkliches vorstelle. Sie ist vielmehr eine Idee, welche blos in der Seele des Menschen ihren Siz hat, aber von unendlichen Einfluße in die Glückseligkeit aller und jeder. Noch weniger verstehe ich, da ich blos von

politi=

§. II. Von dem Befugniße zu strafen.

politischer oder bürgerlicher Gerechtigkeit handeln wil, jene theologische Gerechtigkeit Gottes, die von ganz anderer Art ist, und welche sich auf Belohnung und Strafe nicht in diesem, sondern dereinst in jenen Leben beziehet *f*).

§. III. Fel=

f) Walch in seinen philosophischen Lexicon saget: Die Gerechtigkeit Gottes müssen wir uns anders vorstellen, als die Gerechtigkeit der Menschen. Da diese leztere sich auf die menschliche Natur gründet, so gehet dieses bey Got nicht an. Der heil. Augustin *de Praedestin. c. 2.* erinnert eben dieses, wenn er spricht: de justitia Dei non disputandum est lege justitiae humanae, welchem Luther *de Servo arbitrio c. 165.* beystimmet: Si talis esset Dei justitia, quae humano capiti posset judicari, plane non esset divina, vielmehr müssen wir hier mit dem Apostel ausrufen: Wie gar unbegreiflich sind Gottes Gerichte, und wie unerforschlich sind seine Wege! Der Ritter Michaelis in der Vorrede des 6ten Theils seines Mosaischen Rechts schreibet als Theologe hiervon folgendes: Man hat sich häufig eingebildet, Got strafte blos aus Haß gegen die Sünde, aus einem unwiderstehligen Wesenstriebe von Antipathie gegen Moralisches Uebel, den man Heiligkeit zu nennen beliebet. Die gesunde Vernunft lehret uns nichts davon, und die Bibel auch nicht. Gesezt aber, man wolle der Gotheit aus zurükzütternden, unbegreifenden und undenkenden Respect ein ganz anders Recht, als bey uns Menschen Recht heist, andichten, und ihm ganz andere Ursachen der Strafen leyhen, so ist doch u. s. w.

§. III.
Folgerungen.

Die erste Folgerung aus diesen zeithero vorgetragenen Lehren ist diese, daß es den Gesezen und der höchsten Gewalt, welche die ganze Geselschaft vorstellet, allein zukomt, denen Verbrechern das Uebel zu bestimmen, welches ihre Thaten zu gewarten haben, und Strafgeseze zu verordnen; Nie aber einer niederen Obrigkeit, als welche selbst nur ein Theil der Geselschaft ist. Eine Strafe, welche das Ziel überschreitet, ist keine gerechte Strafe, sondern mehr, als Strafe. Hieraus folget, daß ein Richter unter keinerley Vorwande, auch nicht einmal unter den gar prächtigen Dekmantel der gemeinen Wohlfarth, die in den Gesezen festgesezte Strafe erhöhen dürfe.

Die zwote Folge ist, daß, gleichwie ein jedes Mitglied an die Geselschaft gebunden ist, also diese hinwiederum auf gleiche Art, mit jedem einzeln Gliede verbunden sey, und zwar mittelst obgedachten Vertrages, welcher nicht einseitig, sondern natürlicher Weise beyde Contrahenden verpflichtet. Diese wechselseitige Obliegenheit *), welche vom höchsten

---

*) Obliegenheit oder Verbindlichkeit ist ein den Rechtsgelehrten und Moralisten sehr gewöhnlicher Ausdruk. Es scheint mir aber dieses Wort eher ein abgekürzter Vernunftschluß, als der Begrif eines einzigen Dinges zu seyn. Vergebens wird man

§. III. Folgerungen.

höchsten Throne bis zur niedrigsten Hütte, und von dieser sich wiederum hinauf erstreket, welche den Grosen, ja selbst das Oberhaupt, nicht minder als den Niedrigsten fesselt, beruhet darauf: daß so wohl dem Ganzen, als jedem Theile gleichviel daran gelegen seyn muß, daß die dem Haupte und Gliedern gleich nüzliche Verträge gehalten werden. Die Verlezung derselben bringt den natürlichen Stand der unbegrenzten Freyheit zurük. Der Regent, welcher die Geselschaft vorstellet, kan also, wie ich gesagt habe, nur allein sträfliche Geseze verordnen, welche alle Glieder verbinden; aber es ist nicht gut, daß er selbst urtheile, ob ein oder der andere den Geselschaftsvertrag überschritten habe oder nicht? weil alsdenn zwey Theile ohne Richter vorhanden wären, einer, der das Oberhaupt vorstellet, der die Verlezung des Vertrages behauptet, und zum andern der Angeschuldigte, welcher diese Verlezung leugnet. Besser ist es demnach, daß ein

man eine sinliche Idee zu dem Wort Verbindlichkeit suchen. Man wird keine finden. Nur wenn man einen in ein einziges Wort zusammen gezogenen Schlussaz sich vorstellet, (und nicht eher) wird man bey Gebrauche dieses Ausdrukes sich selbst verstehen, oder von andern verstanden werden. Beccar. *).

g) Warum nicht? Verbindlichkeit ist, wenn man was thun muß. Müssen ist eben so viel, als gezwungen werden. Also ist Verbindlichkeit ein Zwang, etwas zu thun, oder etwas zu leiden.

§. III. Folgerungen.

ein Dritter die Wahrheit der Sache beurtheile. Daraus folgt die Nothwendigkeit des Richters, dessen Entscheidung unumstößlich seyn, übrigens aber blos allein in Ja und Nein bestehen muß *b)*.

Die dritte Folge ist, daß, wenn auch übertriebene und grausame Strafen nicht gerade dem gemeinen Besten und der Einrichtung des obgedachten geselligen Vertrages, das ist, der Gerechtigkeit zuwider wären, wie sie es doch sind, daß, wenn sie so gar ihren Endzweke, dem Verbrechen vorzubeugen nicht entgegen stünden, wie ich unten zeigen werde, sie doch wenigstens mit einer gelinden Denkungsart, und der wohlthätigen Tugend, so die Wirkung eines wohl ausgebildeten Verstandes und guten Herzens ist, nicht bestehen können. Ein rechtschafner Mann wird doch wohl lieber freyen und glüklichen Bürgern, als einer Heerde muthloser und elender Sclaven, deren unseeliges Loos die Peitsche ist, gebiethen wollen.

§. IV.

b) Hierwider findet man triftige Zweifel in meiner Rhapsodie Obs. 439. wo ich zeige, daß ein Richter mit gutem Gewissen abgeschmakte Geseze zu umschiffen bemühet seyn kan, und die Hexen nicht verbrennen sol, wenn gleich das Geseze, so es anbefiehlt, noch bis diese Stunde nicht abgeschaffet. Grönewegen hat ein ganzes Buch von dergleichen Beyspielen zusammen getragen.

§. IV.
Von der Auslegung der Geseze.

Vierte Folge. Die Auslegung der Strafgeseze kan auch den Richtern aus eben der Sache, weil sie keine Gesezgeber sind, nicht zukommen ⁵). Die Geseze sind den Obrigkeiten von unsern Vorfahren nicht blos als ein Fideicommiß hinterlassen worden, damit sie, die Obrigkeiten, gleichsam als Erbnehmer, nichts anders dabey zu thun haben solten, als diesen lezten Willen zu volziehen, sondern die jezt lebenden Menschen, welche die fortwährende Geselschaft ausmachen, oder der Regent, so sie vorstellet, übergiebt sie ihnen. Die Geseze selbst haben ihre verbindende Kraft nicht daher, weil sie vor Zeiten mit einem Eide bestätiget worden; ein Eid, welcher einer Seits ungültig seyn würde, weil er den Willen noch nicht daseyender Menschen gebunden; andern Theils aber ungerecht, weil er aus einer Geselschaft freyer Menschen eine Kuppel elender Sclaven, die allen eigenen Willen entsagen müsten, gemacht hätte. Der stilschweigende, oder ausdrükliche Eid der Treue, welchen die lebenden Mitglieder der Geselschaft ihrem Beherscher einmüthig abgelegt haben, giebt den Gesezen ihre verbindende Kraft, und die daraus entstehende Gewalt,

daß

---

⁵) Er hätte dieses nur von der Auslegung, so die Strafgeseze erweitern wil, nicht aber von der so sie einzuschränken suchet, sagen sollen. Siehe vorige Anmerkung.

§. IV. Von der Auslegung der Geseze.

daß er die innerliche Gährung des Privatvortheils dämpfen solle. Wem komt es demnach von Rechtswegen zu, die Geseze auszulegen? Nur allein dem Fürsten, als welchem hierinnen der Wille aller Mitglieder anvertrauet ist; keinesweges aber dem Richter, welcher keine andere Pflicht auf sich hat, als zu untersuchen, ob dieser oder jener eine That begangen habe, die den Gesezen zuwider sey oder nicht.

Bey Untersuchung eines jeglichen Verbrechens muß der Richter einen förmlichen Vernunftschluß machen, in dessen Vordersaze das algemeine Gesez; in Hintersaze die dem Geseze gemäse, oder zuwiederlaufende Handlung; im Schlusse die Losspre̶chung, oder Anerkennung der Strafe bestehet. Macht der Richter in einer peinlichen Frage mehr, als einen Schluß, entweder freywillig oder aus Noth, weil er hierzu durch die Untauglichkeit elender Geseze gezwungen ist, so wird der Ungewisheit Fenster und Thüre geöfnet.

Es ist ein eben so gefährlicher, als gemeiner Grundsaz, daß man gleichsam in die Seele und die Absichten des Gesezes dringen, und den Sinn desselben zu Rathe ziehen müsse. Das heist, den Damm, welcher dem Strom der Meynungen vorgebauet ist, durchstechen, und ihnen freyen Lauf lassen. Wenn Leuten von schwacher Einsicht das, was ich hier als eine erwiesene Wahrheit be̶haupte, widersinnig vorkomt, so befremdet es mich nicht;

§. IV. Von der Auslegung der Geseze.

nicht; denn ein kleines gegenwärtiges Unheil fält ihnen weit mehr auf, als ein entferntes, von tausendmal schädlicheren Folgen, die ein einziger angenommener falscher Grundsaz nach sich ziehet. Unsere Kentnisse und unsere Begriffe hängen alle an einander. Je verwikelter sie sind, desto zahlreicher sind die Wege, welche zum Irthume führen. Jeder Mensch hat seinen eigenen Gesichtspunct. Ein und eben derselbe Mensch sieht einerley Gegenstände zu verschiedenen Zeiten auf ganz verschiedene Art. Also würde der Geist und die Absicht eines Gesezes der Erfolg einer guten oder schlechten Logik des Richters seyn. Dessen gesunde oder verdorbene Säfte, ein aufwallender Sturm seiner Leidenschaften, die Schwäche und Dürftigkeit des Angeklagten, des Richters Verbindungen mit dem beleidigten Theile, und die übrigen gering scheinenden Ursachen, welche das veränderliche Gemüthe des Menschen, wie Wellen herum treiben, würden auf dieses wichtige Geschäfte des Richters widrige Einflüsse verbreiten. Daher komt es, daß öfters das Schiksal eines Bürgers durch den blosen Uebergang seines Processes aus einem Gerichtshofe zu einen andern verändert wird. Daher komt es, daß öfters Unschuldige ein Schlachtopfer falscher Begriffe, oder leyder! wohl gar aufbrausender Leidenschaften werden, nach welchen öfters die Obrigkeit eine Reyhe verworrener Schlüsse für eine rechtmäsige Auslegung des Gesezes hält. Daher komt es, daß einerley Verbrechen, vor einerley Gerichte,

§. IV. Von der Auslegung der Geseze.

in verschiedenen Zeiten auf verschiedene Weise bestraft werden. Der schwankende Unbestand wilkührlicher Auslegungen übertäubet alsdann die sich immer gleiche und reine Stimme des Gesezes.

Man könte hier einwenden, daß aus einer alzustrengen und buchstäblichen Beobachtung eines Strafgesezes auch zuweilen groses Unheil entstehet [k]. Allein ich antworte, daß die Unordnungen, welche aus der freyen Auslegung entstehen, ungleich gröser, und mit jenen Unheile nicht im geringsten zu vergleichen sind. Ist der Sinn des Gesezes wegen einiger Worte ungewiß und zweydeutig, so solte der Gesezgeber dieser Dunkelheit durch eine schleunige Verbesserung abhelfen. Er solte hierdurch der unglüklichen Freyheit, in Lüften herumzukreuzen, Einhalt thun, und die Quelle verstopfen, woraus feil stehende und wilkührliche Verdammungen entspringen. Wenn der Richter auf eine buchstäbliche Erklärung eingeschränkt, so ist demselben weiter nichts nachgelassen, als die Handlung zu untersuchen, ob sie mit dem Geseze übereinstimmet, oder nicht? Ist der Leitfaden des gerechten oder ungerechten blos eine Untersuchung von der Wirk-

---

[k] Allerdings. Es sey ein Geseze: Wer zwey Weiber auf einmal sich antrauen läßt, werde des Landes verwiesen. Dieze wird angeklagt, daß er zwey Weiber habe. Nein, sagt er, ich habe deren drey. Nach den Regeln des Beccaria wird er loszusprechen seyn, denn der Buchstabe des Gesezes redet nur von zweyen.

§. IV. Von der Auslegung der Geseze.

Wirklichkeit einer That, nehmlich ob sie geschehen sey oder nicht? so wird der Bürger nie Sclav des Richters seyn. Es ist aber das Joch einer Menge von kleinern Tyrannen und Unterobrigkeiten desto unerträglicher, je unbeträchtlicher der Abstand des Unterdrükten von dem Unterdrüker ist. Ich halte die Bedrängung von kleinen Despoten weit unseeliger, als die Oberherschaft eines Einzigen.

Wenn also die Geseze keine andere als buchstäbliche Auslegung leiden, so geniesen die Bürger der Sicherheit ihrer Person, ihrer Ehre, ihrer Güter, und finden sich dadurch im Stande, alle schlimme Folgen einer Handlung aufs genaueste zu berechnen, welches sehr vieles beyträgt, sie davon abzuhalten. Zwar ist es nicht zu leugnen, daß hierdurch die Gemüther der Bürger einen Hang zur hohen Denkungsart bekommen können, und nicht mehr so demüthige Verehrer der Obrigkeiten bleiben, besonders dererjenigen, die einer treuherzigen Unterwerfung den geheiligten Namen der Tugend beylegen: Allein sie werden demohngeachtet den Gesezen gehorsam bleiben, und der höchsten Obrigkeit weniger widerspenstig seyn, als jene schleichende Geschöpfe, die ohne inneres Gefühl der Rechtschaffenheit weiter nichts, als nur die Peitsche fürchten. Es könte also wohl sich zutragen, daß diese Grundsäze solchen Männern misfallen, welche die Streiche der Tyrannen, die sie bekommen, wieder auf Niedere doppelt zurükfallen lassen. Ich habe

§. V. Von Dunkelheit der Geseze.

abe von diesen alles zu befürchten, wenn sie mich ...en und verstehen. Allein, ein Trost! Tyrannen ...sen nicht.

§. V.
Von Dunkelheit der Geseze.

Ist die Auslegung der Geseze ein Uebel, so ist die Dunkelheit ein nicht gröseres, weil sie die Auslegung nothwendig machet. Dieses Uebel vergröset sich, wenn die Geseze in einer unbekanten Sprache geschrieben sind. Was sind die Rechte alsdann anders, als Heimlichkeiten und Sibyllinische Bücher? So lange sie sich bey der Würde behaupten, die man ihnen aus Unbedachtsamkeit beygeleget; so lange deren Eröfnung für eine Entheiligung angesehen wird; so lange sie nicht in der gemeinen Landessprache abgefasset und wie ein Katechismus zu jedermans Wissenschaft und Gebrauche da liegen; eben so lange bleibt der Bürger unter der Abhängigkeit gewisser Leute, welche die Geseze und ihre Auslegung handhaben, wannenhero er die Folgen seiner Handlungen nicht von sich selbsten übersehen kan. Je gröser im Gegentheil die Anzahl von Leuten ist, welche das Gesezbuch in Händen führen und dessen geheiligte Aussprüche lesen dürfen, desto geringer wird die Anzahl der Verbrechen seyn, weil die Unwissenheit oder die Ungewisheit der Strafen ohne allen Zweifel auf menschliche Leidenschaften wirket, und zu Missethaten anloket. Solte man daher nicht erstaunen,

§. V. Von Dunkelheit der Geseze.

daß fast durchgängig die Geseze in einer todten Sprache abgefaffet sind ¹)?

Aus diesen Grundsäzen flieset die Folgerung, daß ohne geschriebene Geseze eine Geselschaft nie eine solche bestimte Regierungsform annehmen kan, in welcher die Geseze niemals dem Gedränge des Privatvortheils nachgeben dürfen, und nur durch den algemeinen Willen aller Mitglieder verändert und gänzlich aufgehoben werden können. Vernunft und Erfahrung lehren, daß die Gewisheit und Wahrscheinlichkeit menschlicher Sazungen in eben der Maase sich verlieren, je weiter sie sich von ihrer Quelle entfernen. Wie sollen nun die Geseze der hinreisenden Gewalt der Zeit und den Leidenschaften widerstehen, wofern nicht ein dauerhaftes Denkmal des ursprünglichen Bündnisses einer errichteten Geselschaft vorhanden ist?

Ich wil hier etwas von der Nüzlichkeit der Presse einschalten. Sie ist es, welche das Publikum,

---

¹) Dieser Seufzer ist vergeblich. Die heiligen zehen Gebothe Gottes hat man in allen Landessprachen, man lernet sie so gar auswendig. Deutschland hat Kayser Carl des fünften peinliche Halsgerichtsordnung deutsch geschrieben und gedrukt. Wer liest sie? Wer hat sie? Man braucht sie auch nicht zu lesen, da jeder Mensch von Natur schon weiß, daß Unrecht unrecht sey. Wer eine Uebelthat zu begehen Willens ist, schlägt dieses Strafgeseze so wenig nach, als derjenige, so sündigen wil, die Bibel.

§. V. Von Dunkelheit der Geseze.

kum, und nicht einige Wenige zu Aufsehern und Beschüzern der heiligen Geseze macht; sie ist es, die das düstere Gewölke, sie ist es, die den Geist der Kabale und der Arglist zerstreuet, und den Geist der Finsterniß verscheuchet, der das Licht scheuet, und bey Anbruche des Tages verschwindet, den Geist, der die Wissenschaften lästert und verdammet, weil er sich mit seinen sämtlichen Trabanten dafür fürchtet. Die Drukerey ist es, welche die abscheulichen und gräßlichen Verbrechen vermindert und den jämmerlichen Zustand beendiget, der bey unsern Vorfahren die Schwachen zu Lastthieren, die Mächtigen aber zu Wütrichen machte. Wer die Begebenheiten zweyer oder dreyer Jahrhunderte und unsere Zeiten kennet, kan daraus ersehen, wie aus dem Schoose der Schwelgerey und Dumheit die sanftesten Tugenden, die Menschlichkeit, die Wohlthätigkeit, die Dultung menschlicher Irthümer, entstanden. In diesen entfernten Zeiten erblikt man schrekliche Wirkungen jener zur Ungebühr also benanten alten Einfalt und Redlichkeit: Da siehet man vielmehr, wie die Vernunft unter Verfolgung des Aberglaubens seufzete; wie Geiz und Herschsucht einer geringen Anzahl Menschen Thron und Schazkammer der Könige mit Menschenblute färbten; da erblikt man geheime Verrätherey, und öfentliche Todschläge; einen Adel, der die Niedrigen allenthalben mit Füßen trate; Prediger, welche im Nahmen des barmherzigen Gottes ihre Hände mit Blute besprizten und die Religion entweyheten.

Bey=

Beyspiele von dergleichen Abscheulichkeiten schärfen unser erleuchtertes Jahrhundert nicht mehr, so verderbt man auch übrigens unsere Zeiten auszuschreyen sich bemühet.

§. VI.
Von dem Verhältnisse zwischen Verbrechen und Strafen.

Es erfodert nicht nur die zeitliche Glükseligkeit, daß wenig Verbrechen begangen werden, sondern auch, daß jegliche Art der Verbrechen nach dem Verhältnisse des Uebels, das der Geselschaft daraus entstehet, desto seltener sey, je schlimmer und nachtheiliger die Folgen sind. Es müssen demnach die in den Gesezen angezogene Bewegungsgründe, welche die Menschen von Missethaten abhalten sollen, desto stärker seyn, jemehr nach Verschiedenheit der Verbrechen eines dem gemeinen Besten nachtheiliger, als das andere ist, und jemehr mächtiger die Reizungen sind, welche die Menschen zu irgend einer Gattung von Missethaten verleiten. Lasset uns demnach ein bestimtes Verhältniß zwischen den verschiedenen Gattungen der Verbrechen und den verschiedenen Strafen suchen.

Unmöglich ist es zwar bey dem algemeinen Kampfe so mancherley wider einander laufender Leidenschaft, allen Unordnungen völlig vorzubeugen. Jemehr ein Staat bevölkert und reicher wird, und jemehr sich der Eigennuz einzelner Personen in

das

zwischen Verbrechen und Strafen. 29

as Spiel menget, in eben den Maase wachsen die
[U]nordnungen, so daß es nicht möglich ist, die Men=
[sc]hen mit geometrischer Gewisheit zum algemeinen
Besten zu lenken. Man muß in politischer Rech=
nung stat der mathematischen Pünctlichkeit sich mit
Bahrscheinlichkeit und Näherungen behelfen. Ein
[auf] die Geschichte geworfener Blik eröfnet uns, daß
[m]it der Erweiterung eines jeden Staates in eben
[d]en Verhältnisse, wie sich die Gesinnung und Den=
[k]ungsart der ganzen Nation verändert, sich auch
[U]nordnungen verbreiten und der Hang zum Ver=
[b]rechen algemeiner wird. Hieraus entstehet die
[N]othwendigkeit je zuweilen schwerere Strafen auf
[d]ie Verbrechen zu sezen, als sonst nöthig wäre.

Die Kraft, welche die Menschen ohne Unterlaß
[z]u Lüsten und Begierden hinreiset, ist der Schwer=
[k]raft ähnlich, welche alle Körper nach dem Mittel=
[p]uncte des Erdbodens unaufhörlich ziehet, und die
[si]ch durch nichts anders, als durch Hindernisse, die
[m]an ihr entgegen sezt, aufhalten lässet. Die ganze
[F]olge menschlicher Handlungen ist eine Wirkung
[d]ieser moralischen Schwerkraft. Strafen sind die
[p]olitischen Hindernisse und dienen darzu, den
[H]ang des Eigennuzes und der Begierden zu ent=
[k]räften, und der Schädlichkeit seiner Wirkungen
[v]orzubeugen, ohne bey den Menschen die Ursache
[d]er Bewegung, das ist, die Sinne und Leiden=
[sc]haften aufzuheben, welches eine vergebliche Sache
[se]yn würde, weil sie von ihm unzertrennlich ist. Ich
vergleiche

§. VI. Von dem Verhältniſſe

vergleiche den Geſezgeber mit einem geſchikten Baumeiſter, deſſen Hauptſorge dahin gehet, der niederdrükenden Kraft der Schwere andere erhaltende und unterſtuzende Kräfte entgegen zu ſtellen, um durch dieſe Vereinigung des Gewichtes und Gegengewichtes ſeinen Gebäude Feſtigkeit zu geben.

Wenn man die Verbindung der Menſchen in Geſelſchaften, und die daraus flieſenden Vortheile, vorausſezt; wenn man die Verträge, welche das wider einander ſtreitende Privatintereſſe veranlaſſet, annimt; ſo kan man ſich die in der Geſelſchaft vorkommende Unordnungen, als eine Leiter vorſtellen, auf deren oberſten Stufe diejenigen Verbrechen ſtehen, welche auf die Zerrüttung und den Untergang der ganzen Geſelſchaft unmittelbar abzielen; auf der unterſten aber die gar geringe Beleidigung, die man einzeln Mitgliedern der Geſelſchaft zufüget. Zwiſchen dieſen beyden ſtehen alle dem gemeinen Beſten auf mancherley Weiſe ſonſt zuwiderlaufende Handlungen, und ſteigen durch unmerkliche Stufen von der höchſten zur niedrigſten herab.

Lieſen ſich mathematiſche Berechnungen und die Meßkunſt auf die unendlichen Abwechſelungen menſchlicher Thaten anwenden, ſo köntemanzu ſolcher eine übereinſtimmende Progreßion der Strafen mit gröſerer Genauigkeit finden, ſo daß die geſchärfteſte bis zur gelindeſten gleichmäſig und ſtufenweiß herabfiele. Weil dieſes aber nicht möglich,

ſo

so läſt ein weiſer Geſezgeber ſich damit begnügen, daß er nur die vornehmſte Eintheilung bemerket, und nicht Verbrechen vom unterſten Range, mit Strafen der obriſten Stufe belege *m*).

Eine jede zwiſchen den vorerwehnten Grenzen nicht begriffene Handlung iſt kein Verbrechen zu nennen, noch als ein ſolches zu beſtrafen. Nur diejeni=

---

m) Wenn Choridon ſeine Daphnis liebet, ſo iſt es kein Verbrechen, weil dadurch niemand beleidiget wird. Miſſethat oder Unrecht iſt nur dasjenige, wodurch ich entweder meinen einzeln Nächſten oder gar dem gemeinen Weſen etwas unmittelbar entziehe. Ich ſage unmittelbar. Denn wenn man das Wort mittelbar einwebet, ſo finden Moraliſten, welche die ganze Welt nach ihren Syſtem regieren wollen, und gleichwohl die drey Worte: Menſch, Bürger und Chriſt nicht zu unterſcheiden wiſſen, ein offenes Feld, nach eigenen Belieben, was ſie nur wollen, auch unſchuldige, auch nüzliche Handlungen in Verbrechen umzugieſen und durch verflochtene Dunkelheit überal ſo genante mittelbare Nachtheile und Verlezungen der Republik heraus zu künſtlen. Wo nicht unmittelbar, werden ſie ſagen, doch wenigſtens mittelbar iſt der Hang zur Mode, die Ehrbegierde, der Geiz, die Heyrath in dem vierten Grade, der Einkauf des Getreydes bey wohlfeiler Zeit, inſonderheit die Kezerey, und Got weiß, was ſonſt für Dinge, unter die bürgerlichen Verbrechen zu zehlen. Man kennet ſchon die labyrinthiſchen Schlüſſe tiefdenkender Schulweiſen, welche durch 99 Folgerungen, darunter öfters der gröſte Theil falſch iſt, endlich die hundertſte hervorbringen, die erweiſen ſol, es wäre denen Bürgern doch wenigſtens die Sache mittelbar ſchädlich.

diejenigen, denen aus besonderen Absichten oder Eigennuz daran gelegen ist, bezeichnen dergleichen Handlungen mit den Namen des Lasters. Lange Zeit hat man diese Grenzen nicht zu bestimmen gewust; und ist aus dieser Ungewißheit unter den Völkern eine Art von Sittenlehre aufgekommen, mit welcher sich der Geist und das Wesen der Geseze gar nicht verträgt. Doch was nenne ich Gesez, das schäkigte Allerley verwirter Einfälle, welche sich wechselsweise aufheben und einander widersprechen, wodurch der tugendvolle Weise gar oft der strengsten Strafe ausgesezet wird, verwirter Einfälle, sage ich, welche den Begrif von Tugend und Laster wankend und zweifelhaft machen, tolle und unnüze Anordnungen, welche uns unserer Güther nicht versichern und den ganzen Staatskörper in einen Todenschlummer versenken? Lieset man die Gesezbücher verschiedentlicher Völker mit nachdenkender Aufmerksamkeit, so bemerket man gar leicht, wie Tugend und Laster, rechtschaffener Man und Missethäter, in verschiedenen Zeiten verschiedene Bedeutungen gehabt, nicht deswegen, daß die Umstände der Staaten und Reiche sich verändert, sondern weil diejenigen, so das Staatsruder führten, und das gemeine Beste verwalteten, von verschiedenen Irthümern beherschet wurden. Hier siehet man, daß öfters blinde Leidenschaften, welche der Leitstern in einem Jahrhunderte waren, die Grundlage zur Moral des nachfolgenden Zeitalters geworden; man siehet, daß

mancher

mancher fanatische Wahn und die Enthusiasterey, welche in den Gemüthern der Menschen ein schwärmendes Heer von Begierden auflattern läßt, durch Umlauf der Zeiten gedämpft und gänzlich unterdrükt worden. Durch die Zeit, sage ich, welche auf physikalische und moralische Dinge gleichen Einfluß hat, sind die Menschen erleuchtet worden und die Mächtigen haben ihre Kräfte zum Wohl der Menschen anzuwenden gelernet. Auf solche Weise erhöhen und verdunkeln sich zuweilen die Begriffe von Ehre und Tugend, welche bey verschiedenen Völkern mancherley Gestalten erhalten, je nachdem die Zeiten oder die Grenzen des Reichs sich verändern. Denn Berge und Flüsse sind öfters nicht allein die Grenzen der Länder, sondern auch der Meynungen, welches ich die moralische Geographie zu nennen pflege. Man findet an einem Orte göttlich wahr, was drey Meilen weiter, ja bey Grenzorten, öfters nur eine viertel Stunde davon, die ausgemachteste Lügen ist.

Wenn man denjenigen, der einen Hirsch oder Fasan tödet, einerley Strafe mit demjenigen erkennet, der einen Menschen umbringet, oder falsche Wechsel machet, so wird der gemeine Man zwischen beyden Verbrechen in kurzer Zeit keinen Unterscheid weiter machen. Auf diese Art zernichtet man in menschlichen Herzen das Erkäntnis des Guten und Bösen, der Rechtschaffenheit und des Betrugs; dies Werk vieler Jahrhunderte, das durch viele Todesurthel langsam und mit vieler Mühe

§. VII. Vom Maaſtabe der Gröſe

aufgeführet worden, und ſo beſchaffen iſt, daß man es kaum für möglich halten ſolte, daß es aufgeführet werden könte.

Vergnügen und Schmerzen ſind bey empfindenden Weſen die Triebfeder aller Handlungen: Selbſt die Religion verkennet dieſe mächtige Triebfeder nicht, weil der höchſte Geſezgeber auch die Strafen und Belohnungen in jenen Leben als Bewegungsgründe zum Thun und Laſſen vorgebildet. Wenn nun zwey Verbrechen, die der Geſelſchaft in verſchiedenen Graden ſchädlich ſind, auf gleiche Art beſtrafet werden, ſo iſt kein ſtärkeres Hinderniß mehr vorhanden, warum unſere Bürger die laſterhafteſte Handlung nicht eben ſo wohl, als ein geringeres Ungebührniß zu begehen ſich erkühnen ſolten, ſo bald ſie bey dem gröſern Vortheil zu finden hoffen. Dieſe ungleiche Austheilung der Strafe, welche zu ſündigen ſelbſt Anlaß giebet, wird dieſen ſonderbaren, dieſen eben ſo oft vorkommenden, als ſelten bemerkten Widerſpruch erzeugen, **daß die Geſeze Verbrechen beſtrafen, welche ſie ſelbſt veranlaſſet.**

§. VII.
Vom Maaſtabe der Gröſe der Verbrechen.

Aus den vorhergehenden Betrachtungen läßt ſich mit völligem Rechte behaupten, daß der wahre und einzige Maaſtab der Gröſe und Schwere eines Verbrechens lediglich nur der Schade ſey,

welcher

welcher der Geſellſchaft daraus entſtehet ⁿ). Einige
Sittenlehrer haben geglaubt, die verſchiedene Gröſſe
der Verbrechen hänge von dem boshaften Willen
und der Abſicht desjenigen ab, der es begehet.
Allein da dieſer Wille oder Abſicht von der Ver-
faſſung,

n) Man mache alſo nicht Handlungen zu bürgerlichen Verbrechen, die es nicht ſind. Wenn ein Man ſeiner ver-
ſtorbenen Frauen Schweſter beyrathet, wo iſt da Beleidigung? Wird nun aber niemand verletzet, niemand um
das Seinige gebracht, dem Nächſten nicht geſchadet, wie
kan wohl der weltliche Richter ſtrafen? wie kan dieſes
der Gegenſtand eines bürgerlichen Geſetzes ſeyn? Got
hat es nur verbothen, ihr zum Tord, die weil ſie
lebet. Wenn der Frauen Schweſter ihr in Ehebette
folget, welch ein Glük für die verwayſeten Kinder! Sie
wird ihnen keine Stiefmutter ſeyn. Es ſind gleichſam
ihre eignen Kinder, ſie iſt ihre Tante. Weinet nicht,
arme verlaſſene Wayſen! ihr habt eure Mutter nicht
verloren, ſie lebt noch in der Perſon ihrer Schweſter.
Angeſtamte Liebe, bereits errichtete Bekantſchaft, wechſelſeitige Bedürfniſſe, Band der Familie, alles rufet, alles
ermahnet die Heyrath mit der Frauen Schweſter zu befördern. Geſezt auch, daß die rechtgläubigen Theologen
der alten Welt dawider zu eifern Recht haben ſolten,
(wie ſie es doch, aller Rechtsgelehrten Meynung nach,
nicht haben) ſo wäre dieſes doch auf alle Fälle kein Gegenſtand der bürgerlichen Strafgeſeze, welche blos die
Stöhrung der Sicherheit und Beleidigungen zu verbü-
then und Ruhe zu erhalten zur Abſicht haben ſollen. In
dieſe Grenzen wird alles eingeſchränket. Verbiethet der
evangeliſche Fürſt dieſe Heyrath, ſo thut er es als Biſchof
und nicht als Landesherr.

fassung, worinnen sich die Seele des Sünders damals befunden, abstammet: diese Lage der Seele aber nicht bey allen Menschen einerley, ja zuweilen selbst bey einen und eben denselben Menschen eben so abwechselnd ist, als die verschiedenen Auftritte der Ideen, Leidenschaften und Umstände, welche auf einander folgen; so müste man ein besonderes Gesezbuch für einen jeglichen Bürger machen. Zuweilen entstehet der gröste Schaden für die Gesellschaft aus einer Handlung, welche aus der reinsten Quelle und der besten Absicht geflossen; hingegen erwächst ein andermal der beträchtlichste Vortheil aus einer That, welche den bösesten Willen zur Triebfeder gehabt °).

Andere Staatslehrer wollen die Verbrechen vielmehr nach der Würde des Beleidigten, als nach den traurigen Folgen, die dem gemeinen Wesen daher entstehen, abgemessen wissen. Wenn diese Meynung gegründet wäre, so würde eine Unehrerbietigkeit gegen das Wesen aller Wesen weit schreklicher bestraft werden müssen, als die Ermordung eines Monarchen, weil diese Beleidigung den Unterschied

o) Den blosen Willen, so böse er auch seyn mag, wenn er noch nicht in öffentliche Thathandlung ausgebrochen, bestrafet kein bürgerliches Geseze. Denn man sahe, daß es unschiklich. Vielweniger also kan die Absicht den Maasstab, den wir suchen, abgeben. Auch wird dazu ein Richter erfordert, der denen Deliquenten ins Herze schauen könte, das gleichwohl keine Fenster hat.

der Verbrechen. 37

terschied mit jenen, in Betracht der Erhabenheit der götlichen Natur, nicht im allermindesten ausgleichet *p*).

Noch andere sind endlich auch auf die Gedanken gerathen, daß bey Abmessung des Grades eines Verbrechens auch mit auf die Gröse und Schwere der hiermit begangenen Sünde gegen Got müste gesehen werden *q*). Der Ungrund dieser Meynung wird

p) Wenn zweene Kaufleute in eine Handlung treten und gleiches Geld erlegen, so muß Gewinst und Verlust auch gleich getheilet werden. Nun hat aber bey Errichtung der menschlichen Gesellschaft sowohl der Reiche als Arme ein Gleiches eingelegt. Beyde liesen nämlich einen Theil der natürlichen Freyheit fahren; also muß auch der Geringe so gut als der Vornehme seiner Ehre, seiner Güther, und seines Lebens gleich gesichert seyn. Die kleinen Tyrannen der mitleren Ordnung, die Mandarins, der Adel, um dem Fürsten in etwas gleich zu werden, möchten freylich gerne Stand und Würde zum Maaßstab machen.

q) Was ein theologisirender Weltweise, eben das ist auch ein theologisirender Gesezgeber. Die Religion hat ihr eigenes Gebiethe. Es kan etwas der Republik nüzlich und in der Kirche sündlich seyn. Der seel. D. Luther sagt: Was in der Theologie wahr, sey öfters in der Philosophie falsch, von welchem Spruche ich anderswo meine Gedanken eröfnet. Dieses alles läst sich auch hier anwenden. Wenn der Fürst in einem bürgerlichen Geseze von der Seelengefahr redet, so wird dieses als ein falscher Ton dem zur Harmonie gewöhnten Ohre eben so hart

C 3 auffallen,

§. VII. Vom Maasstabe der Gröse

wird demjenigen sogleich in die Augen leuchten, der die wahre Verhältnisse zwischen Mensch und Mensch auf einer, und zwischen Mensch und Got auf der andern

auffallen, als wenn ein evangelischer Landesherr seine katholischen Unterthanen durch Strafgeseze bekehren, oder der Sultan die in Constantinopel wohnenden Christen seinem Paradiese zuführen wolte. Thut er dieses, so versteht er sein Amt nicht, wozu ihn die Vorsicht bestimmet, und ist sein Beruf ihm unwissend. Als Völker sich einen König erwehlten, so wolten sie an ihm zur Friedenszeit einen Richter, und im Kriege einen Anführer haben. Er solte sie in der Welt glüklich, nicht in der Ewigkeit seelig, machen. Lezteres ist das Amt der Priester. Wil ein Fürst den Priester vorstellen, so wird der Priester regieren. Kirche und Republik müssen abgetheilt bleiben, weil Einmischung in fremde Händel gar selten gelinget. Katharine in Rußland, die in ihren weitläuftigen Reiche so viele Religionen zu beherschen hat, wird durch Strafgeseze und Himmelswege gewiß niemanden seines alten Glaubens berauben. Wenigstens muß ein Fürst die himlische Regierung nicht eher vornehmen, als bis er die Regierung auf Erden verstehet. Ein anders ist recht glauben, ein anders recht leben. Wirft ein Perser etwas Unreines in das Feuer, so ist es Zoroastische Sünde. Aber der König hat nicht Ursache es zu bestrafen, denn er ist kein Fürst für das Himmelreich. Es werde also dieser Entheiliger des heiligen Feuers von der Zoroastischen Kirche ausgeschlossen. Er lasse sich von den Priestern reinigen; alles gut! nur treffe ihn keine bürgerliche Strafe, im Fall er kein Aufwiegler ist. Verbrechen ist nur dasjenige, wodurch ich dem Nächsten etwas entziehe. Also sind Sünde und Verbrechen zwey unterschiedene Dinge.

andern Seite unpartheyisch erwägen wil. Das Verhältniß zwischen Mensch und Mensch ist einerley und sich immer gleich. Die einander sich stosenden Leidenschaften und der Eintrachtswidrige Eigennuz hat den Begrif vom gemeinen Besten hervorbracht, und hierauf gründet sich die menschliche Gerechtigkeit. Die Menschen stehen mit Got blos in einen Verhältnisse der Abhängigkeit, als von einen volkommeren Wesen und ihrem Schöpfer, der sich das Recht, Gesezgeber und Richter zugleich zu seyn, vorbehalten, weil er allein ohne Unschiklichkeit es seyn kan. Hat Got ewige Strafen dem, der seiner Almacht nicht Gehorsam leistet, verordnen wollen, welcher Wurm, welcher menschlicher Käfer wird der götlichen Gerechtigkeit unter die Arme zu greifen sich erkühnen, und sich anmasen, in seiner Rache dem unendlichen Wesen beyzustehen, das sich selber genug ist. Got ist ein Wesen, welches keines Eindruks von Schmerzen fähig ist, indem er allein unter allen Wesen in die Natur wirket, ohne Gegenwirkungen ausgesezt zu seyn. Also nicht die Gröse des bürgerlichen Verbrechens, sondern nur die Schwere der Sünde hängt von der verborgenen Bosheit des Herzens ab, welches dem menschlichen Blike verschlossen, und ohne götliche Offenbarung keinem endlichen Geschöpfe erforschlich ist. Wie sol nun von der Sünde ein Maasstab der Bestrafung eines Verbrechens genommen werden? Der Mensch würde oftmals strafen, wenn Got vergiebt, und vergeben, wenn er straft, also

§. VII. Vom Maaſtabe der Gröſe ꝛc.

in beyden Fällen der nicht verſtandenen götlichen Tiefe der Weisheit entgegen handeln r).

§. VIII.

r) *Lactantius ad Pentadium c. 53.* Sed hoc facere ſe dicunt, ut deos ſuos defendant. Primum ſi dii ſunt et habent aliquid poteſtatis et numinis, defenſione hominis patrocinioque non indigent. Stultum igitur et vanum, deorum eſſe vindices velle. Qui patrocinium Dei, quem colit, ſuſcipit, illum eſſe nihil, confitetur. So viel habe ich als Chriſt mich feſt überzeugt, daß Got an Hängen und Köpfen keinen Gefallen habe. Wir Menſchen bilden öfters Got nach uns. Der Stolze, Zornige, Hochmüthige und Rachgierige ſtelt ſich das höchſte Weſen zornig, und der Hypochondriſte, dem die Fliege an der Wand irret, hypochondriſch vor. Wer ſangwiniſch iſt, denkt ſich Got mitleibig und wohlthätig. Der Phlegmatiſche denkt gar nichts. Auf den Erdboden iſt etwa der ſechſte Theil der Menſchen ſangwiniſch. Dieſes Verhältniß wechſelt nicht ab; denn ich habe anderswo berechnet, daß es heutiges Tages nicht einen einzigen Geizigen mehr gebe, als es zur Zeit des Königes Salomo gegeben. Der Vogel bauet ſein Neſt noch eben ſo, wie er es zur Zeit des Königes Salomo gebauet. Es flieſet noch immer daſſelbe Blut durch unſere Adern, und die menſchliche Natur bleibt unveränderlich. Kan wohl ein Mohr ſeine Haut wandeln und ein Parder ſie fleken? Melancholiſche auch zum Theil choleriſche Gemüther ſind vermittelſt ihrer Säfte und des Gebluts Liebhaber von gekünſtelten Zwange und einer unnatürlichen Moral. Die einmal gefaſten Eindrüke behalten ſie feſt, daher gar öfters bey ihnen ein Wort zur Sache wird. Wenn dergleichen feſt geheftete Idee bis zur Begeiſterung anſteiget, ſo iſt es unmöglich, den Schwärmer zu bekehren.

§. VIII.

Von der Verschiedenheit und den Folgen
der Verbrechen.

Der gröſere oder mindere Schade, welcher aus
einen Verbrechen der Geſelſchaft entſtehet, iſt
angezeigter maaſen dasjenige, wornach ich die Strafe
abwiegen muß. Dieſe Wahrheit, die weder al=
gebraiſcher Beweiſe noch eines künſtlichen Sehrohrs
bedarf; dieſe für einen nur mittelmäſigen Ver=
ſtand, auch bey der geringſten Aufmerkſamkeit, leicht
zu begreifende Wahrheit, hat dennoch, durch einen
wunderbaren Zuſammenfluß der Umſtände, das
traurige Schikſal gehabt, nur von einer geringen
Anzahl denkender Köpfe mit zuverläſiger Gewiſ=
heit erkant zu werden. Ueberhaupt haben aſiati=
ſche Vorurtheile die natürlichen und einfachen Be=
griffe, welche den erſten Menſchen die hervorkei=
mende Philoſophie einflößete, mehrentheils durch
unmerkliche Stöſe, zuweilen aber auch durch ge=
waltſame Eindrüke, welche ſie auf Blödſin und
Leichtgläubigkeit gewaget, ziemlicher maaſen ver=
dränget. Allein das in dieſen Zeiten aufgegangene
Licht führet uns (glüklich ſind wir!) zu wahren
Grundſäzen zurük, und klähret ſie uns mit deſto
hellerem Glanze auf, jemehr wir durch Erfahrung
und Beweiſe ſolche unterſtüzet finden, und jemehr
ſelbſt der Widerſtand unſere Standhaftigkeit, und
nichtswürdige Einwürfe unſeren Eifer befeſtigen.

Ich

§. VIII. Von der Verschiedenheit

Ich solte jezt, der Ordnung gemäs, die verschiedenen Gattungen der Verbrechen und ihre Strafen, einer nach der andern, darstellen. Allein die durch alzu sehr verschiedene Umstände der Zeit und des Ortes verursachte Manchfaltigkeit, würde mich in ein so weites Feld abführen, daß ich die Aufmerksamkeit der Leser ermüden würde. Ich begnüge mich vorjezt nur überhaupt durch algemeine Grundsäze die, so irrige als gemeine, Meynung dererjenigen zu widerlegen, welche, aus Liebe zu einer übel verstandenen Freyheit, die Wildnis gerne wieder einführen, oder im Gegentheile die Menschen zu Mönchen machen und in eine strenge Ordensregel, welche jeglicher Stunde ihre Pflichten vorschreibet, einschränken möchten.

Es giebt Verbrechen, welche geraden Weges zum gänzlichen Untergange der Geselschaft, und dessen, der sie vorstellet, abzielen. Andere bestehen in der Verlezung eines einzeln Mitgliedes der Geselschaft, in Ansehung der Sicherheit seiner Person, seiner Güter, und seiner Ehre '). Andere bestehen endlich auch in denjenigen Handlungen, welche die Geseze, in mancherley Rüksicht auf das gemeine Beste gebiethen oder verbiethen ').

Von

*) Als vorsezlicher Mord, Wegelagerung, Feueranlegen, Vergiftung, Straßenraub, Nothzucht, Prellerey.

t) Unter den leztern aber muß man keinesweges Uebertretung der Religionsgebräuche verstehen, weil Bestrafung der Sünde auf die Canzel, nicht auf den Richtplaz, gehörig.

und den Folgen der Verbrechen.

Von Hochverrathe.

Diejenigen Verbrechen, welche unmittelbar zum Untergang der ganzen Geselschaft, und desjenigen, der sie vorstellet, abzielen, sind die grösten, weil sie für das Volk am gefährlichsten, und werden Hochverrath genent. Aber Tyranney und Unwissen-

hörig. Mit denen Sünden, wenn sie nicht zugleich der Geselschaft Schaden bringen, hat die Politik und bürgerliche Rechtsgelahrheit nichts zu schaffen. Wir verfallen sonst in eine ganz andere Sphäre, und mengen alles durch einander. In der Schule, wenn jemand gesaget hat: Haec schisma, so schläget der Schulmeister zu und strafet mit Recht, denn es ist ein grammatikalisches Verbrechen, aber in bürgerlicher Geselschaft kanst du diese Sünde ungestraft begehen, weil der Fürst kein Schulmeister ist. Einer meiner Freunde brauchte einen Pachter für sein Rittergut. Es ward ihm einer empfohlen, der rechtschaffen, tugendhaft, ein volkomner Hauswirth und artiger Man war. Aber der Pfarherr widerriethe diese Wahl. Denn, sagte er, es hat dieser Pachter seiner Frauen Schwester zur Ehe. Wie gehöret das hieher? Ja, sagte der Priester: Religion sey doch ein Kleinod, so über alles gehe, und wer nicht den rechten Glauben habe, könne kein rechtschaffener Man seyn, und Got entziehe allen Segen. Der Verpachter liese sich aber nicht irren, sondern sagte: Jezt sind wir in der Sphäre des Pachtes, und nicht in der Sphäre von Kirchengeseze. Ich wil lieber einen Schwachgläubigen, der mir den Pacht bezahlt, als einen Starkgläubigen, der kein Hauswirth. Was hier ein Privatman bey einen Pachtgeschäfte sagte, beliebe der Gesezgeber in Grosen anzuwenden.

§. VIII. Von der Verschiedenheit

Unwissenheit, welche die deutlichsten Begriffe mit einander vorsezlich verwirren, haben diesen Nahmen, und zugleich die höchste Strafe zuweilen geringen Vergehungen beygeleget, welche schlechterdings von ganz verschiedener Natur sind, und hier, wie in vielen andern, die Menschen zum Schlachtopfer eines Wortes eines blosen Ausdruks gemacht *). Jegliches Verbrechen ist eine Verlezung der Geselschaft; aber nicht jegliches Verbrechen ziehet den unmittelbaren Untergang derselben nach sich. Die moralischen Handlungen haben eben sowohl, als die physikalischen, einen gewissen Umfang der Wirksamkeit, welche auf verschiedene Art, wie alle Bewegungen in der Natur, sich auf Zeit und Raum beziehen. Nur eine sophistische Auslegung, welche gemeiniglich die Philosophie der Sklaverey ist,

*) Das blinde Misverständniß des Wortes Majestät hat so gar die Verfälschung der Münze zu einen Hochverrathe machen wollen. Ich aber kenne einen Rechtsgelehrten, der da meinet, man könne einen falschen Münzer weiter nichts thun, als einen in dieser Kunst so geübten Menschen dahin, daß er Zeitlebens in der Münze des Königes mit der Schelle am Beine oder an der Kette arbeiten müsse, zu verdammen. Franz Commentar. Hälstu die Regel gegründet, daß für ein Verbrechen, so leicht zu erdenken ist, und nicht heimlich bleiben kan, eine geringe Strafe satsames Gegenwichte sey, so wären unsere Geseze bey der falschen Münze zu harte. Es ist diese Uebertretung selten und der Schade vertheilt sich unter viele.

ist, kan sich unterwinden, dasjenige zu verwirren, was Wahrheit durch unverrükte Grenzen von einander auf ewig getrennet hat.

Dieser Gattung von Verbrechen folgen diejenigen, welche die Sicherheit einzelner Personen verlezen. Da diese Sicherheit der einzige Zwek der Vereinigung in menschlicher Geselschaft ist, so muß der Verlezung dieses geheiligten Rechtes, an welchen jeglicher Bürger einen rechtmäsigen Anspruch durch Begebung seiner natürlichen Freyheit, also höchst theuer, erworben, durch eine der schwersten Strafen gebüset worden.

Daß jeden Bürger alles, was im Geseze nicht verbothen, zu thun frey stehen müsse, ohne andere Unbequemlichkeiten, als die, welche die Handlung selbst als Folgen mit sich führet, zu befürchten; dieses ist ein platter sich selbst beweisender Heischesaz, davon alle Menschen überzeugt sind, und solte die hohe Obrigkeit, welcher die Verwaltung der Geseze anvertrauet, denselben laut predigen; eine heilige Wahrheit, ein Recht, welches als eine höchst billige Wiedervergeltung des Opfers angesehen werden kan, das der Bürger von einem Stüke seiner Freyheit, nehmlich von dem unumschränkten Rechte aller gegen alle, dahin gegeben hat. Dieser Lehrsaz schaffet Hoheit der Seele und flöset dem erleuchteten Geiste Tugend ein; aber eine Tugend, welche nicht in kriechender Demuth bestehet, welche nur dem wohl kleidet, der sein Daseyn als eine

Gnade,

§. VIII. Von der Verschiedenheit ꝛc.

Gnade, oder besser zu sagen, als ein erbetteltes Geschenke ansehen muß. Die Verletzung der Sicherheit und Freyheit der Bürger, mithin alle Eingriffe in dieselbe sind demnach die grösten Verbrechen, und zu dieser Gattung gehören nicht nur Todschlag und Raub, welche Leute von gemeinen Volke, sondern auch Gewaltthätigkeit, die hohe und niedre Obrigkeiten verüben. Diese leztere sind desto gefährlicher, weil ihr schädlicher Einfluß in weiter Entfernung und mit mächtigern Nachtheile wirket, da sie die Begriffe von Gerechtigkeit und Pflicht bey den Menschen niederreisen, und an deren Stelle das Recht des Stärksten sezen, welches sowohl für den, der es ausübt, als auch für den, der es dulten muß, in gleichen Maase sowohl gefährlich als schädlich ist **).

§. IX.

**) Da der Verfasser nichts von der Gotteslästerung saget, so kan ich deren hier gedenken, weil in den gemeinen Schulbüchern die Blasphemie eine Beleidigung götlicher Majestät genent wird. Diese Benennung ist zwar rednerisch genug, aber der Sache gar nicht angemessen. Denn niemand kan durch Thaten, geschweige denn durch Worte bewirken, daß die Welt und Gottes Reich zu Grunde gehe. Nur Giganten konte es einfallen mit Felsen den Jupiter zu bestürmen. Nothwendiges Erforderniß: Sol eine Rede für eine Blasphemie gehalten werden, so muß auch der Schmähende denjenigen, welchen er lästert, für eine Gotheit halten. Wenn ein Christ in Constantinopel sagt: Mahometh sey ein Betrüger, so beleidigt er zwar das Volk, unter welchen er sich aufhält, indem er denselben

auf

§. IX.
Von der Ehre. (Von Schmähungen.)

Es ist ein merkwürdiger Unterschied zwischen den bürgerlichen Gesezen, und dem so genanten Puncte der Ehre. Die Absicht jener ist das Leben und die Güther eines jeglichen Bürgers in Sicherheit zu erhalten und zu beschüzen. Aber die Duel-Mandate

auf solche Art Dumheit vorwirft, aber er beleidigt nicht Got. Eben dieses steht zu sagen, wenn umgekehrt der Türke oder ein Jude unter den Christen unartig von Christo spricht. Gesezt aber, der so genante Gotteslästerer hielte denjenigen für einen wirklichen Got, dem er ein oder die andere Eigenschaften abspricht, so muß man ferner untersuchen, ob er im Zorne und in der Meynung Got zu beschimpfen, es gesprochen habe. Als Leibniz lehrte, daß Got Urheber der Sünde sey, nanten es die Theologen Blasphemie. Allein er that es nicht zur Verkleinerung, sondern zur Verherlichung seines Gottes, weil er den Teufel von dem Throne stieße, worauf ihn noch jezo einige herschende Manichäer gesezet haben. Die Küster und Schulmeister nennen auch die Socinianer, weil sie die Gotheit Christi leugnen, Beleidiger der götlichen Majestät. Sie verwechseln hier offenbar den Begrif der Kezerey mit der Blasphemie. Auch, wer in Spaase unartig spricht, verdienet zwar einen Verweis, ist aber kein Gotteslästerer, weil er nicht den Willen hat zu schimpfen, sondern zu spaasen. Es schneyet, die Böhmische Käsemutter hat ihr Enkelgen auf den Arme und spricht: Siehe, die liebe Maria schüttet ihr Federbette aus. Der Pfarr wil es zur Blasphemie machen, ohnerachtet er doch gar wohl weiß, daß die gute Käsemutter äuserst orthodox sey.

§. IX. Von der Ehre. Von Schmähungen.

Mandate sollen eine Brustwehr wider die Anfälle des Wahnes seyn, denn allermeist ist die Ehre, Wahn. Ueber das Wort Ehre haben sich viele die Köpfe zerbrochen, ohne daß man einen festen und bestimten Begrif herausgeklügelt. So elend ist das Loos der menschlichen Vernunft, daß ihr gar sehr entbehrliche Begriffe von himlischen Gegenständen und Laufe der Sterne weit bekanter sind, als die täglich uns umgebende Dinge, welche in Ansehung unserer Glükseeligkeit gleichwohl für uns ungemein wichtig sind. Noch unglüklicher aber sind wir, daß die wichtigsten Begriffe der Moral und des altäglichen Lebens, sich nach heute und morgen richten, nach den Umständen ändern und, weil sie von Unwissenden bestimmet, bey dem geringsten Winde sich wie ein Wetterhahn drehen. Allein dieses scheinbare Wunder wird verschwinden, wenn man erweget, daß auch nach der Optik gar zu nahe vor das Auge gebrachte Dinge sich verwirt und dunkel darstellen, und daß folglich auch in moralischen Begriffen die Linien, wegen der vielen einzeln Ideen, woraus sie bestehen, sich leichtlich vermischen und unter einander laufen. Wer aber ohne Vorurtheil und ohne Leidenschaft in das Innere der menschlichen Dinge bringet, wird gar bald einsehen, daß die Glükseligkeit der Menschen keine vollgestopften Magazine moralischer Begriffe nöthig habe, noch so vieler Schlingen und Knoten bedürfe, welche die Sittenlehrer unaufhörlich in einander flechten.

Der

§. IX. Von der Ehre. Von Schmähungen.

Der Begrif der Ehre gehöret zu den zusammen gesezten Ideen, welche eine Samlung nicht von einfachen, sondern wiederum von zusammen gesezten Begriffen sind. Nachdem nun der Begrif der Ehre sich dem Verstande nach, Unterscheid seiner Bestandtheile von verschiedenen Seiten vorstellet, so fasset der Verstand bald einige von diesen verschiedenen Theilen, bald schliesset er einige davon aus, mit Beybehaltung einer kleinen Anzahl gemeinschaftlicher Begriffe, so wie viele algebraische Grösen einen gemeinschaftlichen Theiler haben. Wil man diesen gemeinschaftlichen Divisor zu den manchfaltigen Begriffen, welche sich die Menschen von der Ehre bilden, ausfindig machen, so darf man nur einen flüchtigen Blik auf den Ursprung des gesellschaftlichen Lebens werfen.

Die ersten Geseze, die ersten Obrigkeiten haben ihr Daseyn der Nothwendigkeit zu verdanken, deren die ersten Menschen sich unterwarfen, um der körperlichen Gewalt des Stärkern zu entgehen. Dieses war die vornehmste Absicht bey Errichtung der Gesellschaft, und diesen Hauptzwek haben die Rechtsbücher aller Völker, ja selbst diejenigen Geseze, die schlecht, schädlich und verderblich ausgesonnen sind. Alles ist auf diesen Zwek gerichtet, wo nicht in der That selbst, doch wenigstens zum Scheine. Allein die genauere Verbindung der Menschen, und die Ausbreitung ihrer Kentnisse brachten bald eine unzählige Reihe von Handlungen und Bedürfnissen hervor,

Becc. D

hervor, welche unter den Gliedern der Geselschaft wechselseitig wurden. Auf diese nicht vorausgesehenen, und die Kräfte eines einzeln Bürgers weit überlegenen Bedürfnisse hatten die Geseze keine Rüksicht genommen, folglich verfielen die Menschen darauf, sich eine scheinbare Gröse zu geben, und sich Beyfal zu verschaffen, weil dieses das einzige Mittel war, von andern diejenigen Güter zu erlangen, welche die Geseze zu verschaffen nicht vermögend waren. Wir wollen diese scheinbare Gröse, vorjezo den Wahn, die Einbildung, das Vorurtheil, das Aeuserliche, den Beyfal nennen. Der Wahn, oder die scheinbare Gröse, ist nicht minder die Quaal des Weisen, als des Pöbels, und leget öfters dem blosen Scheine den Werth der Tugend bey. Der Schein macht den Bösewicht zum Mißionär, er verstekt sich, weil er bey diesen heuchlerischen Amte seinen Vortheil findet. Daher ist der Beyfal, den uns andere Menschen geben, nicht nur nüzlich, sondern auch, weil dadurch ein Armer sich ein Ansehen geben kan, gewisser Maasen nothwendig, damit man in der Welt nicht ganz für ein Nichts, sondern auch bey Mangel der Güther, für ein Etwas angesehen werden möge. Auf dem Pfade des Beyfals eilet der Ehrgeizige seinen Absichten zu, der Eitle erbettelt die scheinbare Gröse, um die Blöse seiner Verdienste damit zu deken; der Rechtschaffene aber fodert den algemeinen Beyfal, als einen ihm zugehörigen Tribut. Die Ehre und der Beyfal ist demnach ein Gut, worauf die

Men=

§. IX. Von der Ehre. Von Schmähungen.

Menschen so erhizet sind, daß sie dessen Verlust mit ihrem Daseyn nicht vertauschen würden. Da sie erst nach errichteter Geselschaft entstanden, so hat man sie nicht als einen Beytrag in die algemeine Schazkammer niederlegen können. Die Empfindung, welche die Beraubung der Ehre in uns rege machet, ist eine kurzdaurende Rükkehr in den natürlichen Zustand, und eine augenblikliche Vorstellung unsrer ehemaligen Unabhängigkeit von der Gewalt der Geseze, welche in gewissen Fällen einen Bürger nicht genugsam wider die Angriffe der Beschimpfung vertheidigen v).

Hieraus folget, daß bey der grösten politischen Freyheit, und wiederum bey der äusersten Unterthänigkeit die Begriffe der Ehre beynahe verschwinden, oder sich ganz mit den andern Begriffen vermengen. Dort vereiteln die Geseze das übermäsige Bestre-

v) Es ist freylich für denjenigen, welcher eine Ohrfeige oder Stokschlag erhalten, eine böse Sache, daß dieser Schimpf sizen bleibet, gesezt daß auch der Richter jenen um hundert Thaler bestrafte. Wolte jemand rathen, daß der Beleidigte vor Gerichte seinen Gegner wiederum eine Ohrfeige oder Stokschlag geben solle, so würde wegen Ungleichheit des Standes, (der freylich nur ein Wahn, unterdessen aber doch kein Nichts ist) auch sonst mancherley annoch zu überlegen seyn. So viel ist gewis, daß der Richter mit aller seiner Gewalt, mit allen seinen Strafen uns die entrissene Ehre nicht wiedergeben, noch die empfangene Maulschelle abnehmen kan.

Bestreben der Menschen nach Hochachtung; hier aber hebt die despotische Gewalt alle bürgerliche Freyheit, alles Befugnis auf, so daß weiter nichts, als ein erbettelter und ungewisser Personatus, d. i. blos der Nahme eines Bürgers, nicht aber der Bürger selbst zurük und übrig bleibet. Die Ehre ist demnach in solchen Staaten, wo die höchste Gewalt eingeschränkt ist, ein zum Wesen eines solchen Staats beytragender Grundsaz, und bringet eben die Wirkungen hervor, welche in den despotischen Reiche aus den Staatsveränderungen entstehen. Der beschimpfte Unterthan wird auf einen Augenblik in den Stand der Natur versezt, und erinnert den Herrn an die vormahlige Gleichheit w).

§. X.
Vom Zweykampfe.

Aus dem nothwendigen Bestreben der Menschen Schande von sich abzuwenden, ist der Zweykampf entstanden, weil die Geseze noch kein anderes Mittel zu völligen Ersaz an die Hand gegeben. Man glaubt, daß das Alterthum von Duelliren nichts gewust, welches vermuthlich daher rühret, weil die Leute damals, wenn sie in Tempeln oder bey

---

w) Er sagt mit erzwungener Dunkelheit hiermit nichts anders, als daß, wenn der Richter mir meine entrissene Ehre nicht wiedergeben kan, ich mich wiederum im Stande der Natur befinde.

§. X. **Vom Zweykampfe.**

bey Schauspielen oder bey Freunden zusammen kamen, einen Degen anzusteken oder einen verzierten Prügel mit zu nehmen, nicht gewohnt waren; oder vieleicht kam es daher, weil das Kämpfen ein gemeines und gewöhnliches Schauspiel war, wo Knechte und schlechte Leute vor dem Volke öffentlich sich schlugen. Solten wohl freye Bürger sich so erniedriget haben, daß sie für Klopffechter hätten angesehen seyn wollen?

Dem sey, wie ihm wolle, so ist es doch vergebens, die Todesstrafe demjenigen zuzuerkennen, der eine Ausforderung zum Zweykampfe giebt, oder annimt. Die Strenge des Duelmandats hat eine Gewohnheit, die sich auf eine Empfindung gründet, welche dem Menschen lieber als das Leben ist, nicht ausrotten können. Wenn der Bürger die Hochachtung anderer verlohren, so würde er Gefahr laufen, entweder der Finsterniß einer traurigen Einsamkeit ausgesezet zu werden, die für gesellige Geschöpfe ein unerträglicher Zustand ist, oder er wird das Ziel bleiben, für Pfeile einer beständigen Schmach und schändender Verhöhnung, welche durch ihre wiederholten Anfälle alle Vorstellung der Lebensstrafe überwältiget *).

Aber

---

*) Der Adeliche, der den andern in Duel ermordet, mag immer pardoniret werden, so lange wir kein wirksameres Mittel haben die Ehre zu beschüzen; nur nicht der Adeliche, der Bauren ermordet. *Michaelis Vorrede zum 6sten Theile des mosaischen Rechts.*

§. X. Vom Zweykampfe.

Aber woher komt es, daß der Zweykampf unter gemeinen Leuten nicht eben so gebräuchlich, als unter den Grosen ist? Nicht blos daher, weil der Pöbel waffenlos, sondern weil Leuten von geringern Stande die öffentliche Hochachtung nicht so unentbehrlich, als den Vornehmen ist, welche in ihrer eingebildeten Erhabenheit einander voller Schadenfreude und mit eifersichtigen Augen betrachten.

Es ist hier nicht unschiklich, dasjenige, was schon andere vor mir angemerkt, zu wiederholen, nehmlich es sey das beste Mittel, dieser Art von Verbrechen dadurch vorzubeugen, daß man den angreifenden Theil, das ist, den Urheber des Zankes bestrafe, und hingegen den für unschuldig erkläre, welcher ohne sein Verschulden in die Nothwendigkeit versezt gewesen, seine Ehre zu vertheidigen, weil dieses die Geseze nicht bewerkstelligen können, also daß er gezwungen worden seinen Mitbürgern zu zeigen, daß er Menschen nicht fürchte, sondern die Geseze, leztere aber nur in dem Falle, wenn sie ihm einen wirklichen Schuz wahrhaftig zu gewähren im Stande sind *y*).

§. XI.

y) Ich pflichte vollkommen bey, seze aber hinzu, daß alles hier auf richterliches Gutachten ankommen müsse, welchen von beyden er als Urheber des Zankes betrachten wolle.
A. sagt zu B. in öfentlicher Gesellschaft:
   ich habe heute bey deiner Schwester geschlafen.
B. Du redest dieses als ein Schurke,
A. versezt hierauf eine Ohrfeige,
B. ergreift den Degen und stöst jenen zu Boden.
Jeder Philosoph wird hier den Todschläger gänzlich entbinden

§. XI.
Von der öfentlichen Ruhe.

Es ist eine andere Gattung von Verbrechen, welche den öfentlichen Frieden und Ruhestand der Bürger ströhret. Hieher gehöret der Unfug, Zänkereh und des muthwilligen Pöbels Schlägereh auf der Strase. Ferner die schwärmerischen Reden, welche an das Volk gehalten werden, wodurch der neugierige und allen Leidenschaften folgsame Pöbel leichtlich aufzubringen ist. Je aufgehäufter die Rotte der Zuhörenden; je dunkler und geheimnisvoller die scheinbare Begeisterung des entzükten Redners ist, desto gefährlichere Folgen können daraus entstehen, weil ein groser Schwarm niemals dem sanften Zuge einer aufgeklärten und stillen Vernunft folget.

Die

binden und loszehlen. Zuweilen aber ist es kaum zu ergründen, wem eigentlich die Schuld beyzumessen sey. In meiner Rhapsodie Obs. 383. werden diejenigen widerlegt, welche behaupten, nicht derjenige, der zuerst geschimpfet, sondern der zuerst ausgeschlagen habe, müsse für den Urheber des Unglüks angesehen werden. Denn wer schimpfet, solte wissen, daß auch der kleinste Funke in Zunder geworfen Gluth und Brand erregen könne. Unsere Vorfahren sagten: auf einen Schimpf gehört sich eine Ohrfeige, und auf eine Ohrfeige gehört sich ein Dolch. Doch, diese Philosophie ist mir zu schlüpfrig, als daß ich ihr weiter nachdenken solte.

D 4

§. XI. Von der öfentlichen Ruhe.

Die kräftigsten Mittel, solche Rotten zu verhüten, ist die Beleuchtung der Strasen auf öfentliche Kosten; die in verschiedenen Vierteln der Stadt ausgestelte Wache; die vernünftigen und der Einfalt der christlichen Sittenlehre gemäsen Kanzelreden, welche der stillen Einsamkeit der Tempel vorbehalten; die zur Aufrechthaltung des algemeinen und privat Nuzens abzielende Vorstellungen, welche in der Versamlung des Volkes und zugleich in Gegenwart der Majestät zu halten wären. Das ist das vornehmste Augenmerk der Regierung, und wird Policey genant. Verfähret man aber auch hier nach Wilkühr und nicht nach rechtlichen Vorschriften, so hat der oberste Gebieter satsamen Anlas, die Grenzsteine der bürgerlichen Freyheit zu verrüken, und sie nach und nach immer in engere Bezirke einzuziehen. Ein jedweder Bürger muß wissen, in welchen Falle er Recht oder Unrecht habe, wo er schuldig oder unschuldig sey? Diesen Grundsaz halte ich für angemessen und dergestalt unbewunden, daß er nicht der mindesten Ausnahme fähig. Wenn in einigen Staaten Sittenrichter, und überhaupt Obrigkeiten, die wilkührliche Ausprüche thun dürfen, anzutreffen sind, so ist dieses eine Folge ihrer schwachen und unvolkommenen Verfassung, und nicht ein Beweis einer wohl eingerichteten Regierung, oder eines gut organisirten Körpers. Die verborgene Tyranney hat mehr Bürger, als die unverhülte Grausamkeit dererjenigen, die sich nicht Mühe gaben es zu verhelen, daß sie Tyrannen wären,

hinge=

§. XI. **Von der öfentlichen Ruhe.**

hingerichtet. Offenbare Grausamkeiten erregen in den Gemüthern zwar Zorn und Widerwillen, keinesweges aber Muthlosigkeit und knechtische Gesinnung. Der wahre Tyranne fängt mit Beherschung der Meynungen an, damit er den Muth dämpfe, von welchen er alles zu befürchten hat, und den man nicht anders schöpfen kan, als wenn man vom Lichte der Wahrheit erleuchtet, von Feuer der Freyheit getrieben oder von Unwissenheit der Gefahr belebet wird.

* * *

Welches sind denn aber wohl die solchen Verbrechen angemessenen Strafen? Ist der Tod eine zur Sicherheit und guten Ordnung der Geselschaft nüzliche und nothwendige Strafe? Ist die Folter und andere Martern gerecht, und erreichen sie den Endzwek, welchen sich die Geseze vorsezen? Was ist die beste Art den Verbrechen vorzubeugen? Ist eine und eben dieselbe Strafe zu allen Zeiten nüzlich? Was für Einfluß haben die Strafen auf die Sitten der Menschen? Diese Aufgaben verdienen allerdings, daß man sie mit solcher entscheidenden Zuverläsigkeit aufzulösen suche, daß kein Dunst von Trugschlüssen, kein Blendwerk der Beredsamkeit, keine zagende Ungewisheit des Zweifels weiter stat findet. Hätte ich auch kein ander Verdienst, als daß ich deutlicher, als jemals vor mir geschehen, Italien dasjenige vor Augen geleget, was bereits andere Nationen zu schreiben gewaget, und auszuüben angefangen, so würde ich mich schon vor glüklich halten: Gelänge es mir aber vollends, daß ich zur Behauptung der algemeinen menschlichen Rechte etwas beytragen und irgend ein unglükliches Schlachtopfer der Tyranney oder Unwissenheit, (zwey gleich schrekliche Scheusaale) der Todesangst entreisen könte, so würde mein Glük volkommen seyn.

§. XII.
Endzwek der Strafen.

Aus der Betrachtung der bisher erwogenen Wahrheiten erhellet deutlich, daß weder die Pein und Quaal eines empfindenden Wesens, noch die unmögliche Austilgung eines bereits begangenen Verbrechens, (gleichsam als wolte man thörigter Weise durch die Strafe ein schon beschehenes Ding unbeschehen machen) ein wahrer Endzwek der Strafen seyn können. Solte man wohl glauben, daß ein politisches Haupt, welches die Leidenschaften der einzeln Glieder regieren sol, selbst von Leidenschaften hingerissen, wüthend handeln, und eine Rüstkammer der tödlichen Werkzeuge seyn könne, womit rasende Schwärmerey, und die kleinen sonst ohnmächtigen Tyrannen der mitlern Ordnung ihre Grausamkeiten ausüben? Kan das Geheule und Brüllen eines Gequälten seine schon volbrachten Thaten aus der nie zurükkehrenden Zeit vertilgen und heraus reisen? Keinesweges. Also haben die Strafen keine andere Absicht, als nur den Bösewicht zu verhindern, daß er nicht weiter schade,

und

und andere, eben dergleichen zu begehen, abgeschrekt werden mögen. Da nun also die Strafe kein Sühnopfer, so muß diejenige Art der Züchtigung erwehlet und vorgezogen werden, welche mit Beobachtung eines richtigen Verhältnisses gegen die Gröse des Greuels die kräftigsten und dauerhaftigsten Eindrüke auf die Gemüther machet, aber für die Empfindsamkeit des Unglüklichen am wenigsten folternd und schmerzhaft ist.

§. XIII.
Von Zeugen.

Ein genau bestimter Grundsaz, nach welchem die Glaubwürdigkeit der Zeugen und die Stärke des Beweises, daß die That wirklich begangen sey, abgewogen werden sol, ist ein Hauptpunct, welchen die gesezgebende Klugheit in Erwägung ziehen muß. Jeder nicht ganz unvernünftiger Mensch, das ist ein solcher, welcher gesunde Sinne, zusammenhängende Begriffe und menschliche Empfindungen hat, kan ein Zeuge seyn, er sey in übrigen Christ oder Heyde *). Zu dieser Glaubwürdigkeit darf

z) Wunderbar ist es, was wir in cap. 1. X. de haeret. lesen: Wer nicht den christlichen Glauben hat, sol auch keinen juristischen haben. Welch ein Wortspiel! Also sol ein Jude nicht wider den Christen zeugen, aber der Christ wohl wider den Juden. Vortreflich! Ist der Jude, ist der Türke kein Mensch? was für ein sinreiches Fragestüke, wenn der Zeuge antworten sol: wenn er das lezternal zum heil.

§. XIII. Von Zeugen.

darf man kein ander Maas annehmen, als den Vortheil, welchen der Zeuge davon haben kan, wenn er die Wahrheit saget oder verschweiget. Aus diesem Grunde erhellet offenbar, wie nichtig und ungeltend das in albernen Gesezen verworfene Zeugniß der Weibspersonen; wie kindisch die Anwendung

heil. Abendmahle gewesen? Leider redet die Erfahrung, daß (man solte es nicht glauben) öfters diejenigen, welche zum Füßen der Heiligen sizen, solche Menschen sind, welche gar zu gerne die unerleuchteten Weltkinder in das Unglük bringen. Es folgt gar nicht, dieser ist sehr orthodox, also ist er auch rechtschaffen. Unter allen Religionsverwandten hat es zu allen Zeiten Meineydige, so wie auch Rechtschaffene gegeben, und die Lehre, daß man einen Kezer nicht glauben solle, ist aus einen, den vorigen Zeiten nicht zur Ehre gereichenden Verfolgungseifer entstanden. Nein, heut zu Tage wird man einen griechischen Kaufman, einen Türken vor dem Handelsgerichte in Handlungssachen nicht von Zeugnisse abweisen. Aber wie hält es mit denen, so einigermaasen mit einen leichten Flefen behaftet sind? Ein rechtschaffenes Mädgen hat sich durch die Gewalt der Liebe überwältigen lassen, also ist sie nicht auszusagen im Stande, daß am Neujahrstage die Sonne geschienen? Der Sohn eines Henkers oder eines Ehebrechers ist vieleicht rechtschafner, als der Sohn eines Küsters, und er sol nicht zeugen? Geschikte Schauspieler vergöttert man, aber in Gerichten spricht der Amtman, sie wären teuflisch. O du vernünftiges Geschöpfe, wie vielmals muß in deinen Anordnungen und Vorschriften die Vernunft die Flucht ergreifen, und wie unmenschlich ist öfters die Menschlichkeit?

§. XIII. Von Zeugen.

dung des natürlichen Todes auf den bürgerlichen sey. Ein Verurtheilter, sagen sie ganz ernsthaft, ist bürgerlich tod, aber ein Toder kan nicht zeugen, weil er aller Handlungen unfähig. Solte man wohl denken, daß eine Metapher solche Dinge ausbrüten könne? Auch erhellet ferner, wie ungereimt das Hindernis sey, so den Zeugen durch die Beraubung des ehrlichen Namens, welche er als ein Verbrecher bey seiner Verurtheilung erlitten, zurük treibet, weil alle diese Gründe keine rechtmäsige Ausschliesung vom Zeugnisse in den erwähnten Personen an die Hand geben, immaasen lediglich darauf zu sehen, ob es den Zeugen vortheilhafter sey, zu lügen oder die Wahrheit zu bekennen. Also nimt die Glaubwürdigkeit nach dem Verhältnisse des Hasses, der Freundschaft, oder der Verbindungen ab, welche zwischen ihn und dem Verbrecher oder Beleidigten obwalten. Es ist aber mehr als ein Zeuge bey einen schweren und entsezlichen Verbrecher nöthig. Wenn der eine bejahet und der andere verneinet, so ist keine Gewißheit vorhanden, und die Vermuthung, welche jeglicher vor sich hat, für unschuldig angesehen zu werden, behält die Oberhand. Die Glaubwürdigkeit eines Zeugen wird merklich unwichtiger, je gröser ein Verbrechen ist †), und je unwahrscheinlicher die dabey vorkommen-

†) Wunderlich klingt es, wenn nach Ausspruche der Criminalisten die Glaubwürdigkeit eines Zeugen desto gröser seyn sol, je abscheulicher das Verbrechen

kommenden Umstände sind, bey welcher Gelegenheit ich nur die Hexerey und andere diesen ähnliche, d. i. erdichtete Verbrechen nennen wil, welche wider=

chen ist. Dieser eiserne Lehrsaz ist eine von dem schreklichsten Blödsinne ausgekrochene Geburt: *In atrocissimis leviores conjecturae sufficiunt et licet judici jura transgredi.* Die kriechende Schmeicheley gegen die Mächtigen bey dem Hochverrathe, zum Theil aber auch die Furcht, ist die reiche Quelle der in Gesezen vorkommenden Widersprüche, und aus dieser viel praktischer Unsin geflossen. Die Privatgesezgeber, das ist, die Rechtsgelehrten, derer Aussprüche entscheiden, sind aus eigennüzigen und feilen Rechtsconsulenten, hochgebietende Herren über die Schiksale der Menschen worden. Diese haben aus einer an sich nicht zu misbilligenden Besorgniß, daß nicht etwa ein Unschuldiger verdammet werden möge, die Rechtsgelahrheit mit überflüßigen Formalitäten und Ausnahmen belästiget, deren alzu genaue Beobachtung die Frechheit der Anarchie auf den Thron der Gerechtigkeit sezen würde; ein andermal aber sind sie dagegen bey schwer zu erweisenden Verbrechen zu sehr abgewichen und haben eben dieselben Feyerlichkeiten, die sie erst selbst in Schwang gebracht hatten, hindangesezet. Solchergestalt haben sie bald auf despotische Art keinen Widerspruch erduldet, bald aber mit weibischer Zaghaftigkeit, die Gerichte, welche wie Felsen stehen und verehrungswürdig seyn solten, gewissermaasen in ein Spiel verwandelt, welches ein blindes Ohngefähr nach seinem Eigendünkel drehet. Beccar.

§. XIII. Von Zeugen.

widerrechtlich mit unverantwortlichen Strafen beleget werden *).

Meine Lehre, daß die Glaubwürdigkeit der Zeugen desto geringer, je unnatürlicher und abscheulicher das Verbrechen und je unwahrscheinlicher die Umstände sind, läst sich ganz auf die Zauberey und alle diejenigen Handlungen anwenden, welche ohne allen Nuzen grausam sind. Im erstern Falle ist viel glaubhafter, daß eine gewisse Anzahl Menschen von Aberglauben getäuschet, oder vom Hasse bewogen, sich irren oder verleumbden, als daß ein Mensch eine Macht ausüben könne, welche Got allen erschaffenen Wesen verweigert hat. Im zweyten Falle findet die Vermuthung stat, daß kein Mensch eher eine grausame That begehe, als wenn er von Vortheilen, vom Hasse, Furcht u. s. w. darzu gereizet wird. Es ist eigentlich in dem menschlichen Herzen keine einzige Begierde, welche überflüßig sey. Eine jede ist allemal eine Wirkung der sinlichen Eindrüke, und gemachten Vorstellung eines zu hoffenden Guthes.

Es fragt sich, ob die Glaubwürdigkeit eines Zeugens auch alsdenn einige Verminderung leide, wenn er ein Mitglied einer besondern Geselschaft ist, deren

a) Ehe man sich den Kopf zerbricht, mit welcher Strafe ein Verbrechen zu belegen sey, solte man doch wohl vorher erst untersuchen, ob es ein Verbrechen? oder ob umgekehret, wohl nicht etwa gar die That der Geselschaft nüzlich sey, die man bestrafen wil.

deren Gebräuche und Absichten entweder nicht recht bekant, oder von den von uns angenommenen Grundsäzen unterschieden sind, weil ein solcher Mensch nicht allein seinen eigenen, sondern noch dazu fremden Leidenschaften ausgesezet seyn kan.

Gar sehr wird die Glaubwürdigkeit eines Zeugen vermindert, wenn blose Worte gerüget werden, weil der Ton, die Gebärden, alles was den verschiedenen Bedeutungen, welche die Menschen mit ihren Worten verbinden, vorhergehet oder nachfolget, die Reden eines Menschen so veränderlich macht, und so manchfaltig gestaltet, daß es fast unmöglich ist, sie gänzlich so zu wiederholen, wie sie vorgebracht worden. Wirkliche Thathandlungen zeichnen sich durch eine Menge von Umständen und daraus entstehenden annoch vorhandenen Wirkungen aus; allein Worte lassen in dem untreuen und leicht zu täuschenden Gedächtnisse keine Spuren zurük *b*). Es ist demnach ungemein leichter, aus Wor=

---

b) Daher gelten auch die Zeugen wenig, welche von dem Angeklagten ein ausergerichtliches Bekentniß seiner verübten That gehöret haben wollen, so wie auch bloses Hören Sagen zwar einigen gar geringen aber nicht einmal zum Reinigungseyde, geschweige denn zur Peinlichkeit hinreichenden Verdacht abgiebet. Das Parlement zu Toluse hat einen sonderbaren Gebrauch bey den Beweise durch Zeugen. Man läst zwar sonst verdächtige Zeugen in etwas gelten, sie sind gleichsam halbe Zeugen, ohner=

§. XIV. Von den Anzeigen und dem ꝛc.

Worten, als aus Thaten, Verleumbdung zu brechen. Je gröſer die Anzahl kleiner Umſtände iſt, welche man zum Beweiſe einer gerügten That beybringet, deſto gröſer iſt auf der andern Seite die Menge der Rechtfertigungs Mittel, welche ſich der Angeklagte zu Nuze machen kan.

§. XIV.
Von den Anzeigen und dem ganzen peinlichen Proceſſe.

Es giebt einen ſo algemeinen als nüzlichen Lehrſaz, wornach ſich die Gewisheit einer Miſſethat berechnen läſt, nehmlich je ſtärker die Anzeigen und Beweiſe ſind, deſto wahrſcheinlicher iſt die Anklage. Wenn vielerley Beweiſe ſo beſchaffen, daß einer von den andern abhänget, das iſt, wenn die Anzei-

ohnerachtet ſolche doch in der That weiter nichts als nur einigen Zweifel erregen können. Denn man weiß, daß es keine halbe Wahrheiten giebt. Aber in Toluſe läſt man viertels und achtels Beweiſe zu. Man betrachtet daſelbſt ein Hören Sagen als ein Viertel; ein andres Hören Sagen noch etwa unbeſtimter, als das vorige, für ein Achtel, dergeſtalt daß acht ſolche Hören Sagen, die doch nichts anders ſind, als ein Wiederhall eines unbeſtimten Rufes und Wäſcherey, endlich einen volkomnenen Beweis abgeben. Und das ſind ungefähr die Gründe, nach welchen Johann Calas zum Rade verdammet wurde. Franzöſ. Commentar.

§. XIV. Von den Anzeigen

Anzeigen nur blos unter einander genommen beweisen sollen, so ist die That so gar wahrscheinlich nicht, weil das, was den Hauptbeweis schwächet, ebenermaasen zur Entkräftung des davon abhangenden gereichet, sintemal die Gültigkeit des wahrscheinlichen Zusammenhangs von dem Gewichte eines einzigen angenommenen Sazes abhanget. Sind aber umgekehrt die Beweise von einander unabhängig, das ist, wenn jede einzelne Anzeige für sich allein einen Verdacht erreget, so daß die Anzeigen anders woher, als von sich selbsten durch einander erwiesen werden, so wächst die Wahrscheinlichkeit um eben so viel, als mehrere dergleichen nicht von einander abhangende Beweise angezogen werden. Denn alsdann hat die Ungültigkeit etwa des einen Beweises auf die Gültigkeit des andern keinen entkräftenden Einflus. Wenn ich hier von Wahrscheinlichkeit rede, so verstehe ich diejenige Gewisheit darunter, welche zur Bestrafung unumgänglich erfodert wird. Es könte widersinnig scheinen, daß ich von Gewisheit rede, da, wo doch nur Wahrscheinlichkeit vorhanden ist; allein diese Bedenklichkeit verschwindet, wenn man erwäget, daß die moralische Gewisheit nur blose Wahrscheinlichkeit ist, aber eine Wahrscheinlichkeit, welche Gewisheit genent zu werden verdienet, weil sie einem jeglichen Menschen von gesunden Verstande seinen Beyfal abnöthiget, indem sie allen mühsamen Nachsinnen zuvorkomt. Die Gewisheit, welche zur Ueberzeugung erfordert wird, ist

also

also diejenige, nach welcher auch sonst jeglicher Mensch in den wichtigsten Angelegenheiten des Lebens zu urtheilen und zu verfahren pfleget.

Die Beweise können in zwo Arten eingetheilet werden, nehmlich in volkommene und unvolkommene. Volkommene Beweise nenne ich, die so einleuchtend sind, daß keine Möglichkeit übrig bleibt, sich einen Angeklagten als unschuldig vorzustellen. Unvolkommene sind diejenigen, welche diese Möglichkeit eben nicht gänzlich ausschliesen. Ein einziger Beweis von der ersten Gattung ist zur Verdammung hinlänglich; von der zwoten Art hingegen müssen so viele zusammen kommen, daß sie die Stelle eines volkommenen vertreten, und eben so gültig werden, das ist, wenn gleich jeder Beweis für sich die Möglichkeit zu denken gestattete, daß ein gewisser Mensch nicht schuldig sey, so wird es doch durch die Vereinigung vieler Beweise unmöglich zu denken, daß er unschuldig sey. Hierbey ist ferner anzumerken, daß eine Menge unvolkommener Beweise, die ein Angeschuldigter bey dem Bewustseyn seiner Unschuld zu seiner Rechtfertigung widerlegen solte, wenn er es nicht gehörig gethan, wenn er die einzelne wider ihn streitende Anzeigungen nicht entkräftet, volkommene Beweise werden s).

Indessen

---

s) Richtig genug sind diese Regeln, aber nicht brauchbarer, als die logikalischen, welche die Jugend, in der Hoffnung sie zu vergessen, lernet. Die Schlüsse des menschlichen

§. XIV. Von den Anzeigen

Indessen läst sich diese moralische Gewisheit weit leichter empfinden, als genau erörtern. Mich dünkt, daß auf eine nach bloser Empfindung urtheilende Unwissenheit mehr, als auf den Dünkel der Gelehrsamkeit zu bauen sey. Wenn die Geseze deutlich Verstandes gehen nach einander geschwinde fort, wie der Strahl des Blizes. Wie weit würde ich kommen, wenn ich bey jeden untersuchen wolte, ob ich in Barbara oder Celarent geschlossen? Wer in Gerichten gesessen, weiß wohl, daß man bey dem Vortrage peinlicher Fälle keine algebraische Berechnungen anstellen kan, es komt, wie der Verfasser selbst gestehet, alles auf das Gefühl an. Daher habe ich eine kürzere Regel gegeben, nehmlich: Wenn der Richter schwören kan, er glaube das Verbrechen sey begangen, dann und eher nicht sol er auf special Inquisition erkennen. Erlaubte aber sein Gewissen nicht diesen Glauben zu beschwören, und er müste Non Liquet sagen, so kan aufs höchste nur ein Reinigungs Eyd erkant werden, jedoch ohne vorgegangener Inquisition, die ein fürchterlicher Nahme und mehr ein schrekhaftes Wort, als Mittel zur Wahrheit ist. Hier komt alles auf Wahrscheinlichkeit, auf die Gröse des Verbrechens aber nicht das geringste an. So gar bey Kindermorde, und angelegten Feuer, darf bey sehr geringen Anzeichen kein Eyd zuerkant werden. Er bekränket die Ehre, und es ist schon ein Schimpf, wenn man sagt, er hat sich losgeschworen. Leidet es nun wohl die Philosophie unserer Zeiten, wenn in Schöppenstühlen, so oft die Rede erschallet: das Verbrechen ist zu groß, wir können ohne Inquisition nicht durchkommen. Wenn das ist, so wird es blos auf den Verleumder ankommen, ob er, um mich unglüklich zu machen, mich nicht lieber eines grosen als kleinen Verbrechens beschuldigen wil.

deutlich und bestimt reden, so brauchen wir keine Rechtsgelehrten und hat der Richter weiter nichts zu thun, als die Gewisheit der That, ob sie geschehen sey, oder nicht? auszuspuren. Hierzu braucht man nichts, als gesunde Vernunft, mit welcher man lange nicht die Gefahr lauft in Irthümer zu fallen, als mit der gelernten Wissenschaft eines Richters, der Kraft seines Amts und Berufs sich gewöhnt hat, überal Schuldige zu finden, wannenhero er auch überal dergleichen zu finden gewohnt ist *d*). Wie glüklich ist ein Volk, wo die Kentnis des Guten und Bösen nicht Gelahrheit ist.

Es ist eine löbliche Gewohnheit ehedem gewesen, daß jederman von seines Gleichen gerichtet worden, denn wenn es auf die Freyheit und das Schikfal eines Menschen ankomt, müssen die Gesinnungen schweigen, welche die Ungleichheit einflöset. Die Verachtung, womit der Mächtige auf einen

---

d) Die natürliche und angebohrne Empfindsamkeit der Blutrichter und deren Gemüthe wird zulezt verhärtet. Der Kerl hat die Inquisition, den Strang — Dieses wird mit eben der Leichtsinnigkeit ausgesprochen, als man zu einer Magd sagt, sie solle, wenn sie ausgienge, eine Semmel mitbringen. Daher ist es gekommen, daß Carpzov allenthalben so grausam entscheidet, und er ist gleichwohl in Deutschland noch immer der Leitstern. Ich selbst habe bey Anhörung peinlicher Fälle, meiner mitleidigen Natur ohngeachtet, noch immer mit mir zu kämpfen, daß die Menschlichkeit nicht schlafe.

E 5

§. XIV. Von den Anzeigen und dem ꝛc.

einen Schwächern herab schauet, und der Unwille, welcher in dem Niedrigen bey Erblikung eines Obern rege wird, darf sich nicht in die Untersuchung mengen. Betrift aber das Verbrechen die Verlezung eines dritten, so muß eine Hälfte der Richter von gleichen Stande mit den Beklagten genommen werden. Auf solche Weise wird alles in Gleichgewichte erhalten, und die Gegenstände stellen sich auch wider Willen den Anschauenden in einen unpartheyischen Gesichtspuncte dar, woraus denn die Gesze und mit ihnen die Wahrheit freye Macht zu sprechen erlangen. Auch bringt es ferner die natürliche Billigkeit mit sich, daß es dem Beklagten frey stehen müsse, eine gewisse Anzahl Richter, die ihm verdächtig sind, zu verwerfen. Wenn dieses Recht dem Schuldigen gestattet wird, so bekomt es fast das Ansehen, als ob er sich selbst das Urtheil gesprochen hätte. Die Gerichte sowohl, als die Beweise eines Verbrechens sollen öffentlich *) seyn, damit das Gutachten der Mehreren die Gewalt und Leidenschaften des Richters im Zaume halte, und jeglicher Bürger sagen könne:

Ich

*) Auch aus gleichen Grunde ist eine hinlängliche Besezung der Gerichtsbank schlechterdings von Nöthen. Sowohl der Angeschuldigte, als das Volk müssen, zumal bey Leib- und Lebensstrafen versichert seyn, daß alles mit gröster Ueberlegung vorgenommen worden. Gut wäre es, wenn Vernehmung, Zeugen Verhör u. s. w. bey offenen Thüren erfolgte.

§. XV. Von der heimlichen Anklage.

Ich werde vom Geseze beschüzet und bin kein Sklave; eine Denkungsart, die Muth einflöset, und einen Beherscher, der tugendhafte Unterthanen wünschet, eben so lieb, als eine Kopfsteuer seyn muß. Auf andere weitläuftigere Erklärungen desselben, was man zur Einrichtung von dergleichen Anstalten nothwendig zu beobachten hat, wil ich mich nicht einlassen; denn für diejenigen, welche verlangen, ich solle alles sagen, würde ich doch am Ende noch nichts gesaget haben.

§. XV.
Von der heimlichen Anklage.

Ein offenbarer, aber gleichwohl wegen gebrechlicher Staatsverfassung heilig gehaltener Misbrauch ist die heimliche Anklage *). Sie macht die

---

*) Die Vernunft, die peinliche Halsgerichtsordnung, das römische Recht giebt den Beschuldigten das Recht, nach seinen Ankläger zu forschen. Denn er ist, wenn jener losgesprochen wird, verbunden, der Unschuld Ehrenerklährung, Ersaz des Schadens und der Unkosten zu leisten. Also muß der Angeklagte wissen, mit wen er zu thun habe. Was ist eine Rüge ohne Namen anders, als ein Pasquil? Noch mehr! ein jeglicher Ankläger hat an und für sich schon den Verdacht wider sich, daß er des Angeklagten Feind sey (denn unsere Freunde verrathen wir nicht) also, um so viel eher derjenige, der seinen Nahmen verborgen gehalten wissen wil. In Gerichten muß alles rechtschaffen, ohne Betrug, ohne Verstellung, öffentlich vorgehen. Ein betrügerischer Richterstuhl — wie sol ich diesen Ausdruk

§. XV. Von der heimlichen Anklage.

die Menschheit treulos und stekt sie hinter falsche Gestalten. So bald ihr einen Mitbürger als einen geheimen Angeber in Verdacht haben könnet, so bald sehet ihr ihn als euren Feind an. Man gewöhnt sich seine Gedanken zu verlarven, und es komt endlich so weit, daß wir unsere eigene Gedanken nicht anders, als verstelt, erbliken. Unglükseelig sind die Menschen in diesen traurigen Umständen. Sie irren auf gefährlichen Meereswellen, sie schleichen in Winkeln und Irgängen herum, und sind blos bemühet den geheimen Anklägern, als so viel Ungeheuern, die ihnen als Schrekbilder drohen, zu entfliehen. Die Ungewisheit der Zukunft verbittert ihnen die gegenwärtigen Augenblike, denn da ihnen das dauerhafte Vergnügen der Ruhe und Sicherheit versaget, so verbreiten sich kaum einige wenige Erquikungen hin und wieder auf ihr freudenloses Leben. Sie schmeken kein anderes Vergnügen, als die wenigen Broken des Lebens eilfertig verschlukt

bruk nennen? Was für ein Gedanke? Wir wollen Reze, Schlingen, Lokspeise und Vogelleim den Jägern überlassen. Ein ehrlicher Man läst sich sehen. Das ist die Art der Mörder und Straßenräuber, daß sie aus Gebüschen und diken Heken herausschiesen und Fusgänger, die sich nichts Böses vermuthen, ertöden. Tritt hervor, vermummeter Ankläger! damit ich dich sehe, damit ich den Richter von dir Laster, die zehenmal ärger, als dessen du mich beschuldigest, erweisen könne. Wem ekelt nicht, wenn die Criminalacten mit den Worten anfangen: Nachdem verlauten wollen.

§. XV. *Von der heimlichen Anklage.*

verschlukt zu haben. Wie sollen aber solche Menschen unerschrokene Kriegsleute, wie sollen sie muthige Vertheidiger des Vaterlandes und des Thrones seyn? Wie wollen wir unter ihnen unverfälschte Obrigkeiten finden? ich verstehe solche, welche mit freymüthiger und patriotischer Weisheit den wahren Nuzen der Bürger zu entwikeln und zu unterstüzen wissen? Wie sollen die Völker zu den Füßen des Thrones Liebe und Seegenswünsche zollen? Wie sol Friede, Sicherheit und emsige Hofnung zu immer mehr wachsenden Glüke in die Paläste der Grosen eingehen, und von da in die niedrigen Hütten der Armen zurük kommen? welches gleichwohl ein herliches Mittel ist, die Lebensgeister zur Arbeit in Bewegung zu sezen, und dem Staatskörper ein zweytes Leben zu geben.

Wer kan sich wider die Pfeile der Verleumbdung vertheidigen, wenn so gar die Geseze Heimlichkeiten deken? Elende Regierung, wo der Fürst seine Unterthanen gewöhnet, seine Feinde zu werden! Verächtliche Obrigkeit, welche glaubt, daß zur Erhaltung der öfentlichen Ruhe nöthig sey, die Ruhe eines jeden einzeln Bürgers zu zerstöhren *f*)!

Welches

f) Zur Zeit, da die Römer in der Grosmuth Ehre suchten, zu der Zeit, da sie nur Stolze zu demüthigen, derer Verunglükken aber zu schonen, zu ihren Charakter erwählet hatten, sagten sie: Wo kein Ankläger, da ist auch kein Richter. Aber als unter denen Kaysern die Confiscationen üblich wurden, dürstete ihre Schazkammer nach Bürgerblute. Damals war Reichthum Sünde. Man suchte auf

§. XV. Von der heimlichen Anklage.

Welches sind wohl die Bewegungsgründe, wodurch
die Begüterten Verbrechen zu bringen und sie wurden hingerichtet. Warum? der eine, weil er einen schönen Pallast besaße, dieser, weil er einen prächtigen Garten, jener, weil er tausend Knechte hatte. Man kaufte Ankläger und frischete sie an, durch Verheisung des vierten Theils der geraubten Güther. Sie bekamen den Namen Quadruplatores, und wurden verächtlich. So wie auch heutiges Tages, so gar unter gemeinen Leuten, der Ankläger bey gehegten peinlichen Halsgerichte weit verächtlicher ist, als der Verurtheilte. Es wil sich Niemand dazu brauchen lassen. Gewohnt mit edlen Muthe die Unschuld zu vertheidigen, schämt sich Cicero, daß er, und zwar aus Noth, ein Ankläger werden muste. In neuern Zeiten hat, ich weiß nicht was für ein Mistrauen und Rachbegierde die heilige Inquisition ersonnen, welche auch hernach in weltliche Gerichte sich eingeflochten, gleichsam als wäre sie für die Welt eine Wohlthat. Jeder heimlicher Ankläger ist verdächtig. Insonderheit solten Seelensorger sich damit nicht abgeben, sie mögen es heimlich oder öfentlich unternehmen. Was sol man von einen Geistlichen denken, der (zumal wenn etwa das Wort Blut mit in das Spiel komt) die Absolution versaget, bis nicht derjenige, so das Verbrechen gebeichtet, höchst unnatürlicher Weise seine That der Obrigkeit entdeket und sich selbst angegeben habe? Ist dieser Zwang, wenn man einen Missethäter so arg mit heiligen Drohungen zusezet, nicht eben so viel, als bräche man selbst das heilige Siegel der Beichte? Wenn ich einen Freunde, der ein Laye, etwas entdeke, um Trost bey ihm zu finden, und er wird so treulos, es zu meinem Verderben anzugeben, so ist er ein Abschaum des menschlichen Geschlechtes. Also braucht man nicht das päbstliche Recht, sondern

§. XV. Von der heimlichen Anklage.

durch man solche heimliche Anklage zu rechtfertigen suchet?

dern blos die Natur und das Gefühl der Rechtschaffenheit zu fragen, wenn man erweisen wil, daß die Offenbarung aus der Beichte schädlich. Wölfe sind es, und keine Hirten, die ihr böses Herz, ihre Schadenfreude durch Anklagen an den Tag legen, unter der nichtswürdigen Entschuldigung, weil man es ihnen nicht im Beichtstuble, sondern auf der Studierstube entdeket habe. Schändlicher und in den Augen eines Weltweisen abscheuliger Unterschied. Wenn ein Advocat die Geheimnisse, welche sein Client ihm auf der Studierstube entdeket, dem Gegentheile verräth, was ist er? Wenn ein Arzt heimliche Krankheiten ausplaudert, was ist er? Wenn ein Seelensorger sein Pfarrkind, das sich in Angst der Verfolgung unter seine Flügel verbergen und Trost suchen wil, eben demjenigen Habichte verräth, der es verfolget, was ist er? Ich glaube nicht, daß einer das Paradoxe so hoch treiben und fodern werde, der Verbrecher solle sich selbst anzeigen. Zwar den Schaden zu ersetzen, ist der Betrüger, wenn er zu bessern Mitteln komt, allerdings den Betrogenen zustellen zu lassen in seinem Gewissen verbunden. Aber was die Strafe betrift, sol er seinen Leib der Geisel, sol er seinen Hals dem Strike darbieten? Wer das verlangt, empört sich wider die Natur und kennet den Menschen nicht. Das ist genug gesagt. Selbst also mich anzugeben bin ich nicht verbunden. Nun aber, da ich meinen Nechsten als mich selbst lieben sol, so werde ich, wenn ich mich zum Anklagen darbiethe, dem Christenthume entgegen handeln. Wie? wenn ich nun gesehen hätte, daß mein Nachbar einen Fasan getödet, und könte es nicht erweisen, so würde mein zärtliches Gewissen mir die Strafe der Verleumbdung zuziehen, und es geschähe mir Recht.

suchet? Etwa die öfentliche Ruhe und Aufrechthaltung der Regierungsform? Das wäre wahrhaftig eine sonderbare Staatsverfassung, wo die Regierung, welche bereits mit der grösten Gewalt umschanzet ist, sich für jeden einzeln Bürger fürchtet. Die Sicherheit des Anklägers? Wie? sind die Geseze nicht hinlänglich, ihn zu vertheidigen, und giebt es Unterthanen, welche dem Regenten an Gewalt überlegen sind? Die Nothwendigkeit, die Ehre des Angebers zu retten? Das heist so viel, die öfentliche Verleumdung wird gestraft, und die heimliche gebilliget und geschüzt. Die Beschaffenheit des Verbrechens? Wenn gleichgültige, oder wohl gar zum gemeinen Besten gereichende Thaten, als Verbrechen angesehen werden sollen, so haben die Regierungen volkommen Recht, alles zu überschatten und zu verhüllen. Die Klage und die darauf gefälten Urtheile können da nicht genugsam verheimlichet werden. Kan es aber wohl wahre Verbrechen, das ist, Verlezungen geben, die nicht zugleich so beschaffen seyn solten, daß allen Bürgern daran gelegen wäre, daß sie vor die öfentliche Gerichte gezogen und zum Beyspiel öfentlich bestraft werden? Die Umstände sind bisweilen so beschaffen, daß eine Nation ihren völligen Untergange zuzueilen glauben würde, wenn man einen Unheile abhelfen wolte, welches die Misbräuche der gebrechlichen Verfassung dem politischen Körper einmal einverleibt und zur andern Natur gemachet hat. Hätte ich aber in einen öden Winkel des

Erdkrei-

§. XV. **Von der heimlichen Anklage.**

Erdkreises für einen neu errichteten Staat Geseze zu geben, so würden mir die Hände zittern, die Wehklagen meiner ganzen Nachkommenschaft würden in meinen Ohren schallen, wenn ich nur daran denken wolte, dergleichen Gewohnheit zu autorisiren.

Der Herr von Montesquieu hat bereits angemerkt, daß sich die öfentlichen Anklagen mehr für die Republiken, als für die Monarchien schiken, weil in der Republikanischen Verfassung das gemeine Wohl die Hauptleidenschaft der Bürger, in der monarchischen aber dieser Hang zum algemeinen Besten in den Gemüthern der Bürger überaus mat und kraftlos ist, weil nach der Beschaffenheit dieser Verfassung dieses mehr den Herrn als die Unterthanen angehet. Daher ist eine sehr löbliche Einrichtung, gewisse Leute zu bestellen, welche die Uebertreter der Geseze im Nahmen des ganzen Volkes anklagen. Allein, in jeglicher Staatsverfassung, sie sey republikanisch oder monarchisch, solte die jedem Verbrechen gedrohete Strafe auf den heimlichen Angeber und den Verleumder zurükfallen *g)*.

§. XVI.

---

g) Der gemeine Man, wenn er seinen Zorn nicht anders auslassen kan, trägt kein Bedenken, seines Feindes Haus in Brand zu steken; solte er nicht viel leichter aus Haß und giftiger Bosheit verleumbden? Aber den gemeinen Man muß der Gesezgeber haüptsächlich kennen lernen.! Denn er, und nicht der Vornehme, ist der Thon, welchen der peinliche

§. XVI.
Von der Marter.

Die Folter ist eine durch langen Gebrauch geheiligte Grausamkeit, womit man den Angeschuldigten während angestelten Processes belegt, entweder in der Absicht von ihm ein Bekentnis des Verbrechens zu erzwingen, oder die Widersprüche, darein er verfallen ist, aufzuklären, oder seine Mitschuldigen zu entdeken, oder sich von dem Hirngespinste einer schwer zu begreifenden Unehrlichkeit zu reinigen, oder wohl gar Verbrechen, deren er sich schuldig gemacht haben könte, wenn er gleich derentwegen nicht angeklaget worden, selbst gegen sich anzuzeigen.

Die grausame Ungerechtigkeit, welche hierinnen obwaltet, und das Unzulängliche der Bewegungsgründe, durch welche man diesen schändlichen Gebrauch rechtfertigen wil, läst sich aus folgenden Betrachtungen erweisen.

Man kan einen Menschen nicht eher für einen Verbrecher ansehen, als bis ihn der Richter als einen solchen anerkant, und die bürgerliche Gesellschaft kan keinen seiner Mitglieder eher den öfentlichen Schuz entziehen, als bis es ausgemacht und erwiesen,

---

liche Töpfer verarbeitet. Gerichtspersonen zu verpflichten, daß sie alle Kleinigkeiten (damit dem Gerichtshalter die Strafe nicht entwische) anzeigen sollen, ist meine Denkungsart nicht.

§. XVI. Von der Marter.

erwiesen, daß er wider die Verträge gehandelt, Kraft deren man ihm Schuz und Sicherheit muß angedeihen laſſen. Worauf gründet ſich demnach das Recht einen Bürger zu ſtrafen, wenn man noch zweifelhaft iſt, ob er ſchuldig oder unſchuldig ſey? Folgendes Dilemma iſt nicht ſchwer zu begreifen: Ein Verbrechen iſt entweder gewis oder ungewis. Iſt es gewis, ſo verdienet es keine andere Strafe als die, welche die Geſeze heiſchen, folglich iſt die peinliche Frage unnöthig. Iſt es aber ungewis, ſo darf man den Beklagten aus eben der Urſache nicht auf die Folterbank bringen, weshalber man keinen Unſchuldigen quälen ſol, für einen ſolchen aber wird derjenige gehalten, deſſen Verbrechen nicht erwieſen.

Hierzu komt noch, daß die Marter ganz von einander getrente und unähnliche Dinge mit einander vermenget, wenn man nehmlich verlanget, daß ein Beklagter zugleich ſein eigener Ankläger ſey, und daß der Schmerz ein Beweis der Wahrheit werde, gleich als wenn die Muskeln und Fibern eines Elenden der Thron der Wahrheit wären. Geſunde und ſtarke Böſewichter finden in der Folter einen ſicheren Hafen ihrer Rettung, ſo wie die ſchwächliche Unſchuld dadurch ihrer Verurtheilung entgegen gehet. Herliche Wirkungen dieſes ſo geprieſenen Mittels zur Ausſpähung der verborgenen Wahrheit! Kanabalen mag es anſtändig ſeyn, von ſolchen Martern Gebrauch zu machen! Die ſonſt in mehr als einer Betrachtung gegen ihre Knechte

unbarm-

§. XVI. Von der Märter.

unbarmherzige Römer spareten doch nur die Folter für die Sclaven, als welche unseelige Schlachtopfer dieses hierinnen unmenschlichen Volkes seyn musten.

Die politische Absicht bey Einführung der Strafen ist keine andere, als andere Menschen abzuschreken. So müssen sie demnach öfentlich ausgeübet werden. Allein was kan man von den geheimen henkerischen Mitteln denken, welche in düstern Gewölben volstreket und welche die Tyranney der Gewohnheit Unschuldigen sowohl als Schuldigen auferlegt? Ein erwiesenes Verbrechen darf freylich nicht unbestraft hingehen, aber unverantwortlich ist es, denjenigen, der ein Verbrechen begangen haben sol, ängstlich auszuspähen, und ihn nachmals im tiefen Abgrunde der Finsternis zu vergraben. Bereits volbrachte Thaten, denen nicht mehr vorzubeugen ist, werden von der Geselschaft aus keiner andern Absicht bestraft, als um den giftigen Einflus des Verbrechens auf die andern Mitbürger zu verhindern, und ihnen die gar zu leicht entstehende Hofnung, in ähnlichen Fällen ungestraft zu sündigen, herzhaft zu benehmen. Ist es wahr, wie man zuverläsig annehmen kan, daß die Anzahl der Menschen, die den Gesezen entweder aus Furcht oder aus Tugend gehorsamen, weit gröser sey, als derzerjenigen, welche das Gesez brechen und dem zuwider handeln, so solte man um so viel behutsamer und fürsichtiger mit der Folter zu Werke gehen; je wahrscheinlicher es ist, daß, wenn sonst die

Umstände

§. XVI. Von der Marter.

Umstände einander gleich sind, mehr unschuldig, als schuldig sey.

Ein offenbar lächerlicher Grund zur Vertheidigung der Folter ist, wenn man spricht, man müsse dadurch die Ehre des Beklagten retten und ihn von Unehre befreyen. Ein Mensch, den die Geseze für unehrlich erkläret, sol seine Unschuld, wie er sie gerichtlich ausgesagt, mit der Verrenkung seiner Gebeine bestätigen! Eine so barbarische Gewohnheit solte man wahrhaftig im achtzehenden Jahrhunderte nicht einmal traumen. Wie läst sich wohl denken, daß der Schmerz, der etwas körperliches ist, das Hirngespinste der Ehre aufhebe; ich wil sagen, daß der Schmerz, der nur eine Empfindung ist, die Unehrlichkeit, welche in einen blos moralischen Gedanken bestehet, auslöschen könne? Ist die Folter etwa ein Schmelztiegel, und die Unehrlichkeit ein Schlaken, den man von einen Körper, womit er vermischt ist, scheiden wil? Es ist schwer, den Ursprung dieses lächerlichen Gesezes zu entdeken, weil die bey einem ganzen Volke obwaltenden Vorurtheile zu Wahrheiten ausarten, und so gar in Ehren gehalten werden. Da die Religion zu allen Zeiten und in allen Ländern einen ausgebreiteten Einflus in die Gemüther der Menschen hat, so ist vielleicht möglich, daß solche die Grundlage abgegeben habe, wenn man sagt, daß die Folter Fleken der Unehrlichkeit tilge. Unser heiliger katholische Glaube hat ein Fegefeuer, und belehret uns, daß der menschlichen Schwachheit

Becc. F *gewisse*

§. XVI. Von der Marter.

gewisse Fleken ankleben, welche den ewigen Zorn des höchsten Wesens nicht verdienen, sondern in jenen Leben durch dieses unbegreifliche Feuer gereiniget werden. Die Unehrlichkeit ist auch ein solcher Flek, und weil der Schmerz und das Feuer die geistlichen Fleken wegnehmen, warum solten die Martern und Verzukungen der Folter nicht auch den bürgerlichen Fleken, das ist, die Unehrlichkeit tilgen? Das Bekentnis des Angeschuldigten, welches in einigen Gerichten, als ein zur Verurtheilung wesentliches Stük angesehen wird, hat meines Erachtens einen eben so theologischen Ursprung, und scheint mir nach den Muster des geheimnisvollen Tribunals der Buse eingeführet zu seyn, wo das Bekentnis der Sünde das Wesen des ganzen Sacraments ausmachet. So misbraucheten die Menschen das Licht der Offenbarung, und machten davon in Zeiten der Finsternis höchst lächerliche und ungegründete Anwendung. Die Unehrlichkeit ist weder durch Geseze, noch durch die Vernunft bestimt, sondern ein blöses Geschöpfe der Meynungen und des Wahns, und da die Folter an sich selbst schon demjenigen, der ihr Schlachtopfer wird, Schande zuwege bringet, so richtet man durch sie nichts anders aus, als daß man einen Menschen, den man ehrlich machen wil, eben dadurch noch unehrlicher macht.

Drittens wird die Folter einem Angeklagten zuerkant, um die Widersprüche, in welche er bey dem Verhör gefallen, aufzulösen und aus einander zu

§. XVI. Von der Marter.

zu sezen; gleichsam als wenn die Furcht, die Feyerlichkeit des Gerichts, die Majestät der gebiethenden Obrigkeit, die beydes den Unschuldigen wie den Schuldigen beängstigende Unwissenheit von Ausgange des Processes, nicht die verzagte und schüchterne Unschuld eben sowohl, als das Verbrechen, welches sich zu verbergen suchet, zu Widersprüchen verleiten müsten; gleichsam als wenn Widersprüche, die den Menschen bey der ruhigsten Gemüthsverfassung so sehr gewöhnlich sind, sich bey der Verwirrung und Unruhe der Seele, welche gänzlich in dem Gedanken, sich aus einer bevorstehenden Gefahr zu retten, vertieft ist, nicht vervielfältigen müsten.

Ein noch fortdauerndes Denkmal jener barbarischen Zeiten ist das schändliche Mittel, durch so genante Gerichte Gottes die Wahrheit zu erforschen, dergleichen die Feuer- und Wasserprobe, der ungewisse Ausgang des gerichtlichen Zweykampfes, waren (gleichsam als wenn die Glieder der ewigen Kette, die ihren Ursprung aus Got hat, sich thörichter menschlicher Einrichtung halber, alle Augenblike verrüken und trennen könte!) der einzige Unterschied, der sich zwischen dem Beweise mit der Folter an einer, und dem gerichtlichen Duelle an der andern Seite angeben läst, ist, daß der Ausgang des leztern von dem Willen des Beklagten abhänget, die Marter aber von einem Zwange und äuserlicher Gewalt. Dieser Unterschied ist aber mehr scheinbar, als wirklich: Der Beschuldigte

§. XVI. Von der Marter.

hat mitten unter den Verzukungen und der Ausspannung seiner Gliedmaaſen auf der Folterbank eben ſo wenig Freyheit, die Wahrheit zu ſagen, als er vormals vermögend war, ohne Betrügerey die Wirkungen des Feuers und Waſſers zu hemmen *b*).

Eindrüke, ſo äuſerliche Dinge auf unſere Sinne machen, bewegen unſeren Willen nach Verhältnis der Stärke oder Schwäche dieſes Eindrukes, alſo demſelben angemeſſen. Es kan demnach die Macht des Schmerzens zu einen ſolchen Grade anwachſen, daß

b) Es iſt nichts gewiſſer, als daß die Gerichte Gottes (ſo nante man Feuer oder Waſſer und andere dergleichen peinliche Proben) der Marter Urſprung ſind. Eben ſo gut, als ſich die Martern vertheidigen laſſen, eben ſo gut und weit nachdrüklicher wil ich auch die Gerichte Gottes vertheidigen. Wenn jemand höchſt verdächtig war, gleichwohl aber nur noch einige kleine Bedenklichkeiten zur völligen Ueberzeugung aus dem Wege zu räumen waren, alsdenn, und eher nicht, wurde der Zweykampf oder die Wandelung über die glühenden Pflugſchaaren oder die Eintauchung des Armes in ſiedendes Waſſer gerichtlich zuerkant. Der Richter war ungewis; Got ſolte den Ausſpruch thun. Späte genug erkante man die Unvernunft dieſes ſchändchen Mittels die Wahrheit zu ergründen. Sehet da, Carpzovs und Bartolus Söhne! eure höchſte und beſte Entſchuldigung, weshalber ihr die Marter für etwas Artiges haltet. Man ſchafte die Feuer- und Waſſerprobe ab, und erſchnapte davon deren Aftergeburt, nehmlich die Folter, ſo daß man, anſtat einer abſcheulichen Sache, eine noch weit abſcheulichere eingeführet.

§. XVI. Von der Marter.

daß er die Seele des Gefolterten gänzlich übermeistert, und ihm keine andere Freyheit übrig läst, als in den gegenwärtigen Augenblike den kürzesten Weg zu wählen, um der Quaal lebig zu werden. Alsdann wird der Unschuldige ausrufen, er sey schuldig, weil er auf diesem Wege seinen Schmerzen zu entgehen suchet. So verschwindet demnach aller Unterschied zwischen Schuld und Unschuld durch eben dasjenige Mittel, wodurch man diese oder jene zu ergründen Vorhabens war.

Ich achte für überflüsig, eine alzu sehr einleuchtende Wahrheit durch Beyspiele einer unzähligen Menge von Unschuldigen, welche sich unter den Quaalen für schuldig ausgegeben, zu erzehlen. Jedes Volk, jedes Zeitalter hat Beyspiele solcher traurigen Begebenheiten, welche die Vernunft und den Menschen demüthigen. Allein noch stimmen schwache Gemüther der alten Leyer bey, und ziehen keine Folgen weder aus den Begebenheiten, die ihnen und aller Welt bekant, noch aus den Grundsäzen, die sie gleichwohl als unumstößlich annehmen. Ein jeder, der seine Gedanken nur etwas weiter, als über die gemeinen Bedürfnisse seines Lebens erheben kan, fühlet zuweilen einen sanften Zug der Natur, welche ihm mit leiser und geheimer Stimme zurufet; aber die tyrannische Gewohnheit, die Erziehung als Beherscherin der menschlichen Seele, versperret ihnen den Weg, und scheucht sie schrekend zurük.

Der Ausgang der Folter ist demnach eine Sache, wobey es auf eine mechanische Berechnung der

Kräfte

Kräfte und auf die Leibesbeschaffenheit des auf die Leiter gespanneten Menschen lediglich ankomt, dergestalt, daß sich die ganze Entscheidung eher durch einen Meßkünstler oder Arzt, als durch den Richter bewerkstelligen liese. Man könte diese Aufgabe ohngefähr folgendermaasen ausdrüken: Wenn die Stärke der Muskeln, und die Empfindlichkeit der Fibern eines Unschuldigen bekant, so ist der Grad des Schmerzens leichtlich zu finden, welcher ihn das Bekentnis eines nicht begangenen Verbrechens abnöthiget.

Die peinliche Frage sol zur Entdekung der Wahrheit dienen. Allein ist es schon schwer, aus den Erröthen, aus den Gebärden und der Physionomie eines völlig ruhigen Menschen die Wahrheit zu finden, wie wird es nicht unendlich schwerer seyn, sie von einen Menschen herauszubringen, bey welchen die Zukung des Schmerzens alle die Kenzeichen verdrengen, wodurch meist die Menschen wider ihren Willen den Grund der Wahrheit auf ihren Gesichte verbreiten.

Diese bisher abgehandelten Wahrheiten sind den römischen Gesezgebern nicht unbekant gewesen, weil man findet, daß sie die Folter einzig und allein den Sklaven, welche blose Larven, und aller Persönlichkeit beraubet waren, zugedacht. Die Engländer, welche zu unsern Zeiten Wissenschaften, blühende Handlung, und vorzüglicher Reichthum zu Mustern der Macht, Tugend und Tapferkeit machen,

§. XVI. Von der Marter.

chen, haben die Folter aus ihren vortreflichen und lobenswürdigen Gesezen verbannet. In Schweden ist sie abgeschaft, und einer der weisesten Monarchen in Deutschland hat in vollen Glanze unbegreiflicher Siege hierinnen die Gründe der Vernunft erkant, er, der (aller Seufzer der lieben Einfalt ungeachtet) die Philosophie auf den Thron erhoben und als ein wohlthätiger Gesezgeber seine Unterthanen in diesem Stüke, und in Ansehung ihrer Abhängigkeit von den Gesezen, unter einander gleich gemacht. Diese Gleichmäsigkeit ist das einzige Gut, welches die Menschen nach Beschaffenheit der izigen Zeiten verlangen können. Endlich haben auch die Kriegsgeseze die Folter für unnöthig erachtet, obgleich die Kriegsheere gröstentheils aus leichtsinnigen Leuten bestehen. Das ist wahrhaftig eine Erscheinung, welche den blinden Verehrern hergebrachter Gewohnheiten seltsam vorkommen wird, nehmlich daß Menschen, Mordens gewohnt und die aus Blutvergiesen ein Handwerk machen, den Gesezgebern des friedfertigen Volkes Menschlichkeit lehren müssen.

Selbst die grosmächtigen Gönner der Tortur haben die Unzuläsigkeit dieses Scheusals genugsam empfunden. Sie erklären das während der Folter abgelegte Bekentnis für nul und nichtig, wofern es nicht nach geendigter Marter und auser dem Orte der Peinlichkeit nochmals bestätiget wird; ist nun der Angeklagte seiner Aussage nachher nicht mehr geständig, so wird er von neuen gemartert.

Einige

§. XVI. Von der Marter.

Einige Rechtsgelehrte gestatten diese schändliche petitionem principii nur dreymal; andere Rechtslehrer überlassen alles dem Ermessen des Richters.

Von zween Menschen, die gleich unschuldig, oder gleich schuldig sind, wird der Starke und Muthige losgesprochen, der Schwache und Furchtsame aber, nachstehenden vortreflichen Schlusse zu Folge, verurtheilet. Er klingt also: Ich, als Richter, muß nothwendig einen Schuldigen unter euch Beyden finden: Du dort, den Kraft und Stärke bewafnet, hast die Schmerzen überwunden, und deswegen spreche ich dich los: Du aber, der du schwach und kraftlos bist, hast die Marter über dich siegen lassen, und deswegen verdamme ich dich. Ich sehe wohl ein, daß dein dir abgezwungenes Bekentnis keine Gültigkeit hat; allein wenn du dein Bekentnis nicht bestätigest, so werde ich dich von neuen martern lassen.

So wird denn der Unschuldige in einen schlechtern Zustand, als der Schuldige versezt. Wenn man beyde auf die Folter bringet, so vereiniget sich alles zum Nachtheile des ersten; bekennet er ein nicht begangenes Verbrechen, wird er verurtheilet; wird er unschuldig erkläret, so hat er unverdient gelitten. Der wirkliche Verbrecher hingegen hat grosen Vortheil; überstehet er muthig die Marter, so wird er losgesprochen und, zur Vergröserung des Vortheils, hat er stat einer härtern, eine gelindere Strafe oder gar keine zu gewarten. Solchergestalt

§. XVI. Von der Marter.

dergestalt kan es nicht fehlen, als daß der Unschuldige verliere, und der Strafbare gewinne.

Der Gesezgeber, welcher die Marter verordnet, läst sich gleichsam also verlauten: Menschen, widerstehet dem Schmerze, und ob euch schon die Natur eine unauslöschliche Liebe zu eurer Erhaltung anerschaffen, ob sie euch gleich ein unabänderliches Recht euch zu vertheidigen verliehen, so ermahne ich euch doch, eure Natur zu verändern, und gebiethe euch einen heldenmüthigen Haß gegen euch selbst zu tragen, indem ich hiermit gebiethe und befehle, daß ihr euch selbst anklaget und dasjenige saget, was bereits nach halb überstandenen Zerreisungen eurer Muskeln und Verrenkung eurer Gebeine euch geraden Weges in den Rachen des Todes stürzet.

Wenn die Folter aus dem Grunde einen Angeschuldigten zuerkant wird, damit man entdeken möge, ob der Angeschuldigte nicht auser den Verbrechen, dessen er bereits überführet ist, etwa noch andere begangen habe, so verfähret der Richter hierinnen gleichsam nach folgenden Schlusse: Du bist schon eines Verbrechens schuldig, also ist es wohl möglich, daß du noch hundert begangen hast; da ich nun dieses so ziemlichermaasen vermuthe, so wil ich, um meinen Zweifel los zu werden, meinen goldnen Probierstein der Wahrheit gegen dich gebrauchen; die Geseze bringen dir die Folter mit, nicht allein deswegen, weil du schuldig bist, sondern auch,

§. XVI. Von der Marter.

auch, weil du noch schuldiger seyn kanst, und weil ich dich gerne als einen volkommenen Bösewicht zu haben wünsche, wie mein heiliges Amt es mit sich bringt.

Ein andrer angeblicher Grund der Folter ist ferner auch dieser, daß man die Mitschuldigen und Genossen eines Verbrechens entdeken könne *i*). Wie wir

i) Gerichtshalter und Amtleute sind öfters so sehr geld- als blutgierig, daß sie es schon für ein Verbrechen halten, wenn einer des andern Verbrechen nicht anzeiget. Ich bin genöthiget, dieses für widernatürlich und abscheulich zu erklären. Der Grund dieses Aberwizes kan auch vielleicht schon auf hohen Schulen geleget worden seyn, wo einige Professoren annoch Menschenfresser. Weder Vernunft noch Natur befiehlt des andern Verbrechen anzuzeigen, und sol man ja die Kinder nicht dazu anhalten, weil das nichts anders ist, als ihnen Untreue gegen Freunde einflösen, und ihr Herz zeitig vergiften. Wenn ich schon weiß, daß Heinze in der Hungersnoth Brod gestohlen, und Marthe einen Kindermord begangen, so würde ich doch glauben, daß ich den Haß vieler Redlichen verdienen würde, wenn ich, ohne Beruf, sie ins Unglük bringen oder wohl gar meinen Freund verrathen wolte, es sey denn bey solchen Verbrechen, womit der Thäter gleichsam ein Handwerk treibet, so daß, der Sicherheit halber, es besser ist, daß er eingesperret werde. Man verlanget, daß Menschen sich unter einander selbst zerfleischen sollen. Wahrhaftig diese Zumuthung würden so gar Wölfe und Bäre verwerfen, weil kein Geschlecht das seinige frißt, und selbst der Wolf, wenn er nicht hungrig ist, das Schaf in Ruhe läst. Das geschriebene Recht redet die Sprache der Vernunft: Niemand,

spricht

§. XVI. Von der Marter.

wir aber schon erwiesen haben, daß die Folter kein bequemes Mittel zur Entdekung der Wahrheit ist, wie sol sie die Mitschuldigen vorfinden, da dieses auch eine von den gesuchten Wahrheiten ist? Wird der Mensch, der sich selbst anzuklagen gezwungen ist, nicht noch leichter andere anklagen? Ist es über dem auch billig, daß man einen Menschen um anderer Leute Verbrechen willen martere? Wird man die Mitschuldigen nicht durch Abhörung der Zeugen und des Verbrechers selbst, durch Untersuchung der Beweise und des corporis delicti, kurz durch alle die Wege, welche man zur Ueberzeugung eingeschlagen, auffinden und entdeken können?. Die Mitschuldigen entweichen gemeiniglich unmittelbar nach der Verhaftung ihres Geselschafters. Die Ungewisheit des sie bedrohenden Schiksals spricht ihnen augenbliklich das Urtheil ihrer freywilligen Verbannung, und befreyet die Bürger von der Gefahr, neue Verlezungen von ihnen zu erdulden, da indessen mit der Bestrafung des verhafteten Missethäters der Endzwek, andere Menschen durch das Beyspiel abzuschreken, erreichet wird.

§. XVII.

spricht es, ist eine Missethat anzuzeigen verbunden. L. 48. §. 1. ff. de furt. tot. tit. C. ut nemo invitus agere vel accusare cog. C. C. C. art. 214. Spec. Sax. lib. 2. art 60. Und wie? Du willst dieses so gar durch Peinigung erzwingen? Ein solches zu verlangen, heißt der ganzen Natur den Krieg ankündigen.

§. XVII.
Von dem Fiscus ᵏ).

Es ist eine Zeit gewesen, wo alle Strafen in Geldbusen bestanden. Die Verbrechen der Bürger waren gleichsam Einkünfte und ein Erbtheil der Fürsten. Die Kränkung der bürgerlichen Ruhe durch Anklagen gehörte mit zu den Ausschweifungen der Reichen, und diejenigen, welche die Sicherheit verschaffen solten, sahen es zu ihren Vortheile gerne, wenn sie gestöret wurde. Die Strafe war damals ein Gegenstand eines Processes zwischen dem Fiscus, der die Strafen zuerkante, und dem Schuldigen, der sie erlegte; folglich vielmehr eine streitige Geldsache, als eine öfentliche Angelegenheit. Der Fiscus behauptete damals andere Rechte, als diejenigen, welche ihm die Vertheidigung der öfentlichen Ruhe gaben, und der Schuldige wurde mit andern Strafen belegt, als wozu er sonst, wegen Nothwendigkeit des Beyspiels, hätte belegt werden sollen. Der Richter

---

ᵏ) Man sieht es allen Gesezen so gleich an Augen an, ob die Schazkammer dabey Gewin oder Verlust erleide? Wenn dieses ist, so kommen lauter Abweichungen von dem gewöhnlichen Wege vor: übermäsige Strafen, abgeschnittene Entschuldigungen. Wildprets Diebe schmiedete man lebendig auf einen Hirsch, daß dieser durch Zaun und Heken streichend den Elenden jämmerlich, unter Hunger und Durst, in Stüken reissen möchte. Oefters kan man seinen Nachbar weit ungestrafter tausend Thaler entwenden, als dem Fiscus einen Haasen.

§. XVII. Von dem Fiscus.

Richter war also vielmehr ein Sachwalter des Fiscus, als daß er die Wahrheit hätte untersuchen sollen. Aus Gefälligkeit gegen den Fürsten war er blos bedacht ihm Gelder einzutreiben, als die Geseze zu handhaben *). Wenn sich nach diesen System jemand für schuldig erkante, so erklärte er sich

---

*) Als Ludwig dem vierzehnten ein Proceß vorgetragen wurde, den seine Kammer wider den Besizer eines Hauses führte, sagte er großmüthig: Der Besizer hat Recht. Die königl. Academie der Inschriften hielte für würdig, darauf eine Münze zu erdenken mit der Ueberschrift: FISCVS CAVSA CADENS. Verlohnte sich das wohl der Mühe? Haben wir nicht ein deutliches Gesez L. 10. ff. de jur. fisc. wo der Rechtsgelehrte Modestinus sich also herausläßt: Non puto delinquere eum, qui in dubiis quaestionibus contra fiscum facile responderit. Als in auswärtigen Acten ein Advocat sich auf eben dieses Geseze berufte, wurde er von der Kammer um 10 Thlr. bestrafet. Hilf Himmel! Was für Zeiten? Hat nicht der Fürst blos durch sein Ansehen, durch die Furcht und Gewalt Vortheile genug? Wenn ihr ein Gesez findet, welches allen Regeln der Billigkeit entgegen strebet, so könnet ihr fast vermuthen, daß der Fiscus gerade zu, oder doch wenigstens durch einen Umweg, Vortheil darunter finde. Alle Rechtsgelehrte, wenn es auf die Gerechtsame des Fürstens ankomt, sind Schmeichler, Anhänger des Hofes und Speichelleker der Grosen, wie Leyser in einer academischen Abhandlung durch tausend Beyspiele erhärtet. Sie wissen Farben anzustreichen, daß man schwören solte, daß die Plünderungen, so der Fiscus unternimt, eine dem Volke erwiesene Wohlthat sey.

sich zu gleicher Zeit für einen Schuldner des Fiscus; und also erreichte man hierdurch die einzige Absicht, nehmlich, daß der Beklagte sich zu dieser Schuld bekennen möchte, und zwar mit einen für den Fiscus vortheilhaften Bekentnisse. Dies ist noch heutiges Tages die Absicht, worauf die ganze peinliche Rechtsgelahrheit abzielet, und der Mittelpunct, um welchen sich alle criminal Proceduren drehen, weil die Folgerungen und Wirkungen, so aus einen angenommenen Saze fliesen, oft noch sehr lange fortdauern, wenn gleich der Grundsaz längst verworfen ist und aufgehöret hat. Es wird der Schuldige, der sich weigert zu bekennen, wenn er gleich durch unwiderlegliche Beweise überzeugt ist, mit weit geringeren Strafen beleget, als er würde belegt worden seyn, wenn er bekant hätte. Eben deswegen, weil er das Verbrechen, dessen er überzeugt ist, leugnet, wird ihm auf der Folter ein Bekentnis von andern mit dem Hauptverbrechen in keinem Zusammenhange stehenden Vergehungen, abgenöthiget. Wenn aber der Richter das Bekentnis des Verbrechens herausgebracht, so wird er Herr über den Körper des Schuldigen; aus diesem Körper ziehet er durch methodische Manieren, gleichsam als aus einem erworbenen Grund und Boden, alle nur mögliche Vortheile. Ist nur das Corpus delicti vorhanden, so macht das Bekentnis des Beklagten einen überzeugenden Beweis aus. Schmerzen und Peinigungen müssen diesen Beweis bestätigen, und doch komt man zu gleicher Zeit

darinnen

§. XVII. Von dem Fiscus.

darinnen überein, daß ein aufergerichtliches, geruhiges, und nicht durch den Zwang des peinlichen Verfahrens erpreßtes Bekentnis, zur Verurtheilung nicht hinlänglich sey.

Man schließt bey Anstellung des Processes diejenigen Untersuchungen und Beweise aus, wodurch die Sache selbst ins Licht gestellet, und der Angeschuldigte entlassen werden könte, die aber den Ansprüchen des Fiscus nachtheilig seyn würden. Nicht zur Linderung des Elendes, noch aus Mitleiden gegen die Schwäche der Menschlichkeit, verschonet man zuweilen die Beklagten mit der Folter; sondern zur Behauptung vormaliger Rechte, welche doch heut zu Tage, wegen veränderter Umstände, zu einen Undinge geworden. Der Richter wird ein Feind des Beklagten, das ist, eines Unglüklichen, welchen in einen gräßlichen Gefängnisse mancherley Martern und die fürchterlichsten Schrekbilder der Zukunft plagen. Er sucht nicht die Wahrheit der Sache selbst, sondern er suchet das Verbrechen in der Person des Beschuldigten; er leget ihm Netze und arglistige Fallstrike, er schämt sich vor sich selbst, wenn es ihm nicht gelinget, den Gefangenen schuldig zu finden, und glaubet seiner Untrüglichkeit, welche sich immer die Menschen in allen Dingen beyzulegen belieben, zu nahe zu treten. Die Anzeigen, welche zur gefänglichen Haft eines Bürgers hinlänglich sind, hängen von der Willkühr des Richters ab; wenn sich der Gefangene von

seiner

§. XVII. Von dem Fiscus.

seiner Anschuldigung rechtfertigen sol, legt man ihm die Acten nicht eher vor, bis er vorher für schuldig oder doch wenigstens fast für schuldig erkläret worden. Nun dieses heist, wie mich deucht, abscheulich verfahren, nicht aber vernünftige und menschliche Untersuchungen anstellen, und gleichwohl ist dieses Verfahren des peinlichen Gerichts, in diesen achtzehenden Jahrhunderte, wer solte das glauben? bey den sich klug nennenden Europäern ganz was vortrefliches!

Wie man aber anders der Natur und Vernunft nach verfahren solle, ist unbekant, obschon diese unpartheyische Untersuchung und deren vernünftige Anstellung das Geboth des menschlichen Verstandes ist, welches so gar die Militärgeseze beobachten, und welches selbst der asiatische unbeschränkte Beherscher über Tod und Leben, der Kalifen sumarisch stranguliret, in Vorgängen, welche Privatpersonen betreffen, ausübet. Nur die europäischen Gerichtshöfe verstatten diesen löblichen Gebrauche keinen Eingang. Seltsame in einander verflochtene Ungereimtheiten, welche unsere glüklichere Nachkommenschaft zu glauben Mühe haben wird, und deren Möglichkeit der Weltweise nur aus erkanter Schwäche der menschlichen Natur und der eisernen Gewalt verjährter Irthümer sich begreiflich machen kan.

§. XVIII.

§. XVIII.
Von den Eyden.

Der Reinigungs Eyd widerspricht allen natürlichen Sinnen, die dem Menschen angebohren sind. Denn diese heilige Handlung sol einen Wahrheit liebenden Menschen just zu der Zeit machen, da ihm am aller meisten daran gelegen, ein Lügner zu werden; als wenn sich der Mensch im Ernste verpflichtet halten könte, etwas zu seinen Untergange beyzutragen; oder als wenn die Religion in ihrer Wirksamkeit nicht unterdrükt würde, wenn der Eigennutz die Seele übermeistert. Die Erfahrung lehret, daß man dieses heilige Geschenke des Himmels, mehr als alle andere Dinge, misbrauche. Was sol Bösewichter zur Ehrerbietung gegen dieselbe antreiben, wenn Leute, die sich durch Einsicht und Weisheit auszeichnen, sie verunehren und verschmähen? Die Bewegungsgründe, welche zur endlichen Bestärkung der Wahrheit aus der Religion genommen werden, und welche die Furcht vor der Strafe oder wohl gar die Liebe zum Leben überwiegen sollen, sind gröstentheils viel zu unwirksam, weil sie zu wenig in die Sinne fallen und Gegenstände vorstellen, welche wegen alzu groser Entfernung, und wegen der zu hoffenden Vergebung der Sünden, gar leicht verschwinden. Die Angelegenheiten, welche das Heil der Seelen betreffen, sind von den Welthändeln weit unterschieden, und werden nach ganz verschiedenen Gesezen regieret. Warum sezt man die Menschen der schreklichen Gefahr und Nothwendigkeit aus, sich entweder an Got zu versündigen oder sein Verderben zu befördern? Das Gesez, welches in dergleichen Falle einen Eyd verordnet, läst dem Beklagten keine andere Wahl, als entweder ein böser Christ oder ein Märtyrer der Wahrheit zu seyn. Der Eyd wird almählich zu einer blosen Solennität, und man vernichtet dadurch die ganze Macht der Religion, welche doch noch bey den meisten Menschen der einzige Bewegungsgrund der Redlichkeit ist, und gegen die Anfälle von Natur böser, aber furchtsamer Gemüther vielleicht noch einige Bürgschaft leistet. Die gar zu seltenen Beyspiele, daß ein Bösewicht durch den Eyd zum Bekentnisse der Wahrheit bewogen worden, machen uns von diesen Mitteln, die Wahrheit zu ergründen, einen gar schlechten Begrif, und ist also die Erfahrung von dessen Unzulänglichkeit ein satsamer Zeuge. Die Vernunft spricht, daß alle Geseze, die dem natürlichen Gefühle der Menschlichkeit zuwider, nicht nur eitel, sondern auch schädlich und nachtheilig sind. Dergleichen Geseze haben ein ähnliches Schiksal mit einen Damme, welcher den Lauf eines Strohmes gerade entgegen stehet. Denn er wird entweder unmittelbar von der Fluth so gleich überwältiget, oder doch wenigstens wegen einiger in seinem Innersten entstandenen Löcher durchwühlet und durchgraben *m*).

§. XIX.

---

m) Für der schweren Strafe des Meyneydes pflegen sowohl Richter, als Geistliche, zu ermahnen. Bey dieser Ermahnung

§. XIX.
Von der geschwinden Ausübung der Strafen.

Wenn eine Strafe auf ein begangenes Verbrechen geschwind erfolget, so ist sie um so viel gerechter und nützlicher. Gerechter, weil sie den Schuldigen die gräslichen, obgleich fruchtlosen, Martern der Ungewisheit ersparet, welche durch die belebte Einbildung, und das Gefühl seiner Schwäche

nung versehen es öfters Beyde darinnen, daß sie nichts als Verfluchungen häufen, wie denn in vorigen Zeiten gar öfters die Geistlichen sich der tröstlichen Schlusformel bedienten: Nun wenn du nicht gestehen wilst, so schwöre und fahre hin zum Teufel! Aber wie kan sich die Sanftmuth so entrüsten? Das komt daher, weil sie sich es zur Ehre hält, jemanden zum Bekentnisse gezwungen zu haben, und sich schämet, wenn die Ermahnungen nichts gefruchtet. Durch dergleichen Verwünschungen, die einen Christen nicht geziemen, weis ich Fälle, daß, um die Quaal dieser Zuredungen nur los zu werden, einige Personen Thaten bekant haben, so sie nicht verbrochen. Sie wolten lieber eine kleine Strafe leiden, als daß die Zuhörer, die ihren lieben Pfarherren so donnern höreten, denken solten, man habe falsch geschworen. Ich gebe also diese Regel, daß sowohl Richter als Geistliche bey dergleichen Anermahnungen den Angeschuldigten zwar eines Theils seine Pflicht die zeitliche Strafe, so wie es ohne Verletzung des Gewissens geschehen könne, abzuwenden, andern Theils aber auch den Verlust des ewigen Wohls, wenn er falsch schwöre, zu Gemüthe führen mögen.

§. XIX. **Von der geschwinden Ausübung**

Schwäche um vieles vergrösert werden, weil das lange Gefängnis selbst als eine Strafe anzusehen, und daher nur in so ferne stat findet, als es die Nothwendigkeit erfordert. Das Gefängnis ist nichts anders, als ein Mittel, einen beklagten Bürger so lange aufzubewahren, bis er für schuldig erkant worden, und da dieser Verlust der Freyheit schon sehr kränkend ist, so muß sie nur eine kurzmögliche Zeit dauern und leidlich seyn. Die möglichste Kürze des Gefängnisses ist diejenige, welche zur Einrichtung des Processes erfodert wird, und nachdem mehrere da sind, welche berechtiget sind, eher als andere Mitgefangene, ihr Urtheil zu empfangen. Die Härte des Gefängnisses darf sich auch nicht weiter, als auf die Nothwendigkeit erstreken, die Flucht der Verhafteten zu verhindern, oder in Ansehung der Zeit die Beweise des Verbrechens oder der Unschuld herbey zu schaffen. Welcher grausamer Contrast, einen fühllosen Richter und einen beängstigten Beklagten zu sehen? Einen kaltblütigen Amtman in dem Genusse seiner weichlichen Bequemlichkeit und in seinen Freudenleben auf einer, und die Zähren ja den ganzen trostlosen Zustand eines Eingekerkerten auf der andern Seite? Ueberhaupt muß die Schwere der Strafe den Folgen eines Verbrechens angemessen, aber so wenig, als möglich, für die Empfindung des Leidenden schmerzlich seyn: Denn nur diejenige Geselschaft kan man rechtmäsig nennen, in welcher der unumstöslische Grundsaz sichtbar ist, daß sich die Menschen

in

in ihren Unterwerfungs Contracte nur so geringer Uebel, als möglich, haben unterziehen wollen.

Die hurtige Volziehung der Strafe ist deswegen nüzlicher, weil, je kürzer der Zeitraum ist, welchen man zwischen der Missethat und ihrer Bestrafung verfliesen läst, die Verknüpfung dieser Begriffe Verbrechen und Strafe, in den menschlichen Gemüthern desto stärker und dauerhafter ist, so daß ersteres als die Ursache, und das andere als eine unausbleibliche Folge erkant wird. Es ist erweislich, daß die Verbindung der Begriffe das ganze Gebäude des menschlichen Verstandes zusammen füget, und daß ohne diese Vergleichung und Verbindung sowohl Vergnügen als Schmerz unwirkende und tode Empfindungen seyn würden. Je weiter sich die Menschen von den höchsten Grundsäzen entfernen, das heist, je geringer und niedriger die Menschen sind, desto mehr werden sie in ihren Handlungen durch baldige und unmittelbar beysammen stehende Begriffe gerührt, und lassen die entferntern und verwikeltern aus den Augen. Entlegene und verflochtene Begriffe äusern ihre Wirksamkeit nur bey erhabenen Geistern, welche eine Fertigkeit erlanget, mit einem Adlerblik viel auf einmal zu durchschauen.

Daher ist es wohl gut, die Strafe so bald als möglich in Annäherung zu bringen, wenn man anders verlanget, daß die rohen und niedrigen Menschen Uebelthaten und die gewisse Strafe (bey ihrer

§. XIX. Von der geschwind. Ausübung ꝛc.

verführerischen Vorstellung, als blieben die Uebelthaten verschwiegen) beysammen stehen sehen. Verzögerung der Strafe verursachet dagegen, daß diese beyden Gemälde immer mehr von einander getrennet werden. Das bestrafte Verbrechen macht zwar immer Eindruk, aber es macht ihn nicht sowohl als Strafe, sondern vielmehr als ein Schauspiel; weil die Vorstellung von der Abscheulichkeit des Verbrechens, welche zur geschärften Empfindung der Strafe vieles beyträgt, in den Gemüthern der Zuschauer bereits gar vieles von ihrer Lebhaftigkeit verloren hat *m**).

Ein anderes Mittel, den nüzlichen Zusammenhang zwischen dem Verbrechen und seiner Strafe, noch näher zu verknüpfen, ist, daß die Strafe der Natur des Verbrechens einigermaasen entspreche, und

---

m*) Die Beschleunigung der Untersuchung darf man in Deutschland denen Gerichts Herschaften eben so sehr nicht einpredigen. Beköstigung des Angeschuldigten, Wach- und Sizegebühren u. s. w. kosten Geld, und man hat eher Ursache sich über Eilfertigkeit, als Verzögerung, zu beklagen. Ich bin auch von den Gründen des Verfassers nicht satsam überzeugt, wenigstens sind sie theologisch nicht richtig. Die Höllenstrafen werden zwar am jüngsten Gerichte öffentlich; aber nicht baldigst nach begangenen Verbrechen vollzogen, zu einer Zeit, da die Reue zu spät ist, und niemand durch deren Volstrekung mehr gebessert werden kan. Dieser Ursache halber, habe ich durch Stilschweigen mich seinen Folgerungen und Schlüssen nicht theilhaftig machen, sondern lieber von ihm abweichen wollen.

und so viel möglich, einen Bezug auf dasselbe habe. Durch diese Gleichförmigkeit wird der Contrast, welchen der Antrieb zum Verbrechen und das Gegengewichte der darauf geordneten Strafe gegen einander machen sollen, ungemein verschönert.

§. XX.
Von Gewaltthätigkeiten.

Einige Verbrechen greifen die Person an, andere die Güter. Die ersteren müssen ohnfehlbar mit Leibesstrafen belegt werden. Weder der Mächtige noch der Reiche darf mit der Sicherheit des Schwächern und Armen sein Spiel treiben; sonst würden die Reichthümer, welche unter dem Schuze der Geseze die Belohnung der Emsigkeit sind, die Menschen zu Wütrichen machen. So bald die Geseze zugeben, daß der Mensch auf irgend eine Art aufhöre eine Person zu seyn, und anfange ein Eigenthum des Mächtigern zu werden, so bald verschwindet die Freyheit. Geschieht dieses, so wenden die Mächtigen alles an, die ihnen nachgelassenen Vorzüge zur Thätigkeit zu bringen, und die Schwächern völlig unter das Joch zu beugen. Dieses ist die geheime Kunst, welche die Menschen in Lastthiere verwandelt, und in der Hand des Starken eine Kette, womit er die Handlungen der Blöden und Schwachen fesselt.

Da habt ihr den Grund, warum in einigen Staaten, die den völligen Schein der Freyheit haben,

haben, doch die gröste Tyranney in Verborgenen herschet, und sich in einen Winkel der Staatsverfassung schleicht, welcher der Vorsichtigkeit des Gesezgebers anfangs entwischet und unvermerkt zu einer Riesengröse angewachsen ist. Der offenbaren Tyranney wissen die Menschen immer einen gnugsamen Damm vorzubauen; aber öfters sehen sie den unsichtbaren Wurm nicht, der selbigen durchlöchert und, ehe man es sich versiehet, der Ueberschwemmung einen Weg ofnet, den man nicht widerstehen kan, weil niemand anfangs die kleine Zernagung bemerket.

§. XXI.
Von den Strafen der Adelichen.

Wie werden nun die Strafen derer von Adel beschaffen seyn? Die Vorrechte des Adels machen einen grosen Theil der Geseze aller Völker aus. Ich wil mich hier nicht auf die Untersuchung einlassen, wie weit der verderbliche Unterschied zwischen den Adel und Bürgerstande in einen freyen Staate nüzlich, oder in einen Monarchischen nothwendig ist? ob es wahr sey, daß der Adel gleichsam eine mitlere Macht vorstelle, welchen die zwo äusersten Puncte begränzen? ob er geschikt sey, sowohl den gemeinen Man in Zaume zu halten, als den Regenten Schranken zu sezen? ob er nicht vielmehr eine Geselschaft, die ihr selbst eigner und anderer Sklave zugleich ist? ob der Adel nicht vielmehr verursache, daß der ganze Umtrieb des Fleises, der Hofnung,

§. XXI. Von den Strafen der Adelichen.

Hofnung, des Glükes in einen sehr engen Bezirk eingeschlossen und gehemmet werde, worinnen er jenen kleinen fruchtbaren und Anmuths vollen Inseln gleichet, die zuweilen mitten unter den unermeslichen Sandwüsten Arabiens hervorstechen? ob nicht, wenn es ja wahr ist, daß die Ungleichheit unvermeidlich, oder wohl gar nüzlich in der Gesellschaft ist, eben so natürlich seyn würde, wenn sie vielmehr unter einzeln Personen, als ganzen Geschlechtern wäre? ob es besser, wenn sie nicht bey einem Theile des Staats sich verweilete, sondern vielmehr beständig entstünde, und wieder vergienge? Mit diesen Fragen sey es wie es wolle, nur so viel behaupte ich zuversichtlich, daß eben die Strafen, womit der geringste Bürger beleget wird, eben so gut dem höchsten Range zukommen. Jeglicher Unterschied, er bestehe in der Ehre, oder im Reichthume, wenn er rechtmäsig seyn sol, sezt eine vorgängige Gleichheit unter den Bürgern voraus, und gründet sich auf die Geseze, welche alle Unterthanen von sich in gleicher Abhängigkeit betrachten *).

Man

n) Wer bey Hofe oder in einer ansehnlichen Stadt Mahlzeiten giebt, ein Haus machet und gesellschaftlich ist, heißt ein schäzbarer Man, der sich zu unterscheiden und zu leben weis. Ich lobe es. Wie aber auf dem Lande? Der arme Bauer, der nichts als geben sol, der Landman, welcher beynahe die Luft bezahlen muß, die er einathmet und nichts als eine Maschine ist, aus der man Geld spinnet, wie wenn er gesellschaftlich lebet? Der Edelman und Gerichtshalter verfolgen ihn. Alle Freuden, alle Ergözlichkeiten des

Lebens

§. XXI. Von den Strafen der Adelichen.

Man muß annehmen, daß die Menschen damals, als sie auf ihre natürliche Freyheit Verzicht thaten, gesagt haben: Wer am geschiktesten und emsigsten seyn wird, sol die gröste Ehre geniesen, und sein Ruhm sol in seinen Nachkommen hervorleuchten; aber wer glüklicher und geehrter als seine Mitbürger seyn wird, mag zwar seine Hofnungen erweitern; allein er fürchte nicht minder als andere, diejenigen Verträge, und erfülle die Bedingungen, unter welchen wir ihn über andere erhoben. Dergleichen Schlüsse sind freylich auf keinen algemeinen Reichstag des menschlichen Geschlechtes abgefast worden; allein sie haben nichts desto weniger ihr Daseyn in dem unabänderlichen Wesen der Dinge. Sie heben die Vortheile nicht auf, die man sich aus der Einführung des Adels zu ziehen verspricht, und beugen den Unbequemlichkeiten vor, die eine Folge davon seyn können. Sie machen die Geseze verehrungswürdig, indem sie alle Hofnung zu einen ungestraften Frevel abschneiden.

Wolte

Lebens sind ihm untersaget; er ist die seufzende Creatur. Seine Rokenstube, was ist sie anders als eine Assemblee? Was ist der Unterschied? Der Papinian des Dorfes wird sagen, sind denn die Bauern Menschen? Ich antworte, sie sind so gar Mitglieder der algemeinen Geselschaft und deren gröster Theil. Das kan der Erzbischof des Dorfes nicht verdauen. In der Schenke, seufzet er, und zwar am Sontage Music! Ja, meynet er, wenn es noch allenfals der Edelman thäte.

§. XXII. **Vom Diebstahle.**

Wolte mir hier jemand einwenden, daß, wenn man eben dieselbe Strafe dem Adelichen, wie dem gemeinen Manne, auferlegte, sie in Rüksicht auf den Unterschied der Erziehung und der Schande, welche dadurch einen vornehmen Geschlechte widerfährt, nicht einerley, sondern weit schwerer wäre; so antworte ich: Nicht die Empfindlichkeit eines Schuldigens, sondern der Grad des Schadens, welcher der Geselschaft zuwächst, ist der einzige und ächte Maaſtab der Strafen. Nun aber steigt der Grad des Schadens desto mehr, je vornehmer der Schuldige ist. Die vorgeschüzte Ungleichheit der Strafe hat nur einen äuserlichen Schein. Die Schande einer unschuldigen Familie kan durch öfentliche Bezeigungen des Wohlwollens von dem Regenten leicht weggenommen werden.

§. XXII.

Vom Diebstahle.

Die Diebſtähle, welche ohne Gewaltthätigkeit begangen werden, ſolten mit Geldbuſe belegt werden. Wer ſich mit fremden Güthern hat bereichern wollen, verdient, daß er die ſeinigen verliere. Da aber dieſes Verbrechen gemeiniglich aus Elend und Verzweiflung entſtehet, und nur von den Unglükſeeligen begangen wird, denen die Mächtigen, es iſt ſchreklich zu ſagen, nichts weiter als das nakte Daſeyn übrig gelaſſen; da, ſage ich, Geldſtrafen die Diebſtähle ſelbſt vermehren würden, und,

man

man oftmals einer unschuldigen Familie das fernere Brod nehmen und es Bösewichtern geben würde, so wird es besser und nüzlicher seyn, den Dieb in eine Knechtschaft herab zu stosen, aber eine gerechte Knechtschaft, nehmlich diejenige, welche die bürgerliche Gesellschaft zur unumschränkten Beherrscherin über die Person und Arbeit eines solchen Diebes macht, damit er durch diese Abhängigkeit den ungerechten Despotismus, den er sich über fremde Güther angemaset, und die daher verursachte Verlezung des gesellschaftlichen Vertrages, versöhne und wieder gut mache.

Ist der Diebstahl mit Gewaltthätigkeit verknüpfet, so müssen zur Strafe der Sklaverey Leibesstrafen hinzukommen o). Viele Schriftsteller haben schon gezeiget, daß offenbare Ungelegenheiten daraus entstehen, wenn man keinen Unterschied zwischen der Bestrafung heimlicher Diebstähle, und solcher, die mit Gewaltthätigkeit verübet werden, macht,

o) Nein, auf den Diebstahl, der mit Gewalt verknüpft, muß Todesstrafe stehen, wenn auch noch niemand getödet worden wäre. Denn wer mit Gewehr zum Stehlen eingehet, hat die Absicht denjenigen, der sich ihm widersezet, zu verwunden und folglich zu tödten. Von ihm hat also das gemeine Wesen das Aeuserste zu besorgen. Hier muß die ganze Gegend aufgebothen werden, als wenn ein Wolf sich hätte bliken lassen. Es lauft nicht nur einer oder der andere, sondern die ganze Gesellschaft Gefahr, daß viele auf solche Art ermordet werden könten. Der Räuber verliert mit Recht das Leben, das er andern nehmen wolte.

macht, und auch erstere mit dem Strange strafet, also eine geringe Geldsumme dem Leben des Menschen auf eine ungeräumte Art gleichschäzet. Dies sind Dinge von ganz ungleicher Natur, und es ist in der Staatskunst eben so, wie in der Mathematik, ausgemacht, daß zwischen ungleichartigen Grösen ein Unterschied ist, der bis ins Unendliche fortgehet. Alles dieses hat man lange vor mir gesagt; allein es ist nicht überflüsig, das was des öftern Sagens ungeachtet, immer fruchtlos und ungenuzt geblieben, zu wiederholtenmalen einzuschärfen. Die politischen Maschinen des Staats behalten länger als andere, die ihnen einmal mitgetheilte Bewegung, daher sie schwerer und langsamer von ihren Lauf ab und zu einer neuen Bewegung zu bringen sind.

§. XXIII.
Von der Strafe der Ehrlosigkeit.

Die Ehre ist der gerechte Antheil der Achtung, welche ein jeder Bürger von seinen Mitbürgern zu fordern befugt ist. Die Verlezung dieser Ehre, und die einer Person hierinnen zugefügten Beleidigungen, müssen mit der Unehrlichkeit bestrafet werden. Die gesezmäsige Entziehung dieser Ehre ist ein Zeichen des öfentlichen Misfallens, welches einen Bürger der Achtung und des Vertrauens, welche die Geselschaft für ihn hegte, beraubet und ihn von der Brüderschaft ausschliesset, welche aus der Geselligkeit entstehet. Doch hängt
die

§. XXIII. Von der Strafe der Ehrlosigkeit.

die Unehrlichkeit nicht allemal von Gesezen ab *p*). Wenn aber das Gesez eine Strafe der Unehrlichkeit bestimmet,

p) Wahn ist öfters die Quelle der Ehrlosigkeit. In einem Lande wird etwas für rechtschaffen gehalten, was in den andern schändlich. Eben so werden auch Meynungen von der Zeit verändert. Eine unglükliche Nothwendigkeit aber ist, daß öfters physikalische Dinge, oder andere, die man nicht selbst verursachet, die Ehre vermindern: als wenn jemanden den andern, daß er einfältig sey, daß er krumme Beine, daß sein Vater sich erschossen habe, vorwirft. Wie weit die Einfalt der Handwerks Innungen in dieser Thorheit gegangen, ist traurig zu erwehnen. Die einzige aber wolte ich, daß ihnen geblieben wäre, daß Diebe, Betrüger und solche, die wahre Verbrechen, in den Verstande, wie wir dieses Wort zeithero gebrauchet haben, verübet, aus ihren Innungen noch jezo ausgeschlossen bleiben müßten. Der Diebstahl ist eines der schändlichsten Verbrechen, weil er sehr gemein, heimlich und, welches das meiste, unschuldige Leute in Verdacht bringet. Er würde noch viel üblicher seyn, wenn nicht jedweder Mensch, auch selbst der gemeine Man, für dessen Schändlichkeit einen natürlichen Abscheu trüge. Strafen thun das lange nicht, was hier die Schande bewirket; weil ein Dieb zu heisen schimpflicher, als alles übrige geachtet wird. Das Gesinde ist hier sehr vorsichtig, da auch die niedrigste Magd an dem Gelde, das sie bey den Auskehren findet, sich nicht vergreifet, sondern es sorgfältig übergiebt, weil sie weiß, daß alles künftige Glük davon abhängt, und niemand eine Diebin hernach weiter in Dienste nimt. Es wäre sehr gut, wenn diese schon natürliche Schande durch geszliche Ehrlosigkeit noch mehr verstärket würde, und wolte ich wünschen, daß in dem Reichsschlusse wider Misbräuche

des

§. XXIII. Von der Strafe der Ehrloſigkeit.

beſtimmet, ſo muß es eben diejenige ſeyn, welche aus der algemeinen oder der beſondern Sittenlehre dieſes oder jenen Volks, und aus dem beſondern Zuſammenhange der Rechte flieſet, die von einem Volke angenommen ſind, und wornach ſich die Meynungen des Pöbels richten. Iſt aber dieſe Uebereinſtimmung der Geſeze, ſo die Ehrloſigkeit als eine Strafe verordnen, mit der algemeinen Sittenlehre nicht vorhanden, ſondern unterſchieden; ſo verlieret das Geſez entweder die öfentliche Hochachtung, der Handwerker, wo es heiſt: daß Meiſter, die wegen eines Verbrechens ihre Strafe ausgeſtanden oder Begnadigung erhalten, allenfalls nach erlangter Reſtitutione Famae wiederum in die Handwerke aufgenommen werden ſollen, wenigſtens der Diebſtahl ausgenommen ſeyn möchte, weil es mir vorkomt, als möchte ſonſt das natürliche Gefühl der Schande ſtumpfer werden, das bey den Handwerksleuten um ſo viel mehr nöthig, weil man öfters Mäurer, Tiſcher und andere, allein auf ſeiner Stube zu laſſen genöthiget iſt. Wenn aber ein gewiſſer Gelehrter meynet, daß aus gleichen Grunde Hurkinder nicht aufgenommen werden ſolten, ſondern es auch hier der Reichsſchluß bey den alten Unweſen hätte laſſen ſollen, ſo iſt ſolches ein ungeſunder Gedanke, den man eher von einem züchtigen Dorfſchulmeiſter, als einen Manne von Verſtande erwartend war. Die Handwerker ſelbſt haben, weit klüger, Sünde und Verbrechen zu unterſcheiden gewuſt, indem ſelbſt zur Zeit des alten Unweſens, niemand eines fleiſchlichen Verbrechens halber aus der Zunft geſtoſen worden; ſondern wenn es bey einigen Handwerkern hoch kam, ſo muſte der Sünder zur Ergözlichkeit etwa eine Tonne Bier Preis geben.

§. XXIII. Von der Strafe der Ehrlosigkeit.

tung, oder die angenommenen Begriffe von Tugend und Laster verändern sich nach und nach in den Gemüthern alles Zurufens der Weltweisen ungeachtet, weil man der Macht des Beyspiels nicht widerstehen kan *q*). Wenn man der Republik nicht schädliche Handlungen, welche die Vernunft gleichgültig nennet, für unehrlich erkläret, so entstehet daraus die Unordnung, daß solche Handlungen, die des gemeinen Nuzens halber für unehrlich gehalten werden solten, in kurzen dafür erkennet zu werden aufhören *r*).

Mit der Ehrlosigkeit muß man weder zu häufig um sich werfen, noch damit viele Personen auf einmal bestrafen: Ersteres sol nicht geschehen, weil, da die Ehre und Schande eine blose Meynung ist, die man

---

q) Wenn ich Queksilber mit Bley schwängere, so entstehet daraus ein drittes Ding, das weder Queksilber noch Bley ist. Eines verdirbt das andere und wird zur schmierigen Salbe, aus der ich weder Kugeln giesen, noch Wettergläser machen kan. Alle Zwitter sind Abweichungen der Natur und demnach Misgeburthen. Folglich solte die algemeine Sittenlehre von der besondern dieser oder jener Nation nicht getrennet oder aus beyden ein unseeliges Mengsal geworden seyn.

r) Wenn jemand ohne vorgängige Erlegung der Dispensations Gelder diejenige liebet, mit welcher er Geschwister Kind ist, so wird ihn eben das Zuchthaus zuerkant, wie dem Diebe, wie demjenigen, der falsche Wechsel geschmiedet und dadurch Leute am Bettelstab gebracht, wie demjenigen, der seinen Vater vergiften wollen, aber es nicht volbracht. Ist das nüzlich?

§. XXIII. Von der Strafe der Ehrlosigkeit.

man von einen Menschen heget, nicht etwa der zu häufige Gebrauch die Meynung selbst schwächet; lezteres auch nicht, weil, wenn alle oder doch ein groser Haufe unehrlich wird, sich die Ehrlosigkeit zulezt so gar in Ehre verwandelt.

Man hüte sich wohl, die Schwärmerey mit körperlichen und schmerzhaften Strafen zu belegen; denn da sich diese Thorheit auf Stolz gründet, so würde sie recht mit Fleiß nach solchen Schmerzen trachten und ihn für Ruhm ansehen, folglich selbst in Martern Nahrung finden. Für Schwärmerey schikt sich nichts bessers, als ihr mit Verachtung zu begegnen und sie lächerlich zu machen; solchergestalt wird ihr Stolz durch den Stolz der Zuschauer gedemüthiget. Die Vernunft und die Wahrheit selbst muß alle Mühe zu ihrer Vertheidigung anwenden, wenn sie die Menge und Mehrheit wider sich hat, und auch der thörigte Irthum Gelegenheit findet, sich der Spötterey gegen sie zu bedienen. Wenn auf diese Weise ein kluger Gesezgeber Waffen wiederum Waffen von gleicher Art entgegen sezet, und Meynungen mit Meynungen bekrieget, so wird die Bewunderung, womit der Pöbel die Enthusiasten anstaunet, verschwinden. Auser dem ist es sehr schwer, dieser Thoren Wahn zu bemerken, weil er allemal mit einigen Wahrheiten vermischet ist, und sich dahinter verhüllet *).

Nur

*) Bey der Enthusiasterey und misverstandenen Religion, hält keine Strafe, keine Folter das
Becc.   H   Gegen-

Nur durch dieses Mittel kan man verhindern, daß das unabänderliche Wesen der Dinge nicht mit Meynungen vermenget, die Natur in ihnen nicht gehemmet, und deren leichte Vorschriften nicht vereitelt und umgestosen werden. Die Nachahmung der Natur ist nicht allein bey Künsten und Wissenschaften, welche auf Geschmak beruhen, der Weg zu Meisterstüken und zur Volkommenheit, sondern auch die Staatskunst und gesezgebende Klugheit, nehmlich die wahre und dauerhafte, ist ihren Regeln unterworfen. Denn was in der Natur und Wesen der Dinge gegründet, bleibet unveränderlich; das widernatürliche aber dauert nur so lange, als gewisse Umstände es nothwendig machen.

§. XXIV.
Vom Müßiggange und Landesverweisung.

Wer die öfentliche Ruhe stöhret, wer den Gesezen nicht gehorsamet, welches die Bedingungen sind, vermöge welcher sich die Menschen wechselseitig dulten und schüzen, der ist werth aus der Geselschaft ausgestosen, das ist, verbannet zu werden. Aus diesem Grunde dultet eine weise Staatsverfassung im Schoose der Arbeit und Emsigkeit gesunde und starke Bettler und andere Tagediebe

Gegengewichte. Die Anhänger eines solchen Phantasten machen ihn zum Märtyrer, und aus seinem Blute pflegen neue Märtyrer zu wachsen. Michaelis Vorrede zum 6sten Theile des Mosaischen Rechts.

und Landesverweisung.

diebe nicht, deren Müßiggang unverständige Sittenlehrer mit demjenigen Müßiggange vermengen, der sich mit dem Genusse seiner durch Fleis erworbenen Reichthümer beschäftiget; ein Müßiggang, der desto nothwendiger und nüzlicher, je ausgebreiteter die Geselschaft wird. Ich nenne auch denjenigen Müßiggang unerlaubt, welcher zum gemeinen Besten weder mit Arbeit, noch mit unerworbenen Reichthume etwas beyträgt, welcher nur immer unter dem Scheine des Armuths und der schmuzigen Kleidung erwirbt, aber nie verlieret; welchen der Pöbel mit dummer Verwunderung verehret und der Weise mit zornigen Mitleiden betrachtet, weil er diesem Müßiggange Wesen aufopfern siehet, die der Anspornung zu edlen Thaten beraubt, und der völligen Gewalt unächter Leidenschaften und der Macht irriger Meynungen überliefert werden *).

Wer die Früchte der Tugenden seiner reichen Vorfahren genieset; wer gegen seine unschuldige Vergnügungen der arbeitenden Armuth Brod und Daseyn verkauft; der Armuth, welche, anstat einen ungewissen und blutigen Krieg mit dem mächtigen Reichthume zu führen, die friedsame und ehrliche Waffen des Fleises anwendet; ein solcher Müßiggang ist kein verbothener Müßiggang. Nicht kurzsichtigen Sittenlehrern, sondern erleuchteten Gesezgebern gebühret es, den strafbaren Müßiggang von jenem zu unterscheiden.

*) Dieser ganze §. geht den Protestanten nichts an.

Diejenigen, welche sich eines schweren Verbrechens schuldig gemacht, und grose Wahrscheinlichkeit, obgleich keine völlige Gewisheit, daß sie gesündiget, wider sich haben, scheinen die Verbannung zu verdienen. Sol diese Strafe erfolgen, so muß kein blos wilkührliches Verfahren, sondern eine, so viel möglich, genau bestimte Verordnung vorhanden seyn, zu Folge deren die Verbannung demjenigen zuerkant wird, welcher die Geselschaft dahin gebracht hat, sich entweder beständig für ihn zu fürchten, oder ihn hinwiederum zu beleidigen. Hierbey muß man aber einem Angeschuldigten das geheiligte Recht nicht verweigern, daß er seine Unschuld jederzeit erweisen und an Tag legen dürfe. Gegen einen Eingebohrnen des Landes sind stärkere Beweise zur Verurtheilung nöthig, als gegen einen Fremden; so ist auch schärfer gegen einen, der zum erstenmale, und einen andern, der zu verschiedenenmalen bereits beschuldiget worden, zu verfahren.

§. XXV.
Von Einziehung der Güter.

Aber sol denn derjenige seine Güter verlieren, welcher verbannet, und aus der Geselschaft, wovon er ein Mitglied war, ausgeschlossen worden? Diese Frage kan unter verschiedenen Gesichtspuncten betrachtet werden. Der Verlust der Güter ist ärger, als die Verbannung. Wenn dannenhero die Strafen den Verbrechen angemessen seyn sollen,

§. XXV. Von Einziehung der Güter.

sollen, so muß es verschiedene Fälle geben, da entweder der völlige Verlust aller Güter, oder eines Theils derselben erfolget, und drittens, wo diese Beraubung gar nicht stat findet. Der Schuldige kan nur alsdenn alle seine Güter verlieren, wenn nach dem Geseze alle Bande zwischen ihn und der Geselschaft durch seine Mishandlung gänzlich zerrissen worden; alsdenn stirbt der Bürger, und der Mensch bleibt übrig, woraus in Rüksicht auf den Staat eben die Wirkung entstehet, wie die, welche der natürliche Tod mit sich bringet. Es hat daher das Ansehen, daß die genommene Güter vielmehr den rechtmäsigen Erbnehmern, als dem Fürsten anheim fallen solten, weil der Tod und dergleichen Verbannung für einerley zu achten; allein ich getraue mir nicht, um dieser Spizfindigkeit willen die Einziehung der Güter für Unrecht zu sprechen. Einige haben behaupten wollen, man könne sie als ein Mittel betrachten, wodurch alle etwa zu besorgende Rache und gewalthätige Eingriffe der Bestraften vorgebeuget und ihnen ein Zaum angeleget werde; allein man hat bey dieser Meynung nicht überleget, daß die Strafen, wenn sie auch schon etwas Gutes wirken, nicht blos deswegen gerecht zu nennen, indem sie, um gerecht zu seyn, auch zugleich nothwendig seyn müssen, und eine Ungerechtigkeit, wenn sie auch den grösten Nuzen brächte, doch von einem Gesezgeber nicht gedultet werden darf. Sezet nur solche Lehren, so werdet ihr der Tyranney den Thron befestigen, die in beständiger

Wachsamkeit alles Vortheilhafte ergreift: der Tyranney, sage ich, die unter dem schmeichelnden Scheine eines kurz dauernden Gutes, dauerhafte Grundsäze des Verderbens einführet, und die Bürger zwinget, hernach ihr Leben in Thränen hinzubringen, um einige Grose glüklich zu machen. So ist diese Einziehung der Güter Ursache, warum man die Ankläger besoldete und Verleumbder in Ehren hielte. Wo diese Confiscation in Uebung, muß der Schwache immer denken, es sey auf seinen Kopf ein Preis gesezt; sie verursachet, daß der Unschuldige die Strafe eines Bösewichts leidet, und in die traurige Nothwendigkeit geräth, aus Verzweiflung und Dürftigkeit Verbrechen zu begehen. Welch trauriges Schiksal, eine Familie geschändet und zum äusersten Elende verdammet zu sehen; blos deswegen, weil ihr Haupt ein Verbrechen begangen, an dessen Verhütung sie, die von den Gesezen selbst verordnete Unterwürfigkeit verhindern muste, wenn sie auch hinlängliche Mittel und Macht darzu gehabt hätte.

§. XXVI.
Von Familiengeiste *).

Diese unseeligen und doch autorisirten Ungerechtigkeiten sind von den erleuchtesten Männern gut geheisen, und in ganz freyen Staaten in Ausübung

---

*) Dieser §. hätte füglich wegbleiben können, und kan der Leser solchen auf meine Gefahr gänzlich überschlagen. Durch

Weit

§. XXVI. Von Familiengeiste.

übung gebracht worden, weil man die Geselschaft vielmehr als eine Vereinigung von Familien, als eine Verknüpfung einzelner Personen angesehen. Man nehme an, eine Nation bestehe aus hundert tausend Menschen, oder zwanzig tausend Familien, und jegliche derselben aus fünf Personen, das Haupt mit eingerechnet. Geschieht die Vereinigung in Familien, so sind zwanzig tausend Bürger und achtzig tausend Sklaven da. Geschieht sie nach einzelnen Personen, so hat man hundert tausend Bürger und keinen einzigen Sklaven. Im ersten Falle wird eine Republik vorhanden seyn, die aus zwanzig tausend kleinen Monarchien bestehet, wovon dem Haupte der Familie die Regentschaft gebühret; im zweyten Falle wird der republikanische Geist nicht nur auf den öfentlichen Pläzen und in den Versamlungen der Nation, sondern auch in den privat Mauren, als dem Wohnplaze des grösten Theils der Glükseligkeit oder des Elendes der Menschen, aus freyer Brust athmen. Da die Geseze und Sitten allezeit eine Wirkung der eingewurzelten Gesinnungen der Mitglieder politischer Geselschaft sind, so schleicht sich bey der Vereinigung in Familien ein monarchischer Geist nach und nach in die Republiken selbst, dessen Aeuserungen

Weitschweifigkeiten, die man bey einen so scharf denkenden Kopfe nicht gewohnt, werden Dinge vorgetragen, die mir noch dazu falsch scheinen. Man muß allerdings philosophiren, sagten die Alten, aber nicht zu viel!

§. XXVI. Von Familiengeiste.

ringen nichts anders widerstehet, als das einander entgegen gesezte Interesse eines jeglichen Familienhauptes, nicht aber die lebhafte und algemein verbreitete Empfindung der Freyheit und Gleichheit. Der Familiengeist vertieft sich in Kleinigkeiten und in genaue Zergliederung, aber der algemein regierende patriotische Geist ergreifet algemeine Grundsäze, bliket auf die Begebenheiten selbst, und weis gemeinnüzige Regeln daraus zu ziehen, die der grösten Menge zuträglich sind. Bey einer in Familien vertheilten Gesellschaft bleiben die Kinder unter der Gewalt des Oberhauptes, so lange er lebet, und müssen erst von seinem Tode eine Existenz erhalten, welche allein von der Vorschrift der Geseze abhänget. Da sie in der Blüte der Jahre, wo ihre Lebhaftigkeit noch nicht von der Furcht der Erfahrung, die man Mäsigung nennet, gehemmet wird, sind sie zum Nachgeben und Zittern gewöhnt worden. Wie sollen sie nun in einen fortgeschrittenen und trägen Alter, wo die Abnahme der Kräfte die Menschen von muthigen Unternehmungen abschreket, und wo sie die Hofnung aufgeben, die Früchte ihrer Bemühungen einzusamlen, die Hindernisse zu überwinden vermögen, welche das Laster unaufhörlich der Glükseeligkeit und Tugend entgegen sezet?

In Republiken, wo einem jedweden das Bürgerrecht zustehet, ist die Familie keine Vereinigung, die sich auf eine gezwungene Unterwerfung gründet, sondern eine Verknüpfung der Glieder durch einen

Ver=

§. XXVI. Von Familiengeiste.

Vergleich; haben die Kinder das Alter erreichet, wo sie die Bedürfnisse der Natur, das ist, die Schwäche, die nöthige Erziehung und nothwendigen Schuz überstiegen; so werden sie zwar von aller Abhängigkeit frey, und werden freywillige Mitglieder der Geselschaft, bleiben aber dem Oberhaupte der Familie unterworfen, um die hieraus zu erwartenden Vortheile zu geniesen, eben so, wie sich der freye Mensch zu dieser Anhängigkeit an die grose Geselschaft füget.

In Republiken, die von Familien zusammen gesezt sind, stehen die Jünglinge, das ist, der gröste und nüzlichste Theil der Nation, unter väterlicher Gewalt: In Republiken aber, die aus einzeln Menschen bestehen, finden keine durch Geseze verordnete Banden stat, ausgenommen diejenigen, welche die geheiligten und unverlezlichen Empfindungen der Natur geschaffen; diejenigen Empfindungen, welche die Eltern mit den Kindern zusammen fügen, und sie antreiben, sich gegenseitige Hülfe in ihren Bedürfnissen zu leisten, und sich aus Dankbarkeit für empfangene Wohlthaten zur Unterwürfigkeit zu bequemen; eine Gesinnung, welche von der Bosheit des menschlichen Herzens noch lange nicht so entfaltet, als sie durch eine übel verstandene Unterwerfung, welche die Geseze heischen, verdorben worden.

Die Widerwärtigkeit der Familiengeseze mit den Grundgesezen der politischen Staaten, ist eine reiche Quelle, woraus viele andere Widersprüche, zwischen

zwischen der öfentlichen und privat Moral entspringen, und veranlassen einen beständigen Streit in dem Gemüthe eines jeglichen Menschens. Die privat Moral flöset Unterwerfung und Furcht ein; die öfentliche Muth und Freyheit: Jene lehret, die Wohlthätigkeit auf eine kleine Anzahl von Personen einzuschränken, ohne daß dem Menschen die freye Wahl gelassen sey, wem er seine Wohlthaten wil angedeyhen lassen; diese hingegen erstreket sich auf alle Classen der Menschen, und gestattet eine gleiche Theilnehmung; jene gebietet, beständig einen Gözen zu opfern, welcher sich das Familienwohl nennet; ein Wohl, das öfters keinen einzigen von den Gliedern der Familie zum Besten gedeyhet; diese lehret, seiner eigenen Wohlfarth nachzueilen, so weit es ohne Verlezung der Gseze geschehen kan, oder sie ermuntert den Bürger, ein Schlachtopfer seines Vaterlandes einer Belohnung wegen zu werden, womit er seine Handlung in fanatischen Geiste, voraus bekrönet sieht. Diese Contraste sind schuld, daß die Menschen Bedenken tragen, der Tugend anzuhängen, weil sie dieselbe in einer solchen verwirrenden Düsterheit, und in einer so grosen Entfernung erbliken, wo sowohl die physischen als moralischen Gegenstände, wie ein blasser und fast unmerklicher Schatten erscheinen. Wie oft muß nicht der Mensch erstaunen, wenn er bey Erwägung seiner vergangenen Handlungen merket, daß er in seinen Thaten unredlich gewesen!

§. XXVI. Von Familiengeiste.

Je ausgebreiteter die Geselschaft wird, ein desto kleinerer Theil des Ganzen wird ein jegliches Mitglied, und in eben dem Maaße vermindert sich der patriotische Eifer für das gemeine Wohl, woferne die Geseze nicht darauf bedacht sind, dieses Gefühl stärker und geschärfter zu machen. Die politischen Geselschaften haben, wie die menschlichen Körper, ihre beschriebene Gränzen, wachsen sie über diese hinaus, so entstehet aus diesen hinaus ragenden Wachsthume eine völlige Zerrüttung in ihrer ganzen Oekonomie. Die Gröse eines Staates muß, wie es scheinet, in einem umgekehrten Verhältnisse mit dem Grade der Empfindung und der Activität der einzeln Personen, welche den Staat ausmachen, stehen; denn, wenn diese Empfindung, diese Activität nach gleichen Maaße der Bevölkerung zunimt; so würden die Geseze, welche zur Vorbeugung der Verbrechen dienen, selbst in dem Guten, das sie hervorgebracht, grösere Hindernisse finden, weil dergleichen Menschen schwer zu leiten und in Zaum zu halten seyn würden. Eine alzu weitläuftige Republik kan den Despotismus nicht ausweichen, woferne sie nicht Untertheilungen annimt, und gleichsam in eine gewisse Anzahl confoederirter Republiken zerstüket wird. Aber wie fängt man es an, um es dahin zu bringen? Hierzu würde ein despotischer Dictator erfordert, welcher eben so viel Muth als Sylla, und eben so viel Genie zu bauen hätte, als dieser Römer hatte, niederzureisen. Wäre dergleichen Mensch ehrbegierig, so würden
alle

alle Jahrhunderte die Ehrenkrone auf sein Haupt sezen; wäre er ein Philosoph, so würden ihm die Seegenswünsche seiner Mitbürger vor dem Verluste seines Ansehens entschädigen; nur dürfte er gegen die Undankbaren, die ihre Freyheit misbrauchten, nicht gleichgültig seyn.

Je mehr die Empfindungen, die uns mit dem politischen Körper vereinigen, stumpf werden, je geschärfter werden diejenigen, die uns an die Gegenstände knüpfen, welche uns zunächst stehen. Unter einer despotischen Regierung sind die Freundschaftsbanden fester und dauerhafter und die immer sehr mittelmäsigen Familientugenden sind die gemeinsten, ja fast die einzigen. Hieraus kan man abnehmen, wie klein und eingeschränkt die Einsichten der meisten Gesezgeber gewesen.

§. XXVII.
Von der Gelindigkeit der Strafen.

Meine Einbildungskraft hat mich hingerissen und zu weit aus der Laufbahne des zu erweisenden Sazes hinaus gebracht, zu welcher und deren Erleuterung ich mit verdoppelten Schritten zurük eilen muß. Nicht die Grausamkeit der Strafen, sondern ihre Unfehlbarkeit, und folglich die Wachsamkeit und unerbitliche Standhaftigkeit des Richters, welche nur alsdenn eine nüzliche Tugend seyn kan, wenn eine sanfte Gesezgebung die Wegweiserin ist. Diese ist der stärkste Zaum, der den Verbrechen

brechen angeleget werden kan *v*). Die Gewisheit einer, obgleich gemäsigten Strafe, macht allemal mehr

v) Es verräth Mangel an Einsicht, wenn man durch nichts, als Erhöhung der Strafe, das Uebel zu dämpfen suchet. Ein Dieb weis, daß er gehänget wird, aber er trauet seinem Verstande, daß er sich nicht werde ertappen lassen, und ohne diesen Umstand hänget man niemanden. Demjenigen, der einen Dieb wil hängen sehen, rathe ich wohl meynend, die Taschen zu zuknöpfen und die Uhr im Hause zu lassen. Denn es wird unter dem Galgen gestohlen, welches nicht möglich wäre, wenn die Härte und sichtbare Strafe etwas abzuhalten im Stande wäre. Wahrhaftig, wenn in Erhöhung der Strafe die Kunst der Regierung bestünde, so könte jedem Dorfschulzen das Ruder anvertrauet werden. Ich wil, was ich hierbey denke, recht offenherzig durch folgendes Beyspiel erläutern. Einer, der nicht reiten kan und doch reiten wil, bekomt ein stetiges Pferd. Er schlägt es fast zu Tode. Aber je mehr er den Knüttel brauchet, jemehr gehet es hinterwärts. Der andere, welcher die Kunst verstehet, wie man die Pferde regieren sol und ihre Unarten kennet, stehet dabey. Du bist ein einfältiger Man, saget er zu dem Reuter, und verbindet dem Pferde die Augen. Nun gehet es wie ein Lam ohne Prügel und Sporen. Eben so viel komt darauf an, daß ein Regent sein Fuhrwerk verstehe und den Ursprung des Uebels wisse. Denn eher wird er ihm nicht abhelfen. Was sol man wohl also von fürstlichen Räthen oder Rechtsgelehrten denken, die, wenn das Gesez dem Verbrechen nicht steuret, weiter nichts zu sagen wissen, als: Schlaget heftiger! Nehmt den Knüttel! Immer derber! Dieses ist allenfalls die Philosophie eines Mannes, der Holz zu Markte führet.

mehr Eindruk, als die Furcht für einer geschärfteren, wenn sie die Hofnung eines Schlupfwinkels vor sich hat, weil die Uebel, sie mögen noch so geringe seyn, die menschlichen Gemüther in Schrekken sezen, so bald sie gewis sind, und weil die Hofnung, (dieses himlische Geschenk, welches oft unsere ganze Glükseligkeit hiernieden ausmacht) uns die gröfern Uebel in einer Entfernung vorstellet. Je gröser die Strafe ist, welcher der Uebelthäter entgegen gehet, desto mehr waget er seiner Bestrafung zu entfliehen. Ja die Grausamkeit der Strafe giebt so gar Anlas, mehrere und wichtigere Verbrechen zu begehen w), weil man wegen eines einzigen oft eben so viel Strafe, als wegen vieler zu gewarten hat. In denen Ländern und in dem Zeitalter, wo die grausamsten Strafen gewöhnlich waren, sind immer die blutigsten und unmenschlichsten Thaten verübet worden, weil eben derselbe Geist der Wildheit, welcher dem Gesezgeber bey Aufzeichnung der Geseze die Hand führete, den Todschläger und Meuchelmörder gleichermaasen belebte. Von dem Throne stürzte der Geist der Grausamkeit

---

w) Um die Strafe der Schwängerung zu entgehen, vermischeten sich die Hirten mit dem Viehe. Ich sage die Strafe der Schwängerung. Denn diese wird, wenn ich so sagen sol, und nicht die Hurerey, bestrafet. Leichtfertige Dirnen, die durch Künste die Zeugung hindern, gehen im Kranze, die aber, so dem Landesherrn einen jungen Soldaten verschaffeten, mußten Kirchenbuse thun.

keit eiserne Geseze auf verruchte und abgehärtete Sklaven=Seelen, welche gehorchen musten; diese wurden wiederum in der dunkeln Verborgenheit angespornet, die Tyrannen aufzuopfern, um andere von neuen an die Stelle der Erwürgten zu sezen.

In dem Maase, wie die Strafen grausamer werden, verhärten sich auch die Seelen, welche sich (gleich denen flüsigen Materien mit den Gegenständen die sie umgeben) mit der Grausamkeit der Geseze ins Gleichgewichte sezen, und die immer lebhafte Gewalt der Leidenschaften bringt es dahin, daß in einer Zeit von hundert Jahren das Rad nicht mehreres Schreken verursachet, als ehedem ein leibliches Gefängnis.

Es ist schon genug, um eine Strafe in ihrer Wirksamkeit zu erhalten, daß das aus der Strafe entstandene Uebel den Vortheil übertreffe, welcher das Verbrechen mit sich bringet, wenn man auch den Ueberschuß des Bösen über das Gute, die Gewißheit der Strafe und den Verlust der Vortheile, welche das Verbrechen würde verschaft haben, mit in Rechnung bringen wolte. Alles, was diese Grenzen überschreitet, ist überflüsig und eben deswegen tyrannisch *).

Die

---

x) So helfen denn, wegen der ziemlichen Hofnung, daß man nicht entdeket werden könne, die Todesstrafen wenig. Wenn ich in eine Lotterie lege, habe ich die elende Hofnung, daß, wenn ich zehenmal verloren, ich doch einmal etwas gewin=

§. XXVII. Von der Gelindigkeit

Die Menschen richten sich in ihrem Leben nach den oftmals wiederholten Wirkungen des Uebels, welches sie kennen; nicht aber nach Wirkungen dessen, so ihnen unbekant ist. Man stelle sich zwey Völker vor, bey einen derer die gröste Strafe eine immerwährende Knechtschaft, und bey den andern das Rad sey. Ich behaupte, daß diese beyden Strafen bey dem einen Volke eben so groses Schreken, wie bey den andern, erweken wird; und wenn sich hernach von Ungefähr eine besonders wichtige Ursache hervor thun solte, um die schärfere Strafe des mit Grausamkeit regierten Volkes zu vergrösern, so müste man bis zu den höchsten Quaalen hinaufsteigen und das Rad mit langsameren und ausgesuchtern Martern bereichern! Eine Verrichtung, welche selbst bey versteinerten Henkern Empfindsamkeit erregen würde.

Aus der Grausamkeit der Strafen entstehen noch zwo andere unglükliche Folgen, welche dem Endzweke der Strafen, welcher ist, den Verbrechen vorzubeugen, gerade entgegen stehen. Die erste ist, daß

gewinnen werde. Und doch wagen es viele. Hingegen der Dieb, und mit ihm jeder Verbrecher, legt in einen unendlich mehr vortheilhaften Glükstopf, wo er wegen Verborgenheit seiner That, zehenmal gewinnet, ehe er einmal durch die Strafe verlieret. Also schreken Strafen gar nicht? Vielleicht einige, nehmlich furchtsame Gemüther, die ohne dies nicht stehlen, und keine Monarchen von Throne stürzen. Diese geringe Anzahl gegen die Menge der Wagehälse, wie hoch ist sie zu rechnen?

daß das wesentliche Verhältnis zwischen dem Verbrechen und der Strafe nicht leicht bestimmet werden kan; denn obgleich eine sinreiche Grausamkeit eine ungeheure Manchfaltigkeit der Strafen für alle Gattungen von Verbrechen erdacht hat, so würde man doch jenseits dieses äusersten Punctes keine Strafen mehr finden, um noch gröfere Missethaten damit zu vergelten. Wäre man einmal zu diesen äusersten Grenzen aufgestiegen, so würde es unmöglich seyn, für schädlichere und grausamere Verbrechen eine erhöhtere und dem Maase des Verbrechens zukommende Strafe zu erfinden, welche erforderlich wäre diesem vorzubeugen. Die andere Folge ist, daß aus der Grausamkeit der Strafen eine Art der Ungestrafheit entstehet. Die Stärke der menschlichen Natur ist in Ansehung des Guten, wie des Bösen, in gewissen Schranken eingeschlossen. Ein Schauspiel, welches für die Menschlichkeit alzu auffallend und entsezlich ist, kan nicht anders, als für eine vorübergehende Wuth, aber nimmermehr für eine bestehende und dauerhafte Einrichtung (dergleichen die Geseze seyn sollen) angesehen werden. Kein die Schranken überschreitendes Geseze ist von langer Dauer *y*).

Wer

---

y) Weil die Geseze, so die Zauberey mit Feuer strafen, noch nicht aufgehoben, so müssen öfters die Urthelssprecher sich künstlich drehen und wenden, daß sie durch Zuerkennung sothaner Strafe nicht lächerlich werden. Also bey allen andern übertriebenen Strafen suchen Richter und Urthelssprecher,

§. XXVII. Von der Gelind. der Strafen.

Wer solte nicht bey solchen Mordgeschichten vor Schreken schaudern, wenn er findet, daß Männer, die sich den Namen der Weisen und Sanftmüthigen beygeleget, die Erfinder und Volzieher der schreklichsten Martern gewesen? Wessen Innerstes wird nicht auf das empfindlichste gerühret, wenn er Schaaren Unglükseeliger erbliket, welche von einem Elende, das die Geseze selbst theils veranlasset, theils gedultet, weil sie der Grosen schonen und nur den gemeinen Haufen mishandeln, sich in den ersten Stand der Natur zurük zu sezen aus Verzweiflung gezwungen werden, um sich denenjenigen Uebeln zu entziehen, die den grosen Haufen der Kleinen schädlich und nur wenigen vortheilhaft sind? O ihr Unglükliche, die ihr um unmöglicher, blos von Aberglauben und Unwissenheit erdachter Verbrechen willen, oder wohl gar blos deswegen, weil ihr euren eigenen Grundsäzen getreu gewesen, angeklaget und zu teufelischen Quaalen verdammet worden! Wer solte nicht erschreken, daß ganz unnöthige

sprecher, wenn sie nicht von aller menschlichen Vernunft entfernet, so viel Winkel, Mittel und Auswege, um die Härte des Gesezes zu umschiffen, daß gar nicht zu verwundern, wenn alzu hart verpönte Verbrechen öfters weniger bestraft werden, als solche, wo die Strafe dem Verbrechen nach Weisheit angemessen. Denn das Mitleiden ersinnet auf manchfaltige Weise allerley erzwungene Distinctionen, macht Zeugen verwerflich, die nicht verwerflich wären, und suchet, mit einem Worte, den Angeschuldigten zu helfen.

§. XXVIII. Von der Todesstrafe.

nöthige Martern von Leuten mit angesehen werden könten, denen die Natur ebenfals menschliche Empfindungen, und gleiche Leidenschaften gegeben? Aber es geschiehet. Unter vielen Vorbereitungen wurden bey langsamen Quaalen Rechtschaffene, die nichts verbrochen und niemanden beleidiget hatten, zur Augenweide eines fanatischen Pöbels zerfleischet z).

§. XXVIII.
Von der Todesstrafe.

Diese unnüze Verschwendung der Strafen, wodurch die Menschen gleichwohl niemals gebessert worden, noch das geringste gewonnen, hat mich veranlasset, die Untersuchung anzustellen, ob die Todesstrafe in einen wohl organisirten Staate in der That einen Nuzen habe, und ob sie auch gerecht sey? Worauf gründet sich denn das Recht, welches sich die Menschen anmaasen, ihres gleichen zu würgen? Gewis nicht auf das Recht, woraus die obriste Gewalt und die Geseze entspringen. Die Geseze

z) Es hat Richter gegeben, die mit Vergnügen Blut laufen sahen. Ein solcher war ehedem in Rom, der *Scopulus accusatorum* genennet wurde. Dergleichen war Jefrey in England, auch war in Frankreich ein Präsident, welchen man den Namen Kopfweg beylegte. Alle diese hatte die Natur nicht zu Obrigkeiten, sondern zu Henkern erschaffen. Franz. Commentar.

§. XXVIII. Von der Todesstrafe.

Geseze sind der Betrag der kleinsten Antheile von Freyheit, so jeder einzelner Mensch den andern aufgeopfert. Sie stellen den algemeinen Willen vor, und sind der Mittelpunct der gesamleten besondern Willen aller einzeln Mitglieder. Ist aber wohl ein einziger Mensch zu denken, der andern Menschen das Recht einräumen werde, ihm das Leben zu nehmen? Kan denn in den geringsten Theile der Aufopferung der Freyheit, welche ein jeder, um ruhig zu leben, hingegeben, die allergröste Aufopferung des grösten Gutes, nehmlich das Leben, mit begriffen seyn? Nein, das kan ich mir nicht vorstellen! Gesezt aber, es wäre dem also, wie verträgt sich denn dieser Grundsaz mit einem andern so gar fest geglaubten: daß der Mensch kein Recht habe sich selbst zu töden, oder, daß es ein anderer thue, zu veranstalten, welches er doch haben muß, wenn er es andern, oder der ganzen Gesellschaft, abtreten solte? Demnach ist die Lebensstrafe allenfalls Gewalt aber kein Recht, und kan auch, wie ich erwiesen habe, keines seyn; sondern sie ist ein Krieg, welchen das ganze Volk mit einen einzeln Bürger führet, dessen Vertilgung es für nüzlich oder nothwendig hält. Wenn ich aber erweise, daß die Hinrichtung eines Bürgers weder nüzlich noch nothwendig sey, so werde ich den Triumf zum Besten der Menschlichkeit davon tragen.

Nur zwo Ursachen können den Tod eines Bürgers rechtfertigen. Die erste ist, wenn er ungeachtet der Aufopferung seiner Freyheit, immer
noch)

§. XXVIII. Von der Todesstrafe. 133

noch so viel Zusammenhang mit Feinden oder auch andern Mitgliedern hat, und so viel Gewalt behält, daß auch die Sicherheit des Volkes dabey Gefahr laufe, besonders aber die Fortdauer seines Daseyns eine gefährliche Abänderung in der einmal festgesezten Regierungsform veranlassen könte. Nur alsdenn scheinet der Tod eines Bürgers nothwendig, wenn damit die Wiedererlangung, oder der Verlust der Freyheit eines Volkes verknüpft ist; oder wenn zur Zeit der Anarchie Unordnungen die Stelle der Geseze vertreten; allein unter der ruhigen Herschaft der Geseze, in einer Regimentsform, welche die vereinigten Wünsche des Volkes seynen; in einem Staate, der von ausen wohl verwahret, und von innen durch Macht und Meynungen, welche noch mehr als Gewalt sind, beschützt wird; wo der oberste Beherscher allein den Scepter führet; wo Reichthümer zwar Vergnügungen, aber kein Ansehen erkaufen können; da sehe ich keine Nothwendigkeit, das Daseyn eines Bürgers zu vernichten, ausgenommen wenn sein Tod das wahre und einzige Mittel wäre, andere von Verbrechen abzuhalten; und dieses ist der zweyte Fal, wo man die Todesstrafe für gerecht und nothwendig halten kan.

Solte uns aber, was das leztere betrift, so vieler Menschen Alter nicht satsam beweisen, daß die Todesstrafe entschlossenen Leuten nie hinderlich gewesen, der Geselschaft zu schaden; solte das Beyspiel der Römer, und die zwanzigjährige Regierung

J 3 der

§. XXVIII. Von der Todesstrafe.

der Kayserin Elisabeth nicht die gegentheilige Meynung widerlegen, welche den Vätern der Völker ein so glänzendes Beyspiel gegeben *); ein Beyspiel, welches

a) Ich weis nicht, wie die Grosen der Erden auf den Landstrasen, die sie selbst befahren, die Scheusale des Galgen, des Rades und der zerfleischten Gerippe ansehen können. Wahrlich ein schöner Puz eines Landes! Eine prächtige Zierde der Strase, auf deren bessere Pracht und Verschönerung die Römer so ungeheure Summen verwendeten, sie mit Bildsäulen von Erzt und Marmor zierten, mit Bäumen besezten. Wir puzen unsere Strasen mit Galgen und Rade. Schrekliche Denkmäler vormaliger Barbarey der Wenden und der Gothen. Ich würde sie alle an einem Tage wegbrechen und dafür Linden und Eichen sezen lassen, unter welchen ein gelehrter Tityrus bereinsten singen könte:

Magnus ab integro seclorum nascitur ordo.
Jam redit et Virgo, redeunt Saturnia regna.

Müsten ja die Missethäter von Vögeln gefressen werden, nun, so stelle man doch wenigstens diese Mahlzeiten etwas ins Dunkele. Aber die Blutrichter der vorigen Zeiten haben sie ans Helle gebracht, um mit der ihnen verliehenen Macht, einen die Menschheit entehrenden Prunk zu treiben. Gleichwohl aber, sprichst du, schreken sie doch ab, und sind vortrefliche Popanze. Dieser Einfalt des kindischen Alters muß ich lachen. Der arme Man hat zu der Zeit, da er den Galgen vorbey wandelt, noch nicht eben den Willen zu stehlen, und wenn er den Willen zu stehlen hat, so gehet er nicht just vor den Galgen vorbey. Und wenn dem auch so wäre, so merke man doch, was ich so vielmals erlebet und aus Acten erweislich machen kan, daß so gar bey der Execution, wenn der Dieb gehänget wird, selbst unter dem Galgen gestohlen wird.

§. XXVIII. Von der Todesstrafe.

welches den Werth vieler mit Blute der Landeskinder erkauften Siege weit übertrift. Solten nicht wenigstens diese Beyspiele, denen sonst die Menschen das gröste Gewicht und Ansehen beylegen, weil den meisten die Sprache der Vernunft unkentlich und gar verdächtig ist, zu ihrer Ueberzeugung, daß die Todesstrafen überflüsig, nicht hinlänglich seyn, so dürften sie nur die menschliche Natur darum befragen, und sie wird antworten, daß die Wahrheit, welche ich hier behaupte, auf festen Grunde ruhet.

Die Strafe macht nicht durch ihre Heftigkeit, sondern durch ihre Dauer, den stärksten Eindruk auf die menschlichen Gemüther, weil unsere Sinne leichter und anhaltender von wiederholten Eindrüken gerühret werden, als durch starke, aber schnel vorübergehende Bewegungen. Die Herschaft der Gewohnheit erstrekt sich überhaupt auf ein jedes sinliches Wesen, und eben so wie der Mensch sich gewöhnet hat zum Reden, zum Gehen und zur Erwerbung seiner Bedürfnisse, eben so werden auch die moralischen Begriffe nicht anders, als durch oft wiederholte Empfindungen, in das Gemüthe eingepräget. Der stärkste Zaum, den man also dem Verbrechen anlegen kan, ist nicht das schrekende aber übergängige Schauspiel des Todes, sondern die lebenswierige Beraubung der Freyheit eines Menschen, welcher gleichsam in ein Lastthier verwandelt, durch seine ermüdende Arbeit die von ihm verlezte Geselschaft entschädiget, und ein langwieriges

§. XXVIII. Von der Todesstrafe.

riges Beyspiel der Plage seinen Mitbürgern abgiebt. Die sehr oft durch solchen Anblik veranlassete, und eben deswegen sehr kräftig wirkende Rüksicht des Zuschauers in sich selbst, das ist, der immer vor den Augen der Seele schwebende Gedanke: Mir selbst wird dieses so lange und jämmerliche Elend widerfahren, wenn ich ähnliche Mishandlungen begehe, ist weit eindringender, als die Vorstellung des Todes, welchen die Menschen in einer gar zu dunkeln Entfernung sehen.

Die Todesstrafe bewirket doch mit allen ihren gewaltsamen Schreken nicht, daß man das Andenken der Hingerichteten nicht gar bald vergesse. Allgemeine Regel: Heftige Eindrüke überraschen und rühren, sind aber von kurzer Dauer. Sie dienen demnach zu nichts anderem, als solche Staats Veränderungen hervorzubringen, welche auf kurze Zeit dem gemeinen Man zu einen weichlichen Persianer oder harten Lacädemonier machen. Allein in einem ruhigen und bereits befestigten Staate müssen die Eindrüke mehr häufig, als stark seyn.

Die Todesstrafe ist für den grösten Theil der Zuschauer weiter nichts, als ein blutiger Aufzug, ein Menschenopfer, ein Schauspiel für Müßige und für Etliche die Veranlassung eines mit Unwillen vermischten Mitleidens. Diese beyden Leidenschaften beschäftigen den Zuschauer weit mehr, als daß sie ihnen das heilsame Schreken einjagen solten, welches die Geseze durch Lebensstrafen zu bewirken suchen.

§. XXVIII. Von der Todesstrafe.

suchen. Man denket nicht mehr daran, was der Missethäter gethan, sondern wie er jezo leidet.

Bey einer gemäsigten aber immerfort daurenden Strafe, sind der Abscheu und die Furcht die einzigen Regungen. Es scheinet, daß die Härte der Strafe weiter nichts, als Mitleiden errege, welches zu der Zeit alle andere Regungen in den Gemüthe der Zuschauer, (für welche doch die Todesstrafe mehr, als für den Verbrecher ersonnen,) überwieget. Es ist wie in einen Schauspiele. Der Rachgierige sieht die Schändlichkeit der Tyranney mit einiger Rührung an, und der Geiz lachet selbst über den vorgestellten Geizhals. Aber was ist es? Der Geizige kehret zu seinen Geldkasten zurük, und der Grausame fähret fort Waysen und Wittwen Thränen auszupressen.

Nur diejenige Strafe ist gerecht, welche einen solchen Grad der Schärfe hat, als hinlänglich ist, die Menschen von Verbrechen abzuhalten. Nun behaupte ich, daß es keinen Menschen giebt, welcher nach einiger Ueberlegung noch in Zweifel stehen könne, ob er seine gänzliche Freyheit auf immer verlieren, oder ein Verbrechen begehen wolle, welches ihm noch so grose und beträchtliche Vortheile hoffen läst. Folglich hat die Strafe, welche eine immerwährende Knechtschaft an die Stelle des Todes sezet, zureichende Schärfe, auch das frechste und entschlossenste Gemüthe von Missethaten abzuhalten. Ja ich behaupte, daß diese Absicht noch sicherer damit erreicht wird. Sehr viele Menschen sehen den Tod mit stillen und ruhigen Blike entgegen; einige aus schwärmerischer Begeisterung, andere aus Eitelkeit, welche den Menschen fast immer bis jenseit des Grabes begleitet; noch andere eilen zu ihrer Auflösung aus äuserster Verzweifelung, um ihren Elende und Quaalen ein Ende zu machen. Allein Begeisterung und Eitelkeit verlassen den Verbrecher, wenn er weiß, daß Ketten und Banden zeitlebens dauren. In einen eisernen Käfig eingezingelt vergeht es ihnen ihr unterjochtes Haupt empor zu heben, und die Verzweifelung endiget nicht das Leiden, sondern fängt erst recht an. Unsere Seele widerstehet den heftigen, aber bald vorübergehenden Schmerzen weit leichter, als den dauernden und immerwährenden Kümmernissen; weil in erstenn Falle unsere Seele sich gleichsam auf einen Augenblik zusammen nimt, um den Schmerzen Troz zu bieten; im zweyten Falle aber ihre elastische Kraft nicht hinreichend ist, langen und wiederholten Schmerzen Widerstand zu leisten.

Bey der Todesstrafe sezt jegliche Volstrekung ein neu begangenes Verbrechen voraus; da hingegen die Strafe der fortdaurenden Knechtschaft für ein einziges Verbrechen sehr viele und immer erscheinende Beyspiele giebt. Wenn es zur Behauptung des Ansehens der Geseze wichtig ist, den Menschen öftere Beyspiele von der Gewalt der Geseze vor Augen zu legen; so müssen die Todesstrafen immer sehr nahe auf einander folgen, denn sonst werden sie vergessen. Man muß daher häufige Verbrechen wünschen, wenn diese Strafe nüzlich seyn sol; das ist eben so viel gefordert, als sie solle zugleich nüzlich und auch zugleich unnüzlich seyn.

Man wird mir einwenden, eine ewige Sklaverey sey eben so schmerzhaft, und folglich eben so grausam, als der Tod. Ich gebe dieses zu, und behaupte so gar, daß, wenn man alle unglükliche Wirkungen der Knechtschaft zusammen rechnet, sie vieleicht noch schlimmer als der Tod ist, deswegen, weil sich jene auf die ganze Lebenszeit des Menschen erstreket; dieser aber seine Macht nur auf einen Augenblik äusert und verübet. Die Strafe der Sklaverey hat den Vortheil, daß sie dem, der sie siehet, weit schreklicher vorkomt, als sie den Leidenden wirklich schmerzet; ersterer betrachtet die ganze Summe der unglüklichen Augenblike, und lezterer kan wegen der Unseeligkeit der gegenwärtigen Augenblike an die zukünftigen nicht denken. Alle Uebel werden durch die Stärke der Einbildung vergrösert, und ein Leidender findet Linderungsmittel und Trostgründe, welche die Zuschauer weder einsehen noch glauben können, weil sie der stumpfen und abgehärteten Seele des Leidenden eben dieselbe Empfindlichkeit zutrauen, die sie selbst haben.

Die Kunst, sein eigenes Herz zu erforschen, ist freylich sehr schwer, und man lernet sie durch Lehren und gute Erziehung; allein wenn gleich Bösewichter

§. XXVIII. Von der Todesstrafe.

wichter von ihren Grundsäzen keine gelehrte Rechenschaft ablegen können, so denken sie im Grunde doch eben so, wie der Moralist. Demnach wird ein Räuber oder Mörder, dem kein ander Gegengewicht zur Volziehung der Missethaten, als der Galgen und das Rad, entgegen stehet, ohngefähr folgende Betrachtung bey sich anstellen und also schliesen: „Wie kan ich wohl die Geseze verehren,
„die mich in einen so weiten Abstand von einem
„Reichen sezen? Er schlägt mir eine geringe Bey=
„steuer ab, um welche ich ihn bitte, und verweist
„mich zur Arbeit, von welcher er selber nichts weis.
„Wer hat diese Geseze gegeben? Mächtige und
„Reiche, die nie einen Fus in die Hütte des Ar=
„men gesezet, niemals gesehen haben, wie er ein
„Stük verschimmeltes Brod unter seine hungrigen
„Kinder und ihre bedrängte Mutter austheilet.
„Lasset uns diese Banden zerreisen, welche den
„grösten Theil der Menschen fesseln; fühllose Ty=
„rannen aber in den Schoos des Ueberflusses ver=
„sezen. Lasset uns diese Ungerechtigkeit in inner=
„sten Grunde ihres Aufenthaltes angreifen. Ich
„wil mich in den Stand meiner natürlichen Unab=
„hängigkeit zurüksezen; dort wil ich frey und von
„den Früchten meiner Herzhaftigkeit, und meines
„Fleises leben, wenn es auch nur auf kurze Zeit
„seyn solte. Der Tag des Schmerzens und der
„Reue wird vielleicht kommen, aber diese Zeit wird
„von kurzer Dauer seyn, und eine Freyheit und
„Vergnügung vieler Jahre werden mir doch die
„Kümmer=

§. XXVIII. Von der Todesstrafe.

„Kümmernisse und die Angst eines einzigen Tages
„überstehen helfen. Als König und Anführer eini=
„ger, die mir an Entschlossenheit gleichen, wil ich
„das blinde Glük zurechtweisen, und diese Tyran=
„nen sollen bey dem Anblike desjenigen erblassen
„und zittern, welchen sie aus Uebermuthe und
„Stolze nicht einmal so gut als ihre Pferde und
„Hunde geachtet." An die Kette dieser Schlüsse
hänget der Bösewicht noch die Religion, welche
er misbrauchet und die ihm, weil er den rechten
Glauben hat, die Hofnung einer ewigen Glük=
seeligkeit zusichert, wodurch das Schrekliche des
Todengerüstes vollends verschwindet.

Wer aber siehet, daß er eine lange Reihe von
Jahren, oder wohl gar seine ganze Lebenszeit als
Galeeren Sklave, oder auf dem Festungsbaue oder
sonst dergleichen Knechtschaft zubringen sol, und
zwar im Angesicht seiner Mitbürger, mit denen er
als ein freyer Mensch in Geselschaft gelebet, nun
aber von eben den Gesezen, deren Schuz er ge=
nossen, zur Sklaverey verdammet würde; der stellet
einen Vergleich aller dieser Uebel mit dem unge=
wissen Ausgange seiner Verbrechen, und mit der
kurzen Dauer des Genusses der Früchte an, die er
aus seiner Missethat ziehen könte. Das immer=
währende Beyspiel derer, die wirkliche Opfer ihres
Leichtsinnes geworden, macht auf ihn einen viel
stärkern Eindruk, als der Anblik einer gar selten
vorfallenden Todesstrafe, welche mehr zu seiner Ver=
härtung, als zur Vermeidung des Bösen dienet.

Die

§. XXVIII. Von der Todesstrafe.

Die Todesstrafe ist ferner auch nicht nüzlich, weil sie der Gesellschaft ein Beyspiel der Grausamkeit giebt. Wenn unvermeidliche Kriege Menschenblut zu vergiesen gelehret haben, so solten die Geseze, welche Sanftmuth und Menschlichkeit einzuflösen trachten, die Beyspiele der Grausamkeit nicht noch mehr vervielfältigen; Beyspiele, welche desto betrübter sind, weil der gesezmäsige Tod mit Zurüstungen und vielen Gepränge volzogen wird.

Es scheint mir ungereimt, daß die Geseze, welche die Herolde des Willens eines ganzen Volkes sind, den Menschenmord, als das gröste Verbrechen bestrafen, selbst Menschenmord begehen, und so gar einen öfentlichen Todschlag anbefehlen, um die Bürger von Blutvergiesen abzuhalten. Welches sind wohl wahre und nüzliche Geseze? Diejenigen, welche solche Verträge und Bedingungen enthalten, welche alle Mitglieder der Gesellschaft zusammen, oder jeder für sich vorschlagen würde, und gehalten wissen möchte; diejenigen, wo das privat Interesse, dem man nur gar zu gerne Gehör giebt, entweder ganz schweiget, oder mit dem algemeinen Interesse in Verbindung stehet. Welches sind wohl die natürlichsten Gedanken der Menschen über die Todesstrafen? Gar leicht lassen sich diese aus den Widerwillen und der Verachtung abnehmen, womit jeglicher Mensch den Henker ansieht, der doch ein unschuldiger Volzieher des öfentlichen Willens, ein guter Bürger, der zum gemeinen Besten

§. XXVIII. Von der Todesſtrafe.

Beſten das Seinige beyträgt, welcher das nothwendige Werkzeug der innerlichen Sicherheit zur Zeit des Friedens iſt, ſo wie der ſtreitbare Soldat ſie wider die äuſere Gewalt vertheidiget. Woher entſpringet wohl dieſer Widerſpruch, und warum kan der Menſch dieſe ſchaudervolle Empfindung, aller vernünftigen Vorſtellungen ungeachtet, auf keine Weiſe ertragen? Weil die Menſchen in den geheimen Falten ihres Herzens, das iſt, in demjenigen Theile ihres Weſens, wo die urſprüngliche Geſtalt der alten Natur ſich noch mehr, als irgend anders wo, zu erhalten ſucht, von je her geglaubt haben, daß ihr Leben in keines einzigen Menſchen Gewalt ſtehe, ausgenommen, wenn die Nothwendigkeit, welche den ganzen Erdkreis mit ihren eiſernen Scepter regieret, den Donner ihrer Befehle erſchallen läſt.

Was müſſen Menſchen wohl denken, wenn ſie Obrigkeiten, die noch dazu ſich weiſe dünken, wenn ſie die heiligen Prieſter der Gerechtigkeit mit gelaſſener Gleichgültigkeit einen Verbrecher mit langſamen und feyerlichen Zurüſtungen zum Tode ſchleppen ſehen? Wenn indeſſen, da der Unglükliche, in der Erwartung des lezten Streiches, die heftigſten Verzukungen empfindet, der Richter mit kalten Blute und vielleicht mit geheimen Wohlgefallen an ſeiner Gewalt, die Gerichtsſtätte verläſt, und gleichſam, als wäre nichts geſchehen, den Süßigkeiten und Ergözungen des Lebens wieder zueilet.

Ach!

§. XXVIII. Von der Todesstrafe.

Ach! werden die Leute sagen, diese Geseze sind nichts, als ein Dekmantel der Macht; nichts als ausstudirte Feyerlichkeiten einer abendtheuerlichen Gerechtigkeit; sie sind nichts als eine geheime Verabredung der Grosen, um uns mit gröserer Sicherheit als Opferthiere einem untersätlichen Gözen, Herschsucht genant, auf ehrbare Art zu schlachten. Wir sehen ja, daß Menschen kaltblütig hingerichtet werden, obgleich der Mord als eine abscheuliche Missethat ausposaunet wird. Wohlan, lasset uns doch dieses Beyspiel zu Nuze machen: ein gewaltsamer Tod kam uns, den gemachten Beschreibungen nach, als ein erschreklicher Auftrit vor; allein wir sehen, daß dieses die Sache von einem einzigen Augenblike ist. Wie vielweniger wird dieser Augenblik demjenigen schreklich seyn, dem er nicht unvermuthet komt, der ihm beherzt entgegen gehet, und daher die Schmerzen der Furcht sich ersparet.

So sind die schädlichen Trugschlüsse beschaffen, welche sich Menschen in verwirten Begriffen darstellen; Menschen, die zu Missethaten geneigt sind, und bey welchen der Misbrauch der Religion mehr, als die Religion selbst vermag.

Wolte mir jemand das Beyspiel fast aller Zeiten und fast aller Völker, welche einige Verbrechen mit der Todesstrafe belegt haben, entgegen sezen; so antworte ich, daß die Wahrheit, welche durch keine Verjährung ihrer Rechte verlustig wird, dieses alles entkräfte und verscheuche. Die Geschichte

der

§. XXVIII. Von der Todesstrafe.

der Menschen stellet uns ein grenzenloses Meer vor, welches starke Geschwadere von Irthümern durchkreuzen; kaum daß hin und wieder etliche wenige nur halb bekante Wahrheiten, in weiten Entfernungen von einander, herum schwimmen. Fast alle Völker haben den Göttern anfänglich Menschen geopfert; aber wer wird diese Sache daher entschuldigen? vielmehr daß nur einige wenige Völker, und vielleicht nur auf kurze Zeit, sich der Todesstrafe enthalten haben, dieses dienet zu Bestärkung meiner Lehre; denn alle grose Wahrheiten haben ein für allemal das traurige Schikfal, daß sie im Vergleiche mit der langen und finstern Nacht, welche das menschliche Geschlecht umwölket, in Ansehung ihrer Dauer gleichsam nur ein übergehender Bliz sind. Noch ist jener glüklicher Zeitpunct nicht erschienen, wo die Wahrheit, wie bisher der Irthum, das Eigenthum der Meisten geworden sey; nur die Wahrheiten, welche die unendliche Weisheit durch Offenbarung hat absondern wollen, sind von diesen algemeinen Gesezen ausgenommen.

Die Stimme der Vernunft, ich empfinde es, ist viel zu schwach, als daß sie sich über das lermende Getöse so vieler Menschen, welche Sklaven der Vorurtheile einer blinden Gewohnheit sind, erheben könte. Allein die wenigen Weisen, welche in der Zerstreuung auf der Oberfläche der Erde leben, werden mich hören, und mir aus den Innersten ihres Herzens Beyfal zuwinken. Könte diese Wahr-

§. XXVIII. Von der Todesstrafe.

Wahrheit, welche durch so viel Hindernisse von dem Throne des Fürsten entfernt wird, bis dahin gelangen, so würden die stillen Wünsche aller Menschen sich zur Begleitung anhängen. Wisset, Monarchen, daß bey Annahme dieser Wahrheit, die blutige Herlichkeit der Eroberer in Nichts verfält, und daß die billige Nachwelt euch den ersten Plaz zwischen ihre Friedenspalmen eines Titus, Antoninus und Trajanus anweisen wird.

Glüklich wäre das menschliche Geschlecht, wenn es jezt erst Geseze überkäme; jezt, da wohlthätige Fürsten Tugend, Wissenschaften und Künste lieben; da Fürsten, welche Väter ihrer Völker und gekrönte Bürger sind, auf den europäischen Thronen glänzen; Fürsten, welche die Vermehrung ihrer Macht in dem Wachsthume der Glükseeligkeit ihrer Unterthanen suchen, indem sie der Herschsucht der Unterrichter Grenzen sezen, welche desto mehr sich brüstet, je ungewisser und kleiner sie ist. Nicht gerne aber lassen diese Mittelgötter die Wünsche der Sterblichen bis dahin gelangen; Wünsche, welche sich Erhörung versprechen können, so bald sie bis dahin auffsteigen dürfen. Geschieht es also, daß weise Regenten diese so mangelhafte Geseze noch fort dulten, so ist dieses keiner andern Ursache zuzuschreiben, als weil der Abschaffung von so langer Zeit fest eingerosteter und hochgepriesener Irthümer unendliche Hindernisse im Wege stehen; wenigstens muß jeder Bürger von aufgeklärten

Geiste

§. XXIX. Von dem Verhafte. 147

Geiste den inbrünstigen Wunsch äusern, daß um diesen Unheile abzuhelfen, die Macht solcher Fürsten, die sich nicht blindlings leiten lassen, sondern selbst denken, immer grösern Anwachs gewinnen und ihren Siegen alles weichen möge.

§. XXIX.
Von dem Verhafte.

Es ist ein eben so algemeiner, als dem Zweke des geselschaftlichen Lebens, welches auf persönliche Sicherheit hauptsächlich gebauet, widriger Irthum, wenn man einer Obrigkeit, (welche die Geseze der Sicherheit volziehen sol) die Gewalt einräumet, einen Bürger gefänglich einzuziehen, demjenigen, welchen sie hasset, kleiner Ursachen willen so fort der Freyheit zu berauben, einen andern aber, dem sie wohl wil, frey herum gehen zu lassen, troz den stärksten Anzeigen, daß er schuldig sey. Das Gefängnis ist ein Ungemach oder gar, wenn man wil, eine Strafe, welche darinnen von allen andern Strafen unterschieden, daß sie vor der gerichtlichen Erörterung des Verbrechens vorhergehet. Allein dieser Unterschied benimt ihr doch nicht das Wesentliche, so sie mit allen Arten von Strafen gemein hat, nehmlich, daß die Fälle, wo ein Mensch für strafwürdig zu achten, von Gesezen vorher bestimt seyn müssen. Die Geseze, sage ich, müssen die Anzeigen bestimmen, welche die gefängliche Einziehung des Angeschuldigten

§. XXIX. Von dem Verhafte.

nöthig machen *b*). Das öfentliche Gerüchte, welches einen Bürger anklaget, seine Flucht, sein aufergerichtliches Geständnis, die Aussage eines Mitbeschuldigten, Drohungen und eine bekante Feindschaft zwischen den Thäter und den Beleidigten, das corpus delicti, und andere dergleichen Anzeigen, sind allerdings hinlänglich, einen Bürger in Verhaft zu bringen. Allein diese Beweise müssen von den Gesezen, und nicht von des Richters Wilkühr, bestimt werden, dessen Aussprüche meistens mit der politischen Freyheit streiten. Noch eher könte man geringerer Anzeigen halber jemanden einziehen, wenn Noth und Hunger von den Gefängnisse entfernet, wenn die eisernen Thüren dem Mitleiden unverschlossen, und die steinernen Herzen der Gerichtsbedienten biegsamer und fühlbarer wären.

Ein Man, der eines Verbrechens angeschuldiget, hierüber gefänglich eingezogen, doch nachmals losgesprochen worden, solte keinen Flek der Schande und Unehrlichkeit mit sich davon tragen. Wie oft sind unter den Römern Bürger schwerer Verbrechen wegen angeklagt gewesen, welche nach erwiesener Unschuld von dem Volke hochgeachtet und zu obrigkeitlichen Würden erhoben worden? Warum ist

---

b) Diese Bestimmung der Geseze würde sehr mangelhaft seyn, weil die Fälle so mancherley und vielfältig. Nicht die Gröse des Verbrechens, sondern die Besorgnis der Flucht, macht die Haft nothwendig. Daher Angesessene vor Landstreichern einen gegründeten Vorzug haben.

§. XXIX. Von dem Verhafte.

ist aber das Schikfal eines unrechtmäsig Gefangenen in unsern Tagen so verschieden? Darum, weil die peinliche Rechtsgelahrheit auf einem Systeme beruhet, wo der Begrif von Gerechtigkeit durch die prahlerische Vorstellung von Macht und Gewalt, die der Richter gar zu gerne sehen läst, übermannet und verdränget wird; weil man die blos Angeklagten, nebst den völlig überwiesenen ohne Unterschied in einerley Kerker wirft; weil das Gefängnis mehr einer Strafe gleichet, als einem Mittel sich der Personen zu versichern *); weil die äuserliche Macht, welche den Thron und die Nation vertheidiget, von der innern Gewalt, welche für die Geseze wachet, getrennet ist, da sie doch beyde mit einander vereiniget seyn solten. Wäre dieses, so würde der Glanz, womit der stolze Aufzug eines militärischen Haufens schimmert, den Vorwurf der Schande, daß man unter der Stadtknechte Hände gewesen, verscheuchen, wie wir denn sehen, daß das militärische Gefängnis bey weiten nicht so sehr, als ein bürgerliches, entehret, weil in den Meynungen des Pöbels die Schande mehr der äuserlichen als

innerli=

---

*) Wo der Ehebruch nur mit Geldstrafe oder Gefängnis beleget wird, so würde der Amtman wieder das Einmal Eins verstosen, wenn er die Beschuldigten in Haft nehmen wolte. Sie laufen nicht davon. Und gesezt sie thäten es, so verwiesen sie sich auf solche Art selbst des Landes. Eine härtere Strafe, als ihnen das Urthel zugesprochen haben würde.

§. XXIX. Von dem Verhafte.

innerlichen Beschaffenheit, also mehr der Art und Weise, als der Sache selbst, anklebet. Wahrhaftig! unsere Gebräuche und unsere Sitten verrathen noch manche Spuren der Barbarey, und die Wildheit der nordlichen Räuber, unsrer Urväter, dauren noch fort. Man sieht es wohl ein. Aber die durch Weltweisheit nur nach und nach sich verbreitende Erleuchtung eines Volkes pfleget öfters ein Jahrhundert vor der wirklichen Verbesserung seiner elenden Geseze vorherzugehen *d*).

Einige haben behauptet, ein Verbrechen könne an jedem Orte, wo es verübet worden, bestraft werden; gleichsam als wenn Unterthan und Knecht gleichlautend, ja der erstere annoch geringer wäre; als

d) Welcher Gesezgeber Gefängnis zu einer Strafe macht, und Uebelthäter des Landes verweiset, ist kein guter Haushalter. Denn jeder Unterthan ist ein Schaz, und wer wird Schäze wegwerfen? Durch das Gefängnis werden Hände gefesselt, so arbeiten konten. Man rechne nach, wie viel der Gewin in Ganzen betrüge, wenn die Gefangenen arbeiteten, wozu sie aber nicht anzuhalten, weil dieses eine Strafe wäre, und auf solche Art das Gefängnis, (o abscheulicher Gedanke!) ein Zuchthaus werden würde. Auch bessert das Gefängnis niemanden, sondern die böse Gesellschaft verderbet ihn. Kaum ist der Dieb dem Kerker entronnen, so raubt er aufs neue. Durch den Kerker wird dem gemeinen Wesen mitlerweile ein Arbeiter, des Gefangenen Kindern ihr Ernährer entzogen, und durch die Bewachung die unschuldige Gemeinde beschweret. Richter, seyd weise hierinnen!

§. XXIX. Von dem Verhafte.

als wenn jemand unter einer Herschaft stehen, und an einen andern Orte wohnhaft seyn könte, und er wegen seiner Handlungen zween gebietenden Herren, und zweyen oft einander widersprechenden Gesezbüchern unterworfen seyn könte. Wiederum halten einige dafür, eine grausame That, welche z. E. in Constantinopel begangen worden, könne in Paris bestraft werden, weil derjenige, welcher die Menschlichkeit beleidiget, die ganze Menschlichkeit zum Feinde habe, solthemnach eine algemeine Verabscheuung verdiene. Gleichsam als wenn die Richter die innere Empfindung der Menschen, und nicht vielmehr die Verlezung der Verträge, welche die Menschen in jeglichen Staate besonders unter einander binden, rächen solte. Der Ort, wo die Missethat verübt worden, ist der Ort der Bestrafung. Nur da, und nirgends anders, ist man genöthiget, den Beleidiger wieder zu beleidigen, damit er davon abstehe. Ein Bösewicht, der die Verträge einer Geselschaft, wovon er kein Mitglied ist, gebrochen, muß wohl gefürchtet, und deswegen von der obersten Gewalt aus der Geselschaft ausgeschlossen und verbannet, aber nicht von den Gesezen förmlich bestraft werden. Die Obrigkeit muß Verträge schüzen, nicht aber die innerliche Bosheit der Handlungen rächen wollen.

Man pflegt geringere Verbrechen entweder mit Gefängnis oder mit der Landesverweisung zu bestrafen, damit dergleichen Bösewichter Nationen, welche

§. XXIX. Von dem Verhafte.

welche nicht beleidiget worden *), zur Last fallen. Nicht auf einmal, sondern stufenweise gelanget der Mensch zu jener Bosheit des Herzens, daß er Mord und Todschlag begehet. Daher wird die volzogene Strafe einer solchen Missethat von den übrigen Bürgern, als was Seltenes angesehen. Niemand glaubet, daß er dergleichen zu begehen fähig. Weit mehr Eindruk macht die öfentliche Strafe für geringere Verbrechen, weil sie für möglich geachtet wird, und zwar einen solchen Eindruk, daß sie uns von geringeren Vergehungen abhält, und noch weit mehr von schweren Verbrechen abschreket. Die Strafen müssen nicht allein unter sich selbst, sondern auch in Vergleichung des Verbrechens unter einander in richtigen Verhältnisse stehen.

Einige sprechen ein geringes Verbrechen von der Strafe frey, wenn es der beleidigte Theil verzeihet. So wohlthätig und der Menschlichkeit gemäs auch dieser Gedanke scheinet, so ist er doch nichts desto weniger dem gemeinen Besten zuwider. Kan denn wohl eine Privatperson die Nothwendigkeit des Beyspieles mit ihrer Erlassung eben so aufheben, wie sie sich von der Vergütung der zugefügten

---

e) Siehest du das angrenzende Land für eine Schwindgrube an, wo du deinen Unflath ableiten könnest, so bedenke, daß dieser Nachbar, wenn sein Gebiethe etwas gröser und auch bey ihm Landesverweisung in Brauche, er dich mit zehnmal mehr dergleichen beschütten könte.

§. XXX. Von dem gerichtl. Verfahren ꝛc.

fügten Verlezung lossagen kan? Das Recht zu strafen und Strafe zu erlassen komt nicht einzeln Mitgliedern, sondern der sämtlichen Geselschaft oder dem obersten Gebieter zu. Ein einzelner Bürger kan wohl seinen geringen Antheil dieses algemeinen Befugnisses entsagen, aber nicht den übrigen, nicht der Obrigkeit, sothanes Befugnis entziehen oder schmälern.

§. XXX.
Von dem gerichtlichen Verfahren und von der Verjährung.

Wenn das Verbrechen erwiesen, und die Gewisheit desselben auser Zweifel, so muß dem Angeschuldigten nothwendig so viel Zeit, daß er alle nur mögliche Mittel sich zu rechtfertigen herbey schaffen könne, gelassen werden. Allein diese Frist muß so kurz seyn, daß sie der geschwinden Volziehung der Strafe, die wir angerathen haben, keinen so gar grosen Abbruch thue.

Die Geseze müssen sowohl zur Vertheidigung des Beklagten, als zur Untersuchung der Beweise die Zeit bestimmen. Darf der Richter dieses thun, so wird er selbst Gesezgeber *f*). Bey schweren Misse-

---

f) Fürwahr! ein sonderbarer Einfal der Untersuchung eine gewisse Zeit zu bestimmen; als wenn nicht die Abhörung auswärtiger Zeugen, anzustellende Confrontationen der Mitschuldigen, Briefwechsel mit fremden Obrigkeiten, denen
man

§. XXX. Von dem gerichtlichen Verfahren

Missethaten, welche lange in dem Gedächtnisse der Menschen schweben, wenn sie einmal erwiesen, solte vielleicht eine Verjährung stat finden; aber bey geringeren, zumal noch unerwiesenen, Fehltritten ist es billig, daß der Bürger von der Ungewißheit seines Schiksals mit der Zeit befreyet werde. Der Grund dieses Unterschiedes ist dieser, weil die Dunkelheit, welche in leztern Falle die Verbrechen lange Zeit verhüllet, es verhindert, daß man es nicht als ein Beyspiel der Ungestrafheit anführen kan, und der Schuldige binnen dieser Zeit sich vermuthlich gebessert.

Ich begnüge mich hier, nur algemeine Grundsäze anzuzeigen. Denn wolte man genau bestimte Grenzen angeben, so müste man auf diese oder jene Verfassung der Länder und Geseze eine besondere Rüksicht nehmen. Nur wil ich noch hinzufügen, daß man, um sich von dem Nuzen gemäsigter Geseze zu überzeugen, die Zeit der Verjährung und der Beweise, nach der Gröse des Verbrechens, verlängern oder vermindern, also eine freywillige Verbannung,

man nicht anbefehlen kan mit ersten Posttage zu antworten, und die man vielmehr bittet, nach vorgegangener genauer Untersuchung von diesen oder jenen Umstande Nachricht zu geben, nebst hundert andern nicht voraus zu sehenden Umständen, wider alles Vermuthen die Untersuchung öfters verzögern. Ueberhaupt sind in diesen §. viele Dinge alzu träumerisch, daß nicht ein praktischer Rechtsgelehrter deren Unmöglichkeit ohne alles Erinnern einsehen solte.

und von der Verjährung.

hannung, oder das Gefängnis selbst zu einem Theile der Strafe machen könte, wodurch die Geseze eine leicht zu befolgende Progression einer kleinen Anzahl von gelinden Strafen, für eine grose Menge von Verbrechen an die Hand geben würden.

Allein diese zur Verjährung und zur Untersuchung angesezte Zeit muß nicht in ganz genauern Verhältnisse mit der Schwere der Verbrechen anwachsen, weil die Wahrscheinlichkeit eines Verbrechens in eben den Maase sich mindert und abnimt, je grausamer und widernatürlicher die That selbst ist. Demnach muß die zur Untersuchung der Beweise bestimte Zeit bisweilen verkürzet, die aber, welche die Verjährung erfordert, verlängert werden und wiederum bisweilen umgekehrt. Dies scheinet anfänglich dem, was ich oben gesagt, widersprechend zu seyn, indem ja auf solche Weise gleiche Strafen für ungleiche Verbrechen stat finden würden, wenn man die Zeit der Verjährung und der Gefangenschaft als eine Strafe mit in Rechnung bringen wil. Ich theile, um diesen Zweifel zu beantworten, die Verbrechen in zwo Classen. In der ersten stehen die schweren Verbrechen. Sie fangen vom Todschlage an und begreifen alle Missethaten, die diesen an Abscheulichkeit annoch übertreffen. In der zwoten Classe stehen die geringern. Dieser Unterschied ist in der Natur gegründet. Die Sicherheit des eignen Lebens gehöret unter die unverlezlichen Rechte der Natur, welche Got so gar die Thiere gelehret. Die Sicherheit

§. XXX. Von dem gerichtlichen Verfahren

heit seiner Güter ist ein Recht, welches allererst aus der bürgerlichen Gesellschaft entstanden. Die Bewegungsgründe, welche die Menschen antreiben, wider die Empfindung des Mitleidens zu handeln, welches man gleichwohl zur Begehung groser Missethaten erstiken muß, müssen weit stärker und heftiger seyn, als diejenigen, die uns antreiben können, zu Verbesserung unserer Umstände ein Recht zu verlezen, das den Menschen nicht ins Herz geschrieben, sondern blos in gesellschaftlichen Vertrage gegründet ist. Weil nun die Wahrscheinlichkeit bey diesen zwo Arten der Verbrechen so verschieden ist, so muß auch die gesezliche Vorschrift bey beyden verschieden seyn. Bey schweren Verbrechen, weil sie seltener sind, muß wegen gröserer Wahrscheinlichkeit der Unschuld, die Zeit der Verjährung verlängert, und die Zeit der Untersuchung abgekürzet werden; weil die Beschleunigung des Endurtheils, die schmeichelnde Hofnung der Ungestrafheit vernichtet, und die Gefahr, diesen Gedanken der Ungestrafheit zu hegen, desto gröser, je schwerer die Missethat. Ganz anders verhält sich die Sache bey geringern Vergehungen, weil bey selbigen die Wahrscheinlichkeit der Unschuld geringer ist, so muß man die Zeit der Untersuchung verlängern, und die Zeit der Verjährung abkürzen; weil kein sonderlicher Schaden zu befürchten, wenn gleich jemand ungestraft bleibet *g*).

Man

---

g) So sehr auch die Römer Gelindigkeit in Strafen liebten, so stellen sie doch in denen spätern Zeiten, wegen Vortheile

der

und von der Verjährung.

Man bemerke, daß, wenn gleich ein Beklagter aus Mangel der Beweise losgelassen worden, weil man weder seine Schuld noch Unschuld darthun können, er demohngeachtet eben derselbigen Anschuldigung halber wieder zur Verhaft gebracht und zu neuer Untersuchung gezogen werden kan, wenn sich neue Anzeigen hervorthun, so lange nehmlich die völlige Verjährung, welche seinem Verbrechen in denen Rechten gegönnet, nicht abgelaufen ist. Wenigstens halte ich dies für eine Mittelstraße, wodurch die Sicherheit der Republik auf der einem, und die Freyheit einzelner Bürger auf der andern Seite erhalten werden sol. Denn es geschiehet nur gar zu leicht, daß die eine auf Kosten der andern begünstiget wird. Sicherheit der Gesellschaft für Bösewichten

der Confiscation (ein gar zu artiger Gewin!) die Frist der Verjährung auf zwanzig Jahre. Der Geiz war der Grund davon. Mich deucht, niedere Verbrechen könten sämtlich in fünf Jahren, und die von höherer Art in zehn Jahren volkommen verjähret seyn. Was für einen Nuzen hat das gemeine Wesen davon, das Andenken einer Missethat zu erneuern, deren sich kein Mensch mehr erinnert? In peinlichen Fällen ist der Grund der Verjährung die Wahrscheinlichkeit, daß binnen dieser Zeit der Sünder sich gebessert haben werde, weil er in dieser Art zeithero nicht weiter gesündiget. Solten nicht fünf Jahre zu dieser Vermuthung hinreichend seyn? Es ist Gras darüber gewachsen. Man lasse es in seiner Dunkelheit verhüllet, und glaube mir aufs Wort, daß Got an Hängen und Köpfen keinen Wohlgefallen trage.

158 §. XXXI. Von einigen Verbrechen,

wichten und Freyheit einzelner Personen, sind zwey Stüke, welche das heilige und unverlezliche Erbtheil eines jeden Bürgers ausmachen. Beyde können leicht Gefahr laufen, das eine, weil es von einen verlarvten Despotismus, das andere, weil es von einer entpörenden Geselosigkeit des Pöbels gerne entrissen zu werden pfleget.

§. XXXI.
Von einigen Verbrechen, die schwer zu beweisen, als Ehebrüche, Kindermorde ꝛc.

Daß die Vernunft fast nie die Gesezgeberin der Völker gewesen, wird auch aus Folgenden erhellen, wenn die gemeine Leyer sagt, daß zum Beweise schwerer oder heimlicher Verbrechen, das ist, solcher, die an unwahrscheinlichsten sind, Muthmasungen, das ist, eine schwache und zweydeutige Dämmerung, hinlänglich seyn sollen. Gleichsam als wenn den Gesezen und dem Richter daran gelegen wäre, nicht die Wahrheit, sondern blos Gelegenheit der Strafe zu suchen; gleichsam als wenn es nicht um so viel schändlicher und abscheulicher wäre, einen Unschuldigen zu verdammen, je mehr wahrscheinlicher es ist, daß das zum vorausgesezte und schon gleichsam für wahr angenommene Verbrechen, nicht begangen sey. Den grösten Theile der Menschen fehlet es an Verstande, an Lebhaftigkeit, an Muthe, welche zur Ausübung groser Laster und groser Tugenden erforderlich. Ich halte
dafür,

dafür, daß grose Tugenden unter einem Volke nie, als unter grosen Lastern, angetroffen werden. Matte Leidenschaften eines schläfrigen Volkes sind sehr dienlich, die zeitherige Verfassung zu erhalten, nicht aber zu verbessern. Hieraus kan man die wichtige Folgerung ziehen, daß grose Verbrechen nicht allemal die Verschlimmerung eines Volkes beweisen.

Es giebt einige Verbrechen, welche in der Geselschaft sehr häufig vorkommen, und doch sehr schwer zu beweisen sind. Die Schwierigkeit des Beweises vertrit und befestiget die Wahrscheinlichkeit der Unschuld, und da der Vortheil, den das gemeine Wesen davon hat, daß diese Verbrechen ungestraft vorübergehen, um so viel geringer ist, je mehr die Menge dieser Verbrechen zum Theil aus verschiedenen Meynungen, wornach sie ein jeder beurtheilet oder gar für unschuldig hält, entstehet. Also muß die Zeit der Untersuchung, und die Frist der Verjährung nach obiger Regel gleichermaasen abnehmen.

Und ob nun gleich der Ehebruch, die Knabenliebe und andere dergleichen des Fleisches unordentliche Vermischung Uebertretungen sind, die schwerlich zu erweisen, so werden sie doch nach der angenommenen Meynung in die Reyhe derjenigen Verbrechen gestelt, wo ein Wütterich Scheinbeweise, Muthmasungen, Halbbeweise, (gerade als wenn ein Mensch halbunschuldig, oder halbschuldig, das ist, halbstrafwürdig, und halb lossprechenswerth

§. XXXI. Von einigen Verbrechen,

chenswerth seyn könte) zuläst, ja wohl gar die Folter nicht nur an der Person des Beklagten, sondern auch (o daß ich solchen Unsin erwehnen muß) an Zeugen, und so gar an den Hausgesinde ihre grausame Gewalt verüben darf. Denn so finden wir, daß es die Anleitung oder, recht zu sagen, die kaltblütige Dumheit einiger Rechtslehrer vorschreibe.

Der Ehebruch hat *h*), wenn man ihn politisch betrachtet, zwo Ursachen, nehmlich, die in diesen Puncte

h) Der Ehebruch ist nur alsdenn zu bestrafen, wenn der beleidigte Theil klaget, eben so wie der Richter einen tichtigen Verweis und Ersaz aller Unkosten auf sich ladet, wenn er den Sohn, welcher seinen Vater bestohlen, ohne daß lezterer es angiebt, vernehmen wil, weil er in häusliche Dinge sich nicht einmengen sol, und die ganze Familie dadurch einen Schandflek erhält, also der Unschuldige mehr als der Schuldige bestraft wird. Es ist in Ehebruche das nehmliche. Der beweibte Stephan, ein Häusler, seines Guthsherrens bester Unterthan, ein rechtschaffener, wohlthätiger, gefälliger Man, liebt seines Nachbars ledige Tochter. Das ganze Dorf weis es, nur nicht das Eheweib. Denn wer solte wohl so gotlos, so unbedachtsam seyn, ihr solches zu entdeken? Glaubte der Verräther, daß sie es schon wüste, so wäre er ein Bösewicht, wenn er eine schon bekränkte Frau durch Schraubereyen noch mehr bekränken wolte; glaubte er aber, sie wisse nichts, o! so müste in der ganzen Hölle kein solcher grundböser Geist erfunden werden, der durch dergleichen unnöthige Eröfnung eine in übrigen wohl stehende Ehe erschüttern und das bisher aus Unwissenheit glükliche Weib in tiefe Schwermuth

eines

die schwer zu beweisen, als Ehebrüche ꝛc.

Puncte so gar verschiedentliche Geseze der Menschen, und den sehr mächtigen Hang, welcher ein Geschlecht

eines bitren Leidens versenken und Saamen der Zwietracht aussäen wolte. Unterdessen ist die Sache dorfkundig, und der Pastor erzehlt es endlich dem Gerichtshalter mit Seufzen. Dieser stelt eine Untersuchung an und ist also dasjenige Geschöpfe, derjenige unseelige Man, der den zeitherigen Frieden der Ehe zernichtet, und nicht allein die Untreue zu des Weibes Wissenschaft, sondern auch zur völligen Ueberzeugung bringet. Sie und des Nachbars Tochter, so vorher gute Freundinnen waren, raufen sich nunmehro bey den Haaren, und die Kinder sehen mit gerichtlicher Gewisheit an ihren eignen Vater ein, vorher mit dem Schleyer der Ungewisheit umhültes, schändliches Beyspiel. Stephan wird unter Betrüger und Spizbuben in Kerker geworfen, und Frau und Kindern der Erhalter entzogen. Unterdessen vergiebt die unschuldige Gattin ihrem Manne den Fehltrit. Die Proceßkosten aber haben das Haus verzehret. Zur Belohnung ihrer Grosmuth und Liebe, die sie an ihren Gatten erwiesen, ergreift sie mit ihm den Pilgrimsstab in fremde Lande, und geht mit ihm und ihren Kindern betlen. Wie leicht ist es nicht, daß, wenn er siehet, wie die Geseze unter Schwachheit und Bosheit keinen Unterschied machen, daß er seine Ehre durch die Inquisition verlohren, daß er schon einmal wie ein Spizbube in Gerichten behandelt worden, er sich denselben beygeselle. Ehebruch wird nur alsdenn, wenn es der Gatte rüget, zum Verbrechen. Weisheit ist in Böhmers Worten, wenn er über den Carpzov *Pr. Cr. Q. 51.* also schreibet: Ubi innocentis partis magis interest ne domesticum malum manifestetur, non peccat judex, qui facti veritatem rigorose indagare negligit, et

Bett.   ℓ   delatio-

§. XXXI. Von einigen Verbrechen,

Geschlecht an das andere anziehet; ein Hang, eine anziehende Newtonische Kraft, welche in vielen Stüken der algemeinen Schwere gleichet, welche die ganze Natur in Bewegung hält. Denn sie vermindern sich beyde durch die Entfernung. Wir sehen, daß diese Neigung allen Bewegungen der Seele, so lange die Periode ihres Daseyns dauert, die Richtung gebe. Hingegen aber sind sie von einander darinnen unterschieden, daß die Schwerkraft sich mit den Hindernissen zulezt ins Gleichgewichte sezet, da hingegen die Leidenschaft der Liebe durch Hindernisse gröfere Stärke und Nachdruk erhält.

Hätte ich mit Völkern zu reden, denen das Licht der Religion annoch fehlte, so würde ich sagen, daß zwischen dieser Art von Verbrechen, und allen andern noch ein sehr merkwürdiger Unterschied sey. Fleischliche Verbrechen entstehen aus dem Misbrauche eines immerwährenden Bedürfnisses, welches der ganzen Natur gemein ist; eines Bedürfnisses, das eher,

delationes, maxime ubi obscuriores fuerint, potius dissimulat, ne concordantia matrimonia turbentur, ut jam LEYSER vidit *Spec*. 575. *Med*. 11. Hätte der Eheman, auf schändliche Weise, für Darleyhung seiner Frau Geld gewonnen oder es sonst willigst geschehen lassen, so hört es, weil niemand beleidiget wird, auf, Verbrechen zu seyn, und bleibet wegen Ueberbleibsel der alten Lehre, daß die Ehe ein Sacrament sey, blos Sünde. Der Saz ist richtig und unumstöslich, daß bey dem Ehebruche der unschuldige Theil mehr, als der schuldige, leiden müsse.

eher, als die Geselschaft gewesen, wozu es so gar den Grund geleget hat; da hingegen andere Verbrechen zu der Zerstörung der Geselschaften abzielen, und vielmehr von der Leidenschaft eines Augenblikes, als von natürlichen Bedürfnissen entspringen. Wer die Geschichte, die Natur und den Menschen kennet, ist gar leicht der Meynung, daß, ob zwar dieses Bedürfnis in einigen Ländern dringender, als in andern ist, jedoch aber sich dasselbe unter einerley Himmelsstriche in gleicher und beständiger Menge erhalte, wie es ursprünglich gewesen. Wäre dem also, so müssen die Geseze, welche, um gerade durch zu fahren, die Hauptsumme der Wirkungen dieser Leidenschaft verringern wollen, und die Thätigkeit solcher natürlichen Ausdehnungskraft und deren Atmosphäre in einen engern Raume drängen wollen, als unnüz, ja als schädlich angesehen werden. Dergleichen Geseze würden zu nichts anders helfen, als daß alles Verhältnis aufgehoben, und einen Volke nebst seinen eigenen Bedürfnissen, auch anderer Völker Bedürfnisse aufgebürdet würden. In dergleichen Fällen ist nur derjenige weise zu nennen, welcher, da er siehet, daß den Strom keine Dämme aufhalten würden, dessen Lauf durch Kunst in verschiedene Arme und dergestalt zu zertheilen weis, daß allenthalben sowohl der Dürre, als der Ueberschwemmung abgeholfen werde. Die eheliche Treue ist jederzeit gröser, je zahlreicher und leichter die Ehen sind. Wo aber angeerbte Vorurtheile und Hunger den Ehestand behindern, wo der

§. XXXI. Von einigen Verbrechen,

Eltern Gewalt die Heyrathen nach Belieben stiftet oder trennet, da zerreisen Liebeshändel heimlich die Bande, so sehr auch die Sittenlehrer darwider predigen, nehmlich die altägigen Sittenlehrer, welche sich lächerlicher Weise damit beschäftigen, daß sie auf die Wirkungen schmälen, denen Ursachen aber, weil sie solche nicht kennen, verzeihen. Allein alle diese Betrachtungen sind denen unnüze, welche in der wahren Religion leben, aus welcher sie erhabenere Bewegungsgründe schöpfen können, um die mächtigen Wirkungen der Natur zu verbessern, zu dämpfen und gänzlich zu unterdrüken.

Der Ehebruch ist ein augenbliklicher und geheimnisvoller Uebergang; ein Verbrechen, so sehr mit denjenigen Vorhange bedeket, den selbst die Geseze darüber gehänget, und mit so zweydeutigen Folgen begleitet, daß es dem Geseze leichter fält, demselben vorzubeugen, als es zu unterdrüken *). Algemeine Regel: Bey allen Verbrechen, die ihrer Natur nach öfters und nothwendig bestraft bleiben müssen, ist die Strafe ein neuer Reiz zum Verbrechen. Unsere Einbildungskraft ist so wundersam, daß sie von Hindernissen, wenn sie nur nicht unüber-

*) Eben so verhält es sich mit der Selbstbeflekung. Ob sie wohl eine sehr schädliche Unehrbarkeit ist, die man auszurotten wünschen möchte, so ist doch auf selbige eine Strafe zu sezen, thöricht, weil sie zu selten exequiret werden kan, also nicht abschrekt. Michaelis Vorrede zum 6sten Theile des Mosaischen Rechts.

die schwer zu beweisen, als Ehebrüche ꝛc.

unübersteiglich, noch mehr entflammet und dergestalt getäuschet wird, daß sie ihren Gegenstand in Riesenförmiger Schönheit erbliket. Die Seele hält sich in ihrer Vorstellung weit stärker an die angenehme Seite, wozu sie ihrer Natur nach geneigter ist, als an die unangenehme Seite, von welcher sie sich so viel als möglich entfernet.

Die Knabenliebe und andere unordentliche Vermischung des Fleisches, worauf die Geseze (wer solte es denken) das Feuer gesezt, und um deretwillen der Richter mit Freuden zur Marter eilet, nimt ihren Ursprung aus den Leidenschaften der sklavischen und in enge Geselschaft vereinigter Menschen k). Nicht sowohl aus der ekelhaften Sättigung

---

k) Sodomiterey ist Sünde, auser dem auch Unflath, Schmuz, Unanständigkeit, die Schande bringet, aber kein Verbrechen, weil es niemanden das Seinige entziehet, und nicht aus betrügerischen boshaften Herzen entspringet, noch die bürgerliche Geselschaft zerrüttet. Aber unser geistliches Recht hält solche, ja so gar eine Heyrath in verbothenen Grade, oder sonst ein fleischliches Verbrechen, (ich kan die Ursache gar nicht begreifen,) weit abscheulicher als Betrügerey und Diebstahl, ja wohl gar als Feueranlegen und Gift. Kan man sich nicht anders helfen, so giebt man der Uebertretung eine verhaste Benennung, mengt nach Gelegenheit das Wörtgen Blut mit unter, und opfert die Sache den Nahmen auf. So nent man die Selbstbeflekung höchst ungeschikt und albern eine Onanitische Missethat. Got tödtete den Onan nicht deswegen, weil er seinen Saamen auf die Erde fallen liese. Unter diesen

§. XXXI. Von einigen Verbrechen,

gung an gewöhnlichen Ergözlichkeiten, als vielmehr aus derjenigen fehlerhaften Erziehung, welche die Menschen, um sie andern nüzlich zu machen, sich selbst unnüze macht. In solchen Häusern, wo man eine feurige Jugend zusammen sperret, und ihr einen unübersteiglichen Damm wider den Umgang mit dem

geilen Volke war unstreitig die Selbstbeflekung so gewöhnlich, daß Got der Herr Judenseelen zu hundert tausenden hätte von den Erdboden wegraffen müssen. Nein, das war Onans Verbrechen nicht, weshalb er sterben muste, sondern sein Geiz, sein Bestreben nach seines verstorbenen Bruders Gute, dem er keine Nachkömlinge erweken wolte, wie er nach dem Geseze thun muste, also ein wahres Verbrechen. Aber dieses wird überschlagen, und man bleibt bey dem Schmuze stehen. Als ich vor mehr als zwanzig Jahren in die Rechtsstühle aufgenommen zu werden die Ehre hatte, zerbrachen sich die ältern Herren Collegen noch sehr die Köpfe, ob, wenn in Acten dieses Laster vorkam, man diesen sogenanten Onaniten nicht verbrennen wolte? Der Unflätige ist eine verächtliche Person, aber kein Verbrecher, kein Beleidiger seines Nächstens. Wenn ein lediger Christ bey einer ledigen Ungläubigen oder auch Jüdin schläfet, oder umgekehrt, so sol es mit Steupenschlägen geahndet werden. Wir wollen die Gründe der alten Criminalisten hören, an deren Gottesfurcht wohl nichts auszusezen seyn dürfte: Es ist nicht fein, sagt Christus, daß man den Kindern das Brod nehme, und werfe es für die Hunde. Wen verstehet er hier unter den Hunden? Die Heiden. Also, welche Christin sich mit einen Heyden oder Türken vermischet, schläft bey einem Hunde. Dieses ist Sodomiterey. Ergo.

dem andern Geschlechte vorbauet, dergestalt, daß die Natur, die sich eben entwikelt, ihre Kräfte auf eine unnüze Weise verschleudert und das Alter sich über den Hals ziehet.

Der Kindermord ist gleichfals eine Wirkung der schreklichsten Umstände, in welchen sich eine Person befindet, welche entweder der Verführung nachgegeben, oder mit Gewalt geschwächt worden. Da sie gezwungen ist, zwischen ihrer Schande und dem Tode eines Geschöpfes, das den Verlust des Lebens zu fühlen noch unfähig ist, Wahl zu treffen; wie solte sie nicht den leztern wählen, um ihre eigene und ihres unglüflichen Kindes Schande zu verbergen? Das beste Mittel, diesem Verbrechen vorzubeugen, würde vieleicht darinnen bestehen, daß man die Schwachheit mit mächtigen Gesezen, gegen eine gewisse Art der Tyranney mächtig schüzte, die alle Laster vergrösert, welche man nicht mit dem Mantel der Tugend scheinbar verhüllen kan. Meine Absicht ist in geringsten nicht, hierdurch den gerechten Abscheu zu vermindern, den dieses Verbrechen verdienet, sondern ich verlange ihre Quellen anzuzeigen, und glaube berechtiget zu seyn, die algemeine Folgerung heraus zu ziehen, welche diese ist, daß grausame Strafen nicht eher gerecht (oder welches einerley) nothwendig genennet werden können, als bis die Geseze alle Mittel angewendet, welche nach der besondern Beschaffenheit einer Nation die tauglichsten, das Verbrechen

§. XXXI. Von einigen Verbrechen, die ꝛc. zu verhüten, und die Quellen des Uebels zu verstopfen *).

§. XXXII.

*) Findelhäuser sind freylich das beste Mittel, dem Kindermorde vorzubeugen, aber der Mangel am Gelde solche anzulegen, verwandelt diesen Rath in einen blosen Wunsch. Wie aber, wenn man jeder Geschwächeten erlaubte, ihre Kinder ungestraft und ohne Vorwurf wohl verwahrt an Orte auszusezen, wo die Leute hin und wieder gehen? Dann müsten die also ausgesezten Kinder aus der Armen Casse, oder wo es diese nicht vermag, von der Obrigkeit ernähret werden. Solten wohl auf ein Dorf jährlich mehr als zwey Findlinge kommen? Solte es zu hart seyn, wenn jede ledige Person, so bald sie manbar, alle viertel Jahre einen Gröschen Findelgelder erlegte? Wie viel geht nicht dem Staate junger Anflug dadurch verlohren, daß fromme Obrigkeiten die fleischlichen Verbrechen auf Anstiften und Anfrischen der Ausleger eines fremden, längst abgeschaften, uns gar nichts angehenden Rechtes auser der Maasen hart bestrafen und verfolgen. Hier aber höre ich den gütigsten Landesvater rufen: Wie? sagt er, fast in der Sprache eines Beleidigten, wie? bey einem Vortheile, der hauptsächlich mir zum Besten gereichet, solte ich die Last der Auferziehung meiner künftigen Soldaten denen Obrigkeiten und Armen Cassen aufbürden? Solte ich nicht wenigstens dabey etwas thun? Ich wil demjenigen, der das Kind erziehen wil, jährlich aus öfentlichen Einkünften etwas reichen lassen, so lange bis es sein Brod selbst zu verdienen im Stande; dieser Pfleger sol auser dem das Recht der väterlichen Gewalt erlangen, und des Kindes Mutter, wenn sie entdeket wird, oder sich selbst entdeket, beerben, u. s. w. Ein flatterndes Heer von vielen tausend Seelen, die ich meinen Leser hier in einem weiten Perspective

§. XXXII. Vom Selbstmorde.

Der Selbstmord ist eine That, welche, wie mich dünket, nicht mit einer eigentlich so genanten Strafe zu belegen, weil sie nur auf einen kalten und leblosen Leichnam oder auf Unschuldige fallen kan *m*). Im ersten Falle macht sie keinen Eindruk auf

spective als errettet in der Ferne zeige, solten ihn ermuntern, diesen meinen rohen Gedanken, den ich hier nur flüchtig entworfen habe, weiter nachzudenken, und scheinet mir diese Sache würdig, daß sie zu einer Preisschrift ausgestellet werde.

m) Der berühmte *du Verger de Hauranne,* Abt von St. Cyran, hat, ein Büchelchen von Selbstmorde um das Jahr 1609. zu Paris druken lassen, welches unter die seltensten Bücher gehöret, und in der Bibliothek des Königs von Frankreich befindlich seyn sol. Darinnen sagt dieser heilige Man: Wenn es Fälle giebt, wo man ungestraft seinen Nächsten töden kan, so muß es auch wohl Fälle geben, wo es erlaubt ist, sich selbst zu töden. Man sagt, es sey rühmlich, seinen Fürsten zu Liebe sich in den Tod zu geben, für Eltern, für das Vaterland zu sterben. Wie? also auch nicht um sein Selbst willen? Wir sind uns näher als Eltern und Vaterland. Aber man bestraft es. Wen denn? Des Entleibten Sohn, weil er seinen Vater verloren hat, und die Wittwe wegen schmerzlichen Verlustes ihres Mannes. Das macht der unüberlegte Eifer der Geistlichen, welche wohl gar von der

Kanzel

§. XXXII. Vom Selbstmorde.

auf die Lebenden, weil sie wohl wissen, daß der
Todte dabey eben so viel empfindet, als wenn man
eine Bildsäule peitschen wolte. Im andern Falle
ist sie ungerecht und tyrannisch, weil es schlechterdings zur politischen Freyheit und Sicherheit gehöret, daß die Strafen nur an der Person volzogen werden, die gesündiget hat. Wir Menschen lieben das Leben ungemein, alles was uns
umgiebt fesselt uns daran, und bestärkt uns in dieser Liebe. Das reizende Schattenbild des künftig
noch zu geniesenden Vergnügens, selbst das schöne
Tageslicht, und die Hofnung, dieser so süße Irthum, um derentwillen wir den mit wenig Tropfen
Gutes vermischten Gallentrank des Uebels in starken Zügen trinken, loket uns zu zauberisch an sich,
als daß man befürchten könte, es werde die Unge-
straftheit Anlas geben, dieses Verbrechen gemein
zu machen *). Wer sich vor Schmerzen fürchtet,
fürchtet sich allenfals auch vor dem Strafgeseze;
aber der Selbstmörder fürchtet sich nicht für Schmerzen,

Kanzel sich nicht entblöden gotteslästerlich zu behaupten, Judas habe nicht so sehr gesündiget, daß
er den Herren verrathen, als daß er sich erhänget
habe. Dergleichen übertriebene Reden können die
traurigsten Folgen haben. Französ. Commentar.

*) Je stärkere Gründe derjenige, dem man ein Gesez
giebt, schon vorhin hätte, desto geringer kan die
Strafe seyn oder ganz wegfallen. Michaelis Vorrede
zum 6sten Theile des Mosaischen Rechts.

§. XXXII. *Vom Selbſtmorde.*

zen, das ſieht man, nach dem Tode aber hört alle Empfindung auf. Was ſol alſo die verzweiflungsvolle Hand des Selbſtmörders abhalten?

Derjenige, welcher ſich ums Leben bringet, fügt der Geſelſchaft einen weit geringern Schaden zu, als der, welcher das Land verläſt. Jener läſt ſein ganzes Gut und Hab zurük; dieſer aber nimt ſeine Güter mit ſich. Ja, was noch mehr: Da die Stärke eines Staates auf die Anzahl ſeiner Bürger beruhet, ſo verurſachet derjenige, der ſich der Geſelſchaft entziehet, um ſich einem andern Volke beyzuſellen, einen doppelt gröſern Schaden, als derjenige, welcher ſterbend ſeine Mitbürger verläſt. Die ganze Frage läuft alſo dahin aus, ob es der Nation ſchädlich oder nüzlich ſey, einem jeglichen Mitgliede die Freyheit zu geſtatten, das Land zu verlaſſen °)?

Ein

°) Nachdem ich vorhero andere reden laſſen, ſo wil ich nunmehro meine Gedanken ſelbſt vortragen, wo ich dieſer Sünde gar nicht das Wort reden wil, indem ich ſelbſt, ſo wie alle andere Menſchen, die den Gebrauch ihrer Sinne haben, dagegen einen natürlichen Abſcheu trage. Die ſich ſelbſt zu tödten die Herzhaftigkeit beſizen, werden von Dichtern und Geſchichtſchreibern bewundert, weil ſie groß zu ſeyn ſcheinen. Mir aber ſcheinen ſie klein. Jeder Selbſtmord iſt Verzweifelung, dieſe aber nicht das Merkmal einer groſen Seele, ſondern eine Wirkung unbändiger Leidenſchaften. Die Selbſtmörder beſizen nicht gnugſame Gröſe der Seele, den Druk ihres Unglüks zu ertragen. Cato

erſticht

§. XXXII. Vom Selbstmorde.

Ein Gesez, welches aus Mangel der Macht nicht mit Nachdruke volzogen werden kan, oder welches

erstickt sich, warum? daß ich so reden möge, um eine Erbse. Er war unleidlich, einen Beherscher über sich zu sehen, welches eine Ratte ist, die gar vielen in Kopfe herumläuft, kaum einer Erbse werth. Das Wort Freyheit, eine klingende Schelle, hatte seine Vernunft übertäubet. Man lobt einen Capitain, der, ehe er das Schif dem Feinde übergiebt, Feuer in die Pulverkammer legt, und sich nebst allen in die Luft sprenget. Ist das kein Selbstmord? Die Trauerspiele sind mir unausstehlich, wo der Held, um Bewunderung und Thränen des Mitleidens zu erweken, sich mit dem Dolche würget, oder ein Weib, zu Bewahrung ihrer Keuschheit, den Giftbecher trinket. Blutige Römer mögen dieses ihren Jahrbüchern einverleiben, aber nicht der sanftmüthige, der dultende Christ. Nur izolte ich wünschen, daß die altäglichen Moralisten sich nicht solcher Widerlegungen bedienten, deren Ungrund jedweden so gar sinlich in die Augen fält. Ich darf, sagen sie, mir nicht das Leben nehmen, denn ich habe mir es nicht gegeben. Wohlklingend! Aber Nägel und Haare habe ich mir auch nicht gegeben, also darf ich sie nicht abschneiden? Das vom Vater ererbte Haus habe ich mir auch nicht gegeben, also darf ich es nicht verkaufen. So gar den Fuß lasse ich ablösen, wenn er beschwerlich. Auch die Obrigkeit hat dem zum Tode verurtheilten Missethäter das Leben nicht gegeben, und doch nimt sie es. Ueber diese falsche Gedanken vergißt man das Wahre. Mich wundert, daß besonders die Geistlichen, wenn ein solcher Fal geschieht, die Sache so gar sehr übertreiben, da doch Got in Mosaischen Geseze, in welchen von Blute so viel und so seltne Fälle abgehandelt

wer=

§. XXXII. Vom Selbstmorde.

welches gewisser unmöglicher Umstände halber alle Kraft verlieret, solte der Gesezgeber (denn es gereicht werden, des Selbstmordes gar nicht gedenket, ob er schon unter den Juden gar gewöhnlich und eingerissen war. Also war er erlaubt. Denn ohne Strafgeseze, wie könte man strafen? Es mag die That allenfals Sünde seyn, nur kan ich, nach dem gegebenen deutlichen Merkmale eines politischen Verbrechens, es für ein solches nicht erkennen! Und wie ist die Untersuchung beschaffen? wer ist der Ankläger? wer sind die Zeugen? wo seine Schuzschrift? Etwa ein feindseeliger Nachbar spricht, der Entleibte habe immer bedenkliche Reden geführt; der Pfarherr trit auf und sagt, er habe alle zwey Jahre nur fünfmal den Tisch des Herren besuchet, da es sich doch aller sechs Wochen geziemet hätte; der Gerichtshalter erstattet einen abscheulichen Bericht, weil der Entleibte ihn bey der Regierung angegeben, daß er wegen unmäsiger Sporteln ihm sein Gut angeschlagen. Alles dieses geschiehet, weil die Sache keinen Verzug leidet, in einen Augenblike. Keine Zergliederung, keine Untersuchung, wie seine Säfte beschaffen gewesen, kein Arzt besichtiget sein Gehirne, keiner den Magen. Gleichwohl erschallet der Ausspruch: Auf den Schindanger! Abscheuliches Wort, wofür der Menschlichkeit schaudert. Der Ausspruch ist da, daß seine Familie, dieses Begräbnisses halber, geschändet seyn solle bis in das dritte und vierte Glied. Ich könte hier: Die Leiden des jungen Werthers erwähnen, deren bundschäftigtes Schiksal die Geschichte der Gelahrheit zum lustigen Vergnügen der Nachwelt aufbehalten wird. Alle Welt hat dieses Buch gelesen, aber sich noch niemand erschossen. Ueberhaupt sind leichte Gemüther zu diesen Entschlusse selten auferleget, sondern ich habe aus einer Menge Acten zu bemerken gehabt,

daß

§. XXXII. Vom Selbstmorde.

reicht ihm zu keiner Ehre) sich hüten öfentlich kund zu thun. Man gehorchet gern den Gesezen, wo man Verstand innen findet, aber der offenbaren Gewalt widerstehet man. Unnüze, also verachtete Geseze theilen hernach auch den heilsamsten den Gift der Verachtung mit. Man siehet selbige mehr als Hindernisse an, die man aus dem Wege schaffen müsse, als daß man sie für Beyträge zur algemeinen Glükseeligkeit halten solte. Ja, was noch mehr, da unsere Empfindungen eingeschränkt sind, so werden die Menschen, wenn ein strenges Zepter gegen unnüze Geseze ihre Hochachtung erzwingen wil, desto weniger Ehrerbietung gegen die wirklich heilsamen haben.

Aus diesen kan ein weiser Vorsteher der öfentlichen Glükseeligkeit einige nüzliche Folgen ziehen, bey deren Erörterung ich mich nicht aufhalten wil, damit ich mich nicht alzu weit von meinen Endzweke entferne, nehmlich: **daß man aus einen Staate kein Gefängniß machen müsse, welches ohne dies vergeblich.** Denn wo nicht unzugängliche Klippen, oder ein unschifbares Meer, das Land von

---

daß meist schwermüthige Seelen und gar fromme Gemüther, bey denen man meist das Gesangbuch aufgeschlagen und schöne Sprüche aus dem götlichen Worte auf den Tisch geschrieben angetroffen, weil sie furchtsam, die Raserey begehen. Leute, die alles in der Bibelsprache redeten und, welches die höchste Gnade der Erleuchtung, mit den Geistern Umgang hatten, sieht man dahin fallen.

§. XXXII. Vom Selbstmorde.

von allen andern abgesondert, so ist es unmöglich, alle Puncte des Umkreises eines Landes zu verschliesen, und wer wil die Hüter selbst hüten? Wenn 99 entwichen, so würde man etwa den Hundersten ertappen, und kan man leicht denken, was ein solches Gesez für Kraft haben müsse. Hat der Entwichene alles mit sich weggenommen, so kan er ja nicht mehr gestraft werden. Man kan ja die Entweichung nicht eher bestrafen, als bis sie bereits begangen und er auser unsern Händen ist, und wolte man es bestrafen, bevor es begangen wird, so hiese dieses die Absicht bestrafen. Einen Flüchtling an seinen hinterlassenen Vermögen zu bestrafen, ist sehr schwer, weil er dieser Strafe durch ein heimliches Verständniß mit andern, und durch Niederlegung in treue Hände, (welches ohne den ursprünglichen Verträgen Gewalt anzuthun nicht zu untersagen ist) leicht zu entgehen, besonders aber würde dergleichen Gesez das wechselseitige Gewerbe eines Volkes mit dem andern hemmen. Wolte man den Schuldigen nach seiner Rükkunft strafen, so wäre dieses eben so viel, als gefliesentlich die Zurükkehrung eines verlornen Bürgers unmöglich machen, und die Abwesenden mit Verschliesung der Thore zu einen immerwährenden Ausenbleiben zu nöthigen. Das Verboth selbst, nicht auser Land zu gehen, macht die Ingebohrnen nur noch lüsterner, ihr Vaterland zu verlassen, und dienet Ausländern zur Warnung, sich nicht darinnen niederzulassen.

Was

§. XXXII. Vom Selbstmorde.

Was sol man von einer Regierung denken, die auser der Furcht und Strafe kein anders Mittel hat, die Menschen im Schoose ihres Vaterlandes zu erhalten, an welches sie doch bereits ohnehin durch einen selbst eignen Hang von erster Kindheit an, durch die Natur, gleichsam gefesselt sind? Die sicherste Art, Bürger in Vaterlande zu erhalten, ist die Quelle der Nahrung und Freyheit zu verstärken, damit ein jeglicher seinen Theil dieses wohlthätigen Ausflusses geniese. Wie ein jeder Staat sich Mühe giebt, das Uebergewichte der Handlung auf seine Seite zu lenken, so ist es auch für das Wohl des Monarchen überaus wichtig, dafür zu sorgen, daß die bürgerliche Glükseeligkeit in diesen ihrem Lande gröser, als bey andern Völkern seyn möge. Diese blühenden Umstände bestehen nicht hauptsächlich in den Ergözlichkeiten, so Pracht und äuserlicher Schimmer gewähren, obgleich der Aufwand ein nothwendiges Mittel ist, die Ungleichheit unter den Bürgern unkentlich zu machen, und welcher mit den Anwachse der Geselschaft zunimt, ja ohne welchen alle Reichthümer in eine einzige Hand zusammen fallen würden. Wenn die Grenzen eines Landes in gröserem Maase erweitert werden, als die sich mindernde Bevölkerung desselben zuläst, so wird der Aufenthalt in einen solchen Lande denen Armen unangenehm, und der Reiche erhält über selbige immermehr die Oberherschaft, wegen des Aufwandes, von welcher die Armen lediglich leben; auch reiset eine gleichgültige Faulheit ein, weil der

Fleis

§. XXXII. Vom Selbstmorde.

Fleis der Menschen desto geringer ist, je zerstreuter sie leben. Je geringer aber der Fleis, desto gröser ist die Abhängigkeit der Armen von der Pracht der Grosen. Die Vereinigung der Unterdrükten wider die Unterdrüker ist alsdenn schwerer, und für die leztern weniger fürchterlich. Kränkende Vorzüge, verschwenderische Ehrerbietung, kriechender Gehorsam, machen den Abstand des Mächtigen und Reichen von dem Schwachen alsdenn viel merklicher. Der Grose kan solche Ehrerbietung von einer geringern Anzahl Menschen leichter, als von einen grosen Haufen erhalten. Je mehr Menschen enge beysammen leben, desto unabhängiger und freyer leben sie. Also wenn die Bevölkerung mit den erweiterten Grenzen eines Staates zugleich anwächst, so wird die verschwenderische Pracht gleichsam eine Schuzmauer und ein Damm wider die unumschränkte Gewalt der Grosen, weil sie den Fleis der Menschen ermuntert. Man bemerket daher, daß in weitläuftigen, schwachen und entvölkerten Staaten eine ausschweifende Pracht mehr, als ausschweifende Ergözlichkeit herschet, es müsten denn solches andere Nebenumstände verhindern. Allein in Staaten, die mehr volkreich, als weitläuftig sind, vermindern ausschweifende Ergözlichkeiten der Mehrern beständig die ausschweifende Pracht einiger Wenigen, und wird eine bequeme Lebensart höher, als äuserlicher Vorzug, geschäzet. Die Verschwendung der Grosen hat dieses Unbequeme bey sich, daß, ob sie zwar eine

Becc. M Anzahl

Anzahl Menschen ernähret, dennoch das Reizende davon nur wenige geniesen, also der gröste Haufe sein Elend fühlet. Ein Gefühl, welches nicht sowohl von der Wirklichkeit ihrer Uebel, als von der Vergleichung herrühret, die sie mit Glüklichern, als sie sind, anstellen. Mir gefält also diejenige Glükseeligkeit eines Landes weit besser, welche Sicherheit und Freyheit zur Hauptquelle hat; sie ist dauerhafter, und selbst die Ergözlichkeiten der Pracht würden der Bevölkerung ungemein zu statten kommen, und nicht, wie in jenen Falle, muthlose Unterwürfigkeit und Sklaverey hervorbringen. Gleichwie aus Liebe zur Freyheit, die edelmüthigsten Thiere und die Bewohner der Luft in Einöden und einsamen Wäldern wohnen, gleichwie selbige die fruchtbaren und lachenden Fluren, wo der Mensch, ihr Feind, ihnen allenthalben Neze stellet, fliehen; eben so meiden die Menschen so gar das Vergnügen, das ihnen die Hand eines Tyrannen darbeut. Schaffet den Unterthanen Sicherheit und Freyheit durch Sanftmuth der Geseze, so braucht es keines Verbothes wider die Auswanderung.

Wenn demnach zeithero erwiesen worden ist, daß ein Gesez, welches die Unterthanen in ihren Lande eingekerkert hält, sowohl unnüze als ungerecht und für den Fürsten schimflich sey; so muß man von einem Geseze, welches den Selbstmord bestrafet, ein gleiches Urtheil fällen. Ist die That eine Versündigung an Got, so wird dieser sie bestrafen, weil er der einige ist, der auch nach dem Tode

§. XXXII. Vom Selbstmorde.

Tode strafen kan; aber ein Verbrechen gegen die Mitbürger ist der Selbstmord nicht, und etwas grausames, daß die Strafe, anstat den Missethäter selbst zu treffen, ganz auf seine unschuldige Familie fält. Wolte jemand hierwider einwenden, daß dergleichen Strafe gleichwohl einen Menschen, der sich zu töden entschlossen wäre, abhalten könne; so gebe ich zu überlegen, ob derjenige, welcher seinem kostbarsten Schaze, dem Leben, kaltblütig entsaget; dem sein Daseyn hienieden dergestalt zum Ueberdrusse worden, daß er eine unseelige Ewigkeit und das höllische Feuer nicht achtet; ob, sage ich, einem solchen das entfernte Elend seiner Kinder oder Verwanden zu Herzen gehen werde? *p*)

§. XXXIII.

---

p) Ich wil hier einer Eintheilung erwehnen, die ich mir vom Selbstmorde gemachet, in mittelbaren und unmittelbaren. Nehmlich gemeine Leute nicht von der besten Gemüthsart, die sich aber für der Hölle fürchten, meist schwache Weibspersonen von einfältiger geringer Erziehung, wenn sie von heiliger Stäte oftmals gehöret, daß kein Selbstmörder selig werden könne, gleichwohl aber ihres Lebens überdrüßig sind, ermorden öfters anderer Leute unschuldige Kinder oder auch erwachsene Personen, und geben sich hernach in Gerichten selbst an, als hätten sie eine recht christliche That verübet, in brennender Begierde eine öfentliche Todesstrafe auszustehen, um desto sicherer im Himmel zu gelangen. Ein höchst verdamliches Beginnen! weit abscheulicher, als der unmittelbare Selbstmord, weil bey diesen keine Bosheit, hier aber die gröste vorhanden ist, welche, weil niemand vor ihnen sicher,

§. XXXIII.
Von der Strafe des Schleichhandels.

Der Schleichhandel ist ein wahres, sowohl das Oberhaupt, als auch das Volk, beleidigendes Verbrechen; allein die darauf gesezte Strafe muß nur dem ganzen gemeinen Wesen schädlich, und die öfentliche Sicherheit störet. Wannenhero dieses weit mehr, als der gemeine und unmittelbare Selbstmord, ein Gegenstand der gesezgebenden und schüzenden weltlichen Regierung ist. Es reiset dieses Gift sehr ein, und sehen wir tägliche Beyspiele. Meuchelmörderischer Weise überfallen sie andere Personen und besonders Kinder mit kalten Blute, in einem (ihrer Meynung nach) gotseligen Vorsaze, weil sie nehmlich auf solche Art gewiß seelig zu werden vermeynen, und sich vorstellen, daß das von ihnen öfters unter den süßesten Schmeicheleyen ermordete fremde Kind, da es noch keine Sünde gethan, ebenermaasen die Seeligkeit erlange. Dieses ist ein wahres Verbrechen, und nicht, wie der unmittelbare, blos Sünde, weil vor solchen blutgierigen und enthusiastischen Leuten keiner ihrer Nebenmenschen, ja nicht einmal Prinzen, Lebens Sicherheit haben, welche doch unter allen übrigen die obriste und vornehmste ist, die man von dem Schuze der gesezgebenden Gewalt zu verlangen befugt ist, wobey ich aus denen Acten einigemal auch dieses bemerket, daß dergleichen Gedanken bey schwachen und einfältigen Gemüthern auch daher entstanden, daß ihre Einbildungskraft äuserst rege worden, wenn sie bey dem Gepränge einer Execution die rührende Vorbereitung durch Geistliche mit angesehen, so daß sie in Herzen zu wünschen angefangen: sie möchten doch eben so seelig, eben so wohl zubereitet, als dieser abgethaner Sünder, sterben, nur nicht verunehren, weil es in der algemeinen Meynung der Menschen keine wahre Unehrlichkeit zuwege bringet. Ist man mit Verlust der Ehre gar zu freygebig, und sezet unehrlich machende Strafen auf Thaten, welche die Menschen für keine Verbre-

ben, als welche gewiß das Himmelreich ererbeten, da schon der Großvater ihnen erzählet, daß, wenn es auch am Tage einer solchen Execution noch so trübe wäre und beständig geregnet hätte, doch die Sonne, solte es auch nur einige Augenblike seyn, einige Strahlen scheinen lassen. Die Sache träfe ein, man solte nur Acht darauf geben. Es ist ein Dänisches Gesez vorhanden, welches denen, die auf solche Art den Tod wünschen, das Leben zur Strafe auferlegt, aber ein schmäliges Leben. Erhöhete Todesstrafen würden hier nichts helfen, weil schwärmerische Einfalt selbst durch die Schärfe der Strafe gereizet wird. Wie nun der gemeine oder unmittelbare Selbstmord die Sicherheit des Nebenmenschen nicht störet, hingegen bey dem mittelbaren doppelter Tod erfolget, und für solche Mörder, deren Phantasie durch verkehrte Frömmigkeit entzündet ist, und die folglich alles zu unternehmen im Stande, sich niemand hüten kan, so ist nicht jener unmittelbare, sondern dieser, ein wahrer Gegenstand der peinlichen Geseze. Nehmlich der andern zugefügte Schade, Verlezung, boshafter Vorsaz, und Störung der öfentlichen Sicherheit, bestimmet die Gröse eines Verbrechens: wo aber niemand beleidiget wird, kan die That die Sünde seyn, die aber zu bestrafen Got allein sich vorbehalten hat, und dürfte wohl, nach des Lactantius Meynung, der weltliche Arm zu hochmüthig denken, wenn er glauben wolte, er müsse den götlichen Arm unterstüzen.

Verbrechen halten, so mindert man in den menschlichen Gemüthern die Empfindung der wahren Schande, womit andere Verbrechen wirklich begleitet sind. Wird, zum Beyspiele, demjenigen, der einen Fasan tödet, und dem, der einen Menschen ermordet, oder eine wichtige Handschrift betrügerisch verfälscht, einerley Todesstrafe zuerkant, so hebt man den Unterschied zwischen diesen verschiedenen Verbrechen auf, und vernichtet solcher Gestalt die moralischen Empfindungen, welches ein Werk ist, das viele Zeit und vieles Blut gekostet, ehe es errichtet worden; Empfindungen, sage ich, welche in den Gemüthern der Menschen so langsam und auserordentlich schwer Wurzel fassen, und zu deren Wachsthume die erhabensten BewegungsGründe und eine Menge Vorbereitungen von ernsten Formalitäten erforderlich gewesen.

Der Schleichhandel entstehet insgemein aus dem Geseze selbst. Denn je erhöhter die Zölle und Abgaben sind, desto beträchtlicher ist der Vortheil, der aus dem Schleichhandel zu ziehen, und desto stärker wird folglich die Versuchung; welche wiederum sehr vergrößert wird, wenn der Umkreis der versperten Grenzen weitläuftig, und die mit schweren Abgaben belegten Waaren, wegen ihres kleinen Raums, leichtlich einzubringen sind. Der Verlust der Contrebande ist eine gerechte Strafe. Allein sie wird von desto gröserer Wirkung seyn, je niedriger die Abgaben sind. Nur nach dem Maaße des

Vortheils, welchen man sich von dem glüklichen Ausgange verspricht, sezet man sich der Gefahr aus, seine Waare zu verlieren.

Aber warum sol denn dieses Verbrechen den, der es begehet, nicht unehrlich machen, weil der Schleichhandel doch ein Diebstahl ist, der an den Fürsten, folglich an dem ganzen Volke begangen wird. Ich erwiedere hierauf, daß, wenn etwas vorgehet, das uns niemals schaden kan, wir dabey sehr gleichgültig sind, so daß die harten Strafen eher Mitleiden, als den Unwillen der übrigen Bürger, erweken. Von solcher Art ist der Schleichhandel. Die schädlichen Folgen, welche aus einer That in sehr weiter Entfernung etwa auf uns abfliesen könten, machen überaus schwache Eindrüke, und daher denken sie nicht auf den Schaden, welchen ihnen der Schleichhandel zuziehen kan, ja vielmals geniesen sie vorjezo zum öftern die Vortheile, die ihnen daraus zufliesen. Sie sehen nur auf den Schaden, der aus dem Unterschleife dem Fürsten geschiehet, und glauben daher nicht Ursache zu haben, auf einen Schleichhändler in eben den Maase ungehalten zu seyn, als auf den, der einen Raub begehet, oder eines andern Handschrift verfälschet, oder sich solcher Verbrechen schuldig macht, die ihnen eben sowohl, als jeden andern, widerfahren können. Jedes empfindsames Geschöpfe bekümmert sich nur um das Uebel, das ihm selber treffen kan.

Solte man aber wohl dieses Verbrechen an denjenigen, der nichts zu verlieren hat, unbestraft hingehen

hingehen laſſen? Keinesweges. Es giebt gewiſſe Arten verbothener Waaren, davon die Beytreibung der Zölle für das Ganze ſo nachtheilig ſind, daß ſie allerdings nachdrükliche Strafe, auch wohl Gefängnis und kurze Knechtſchaft verdienen; aber ein ſolch Gefängnis und eine ſolche Knechtſchaft, die der Natur des Verbrechens angemeſſen. So muß, zum Beyſpiele, derjenige, ſo Tobak eingeſchleppet, nicht mit einen Mörder oder Straſenräuber in einerley Gefängniß eingeſperret werden. Die natürlichſte Strafe wäre, daß der Schleichhändler, ſo nichts in Gelde zahlen kan, zur Handarbeit bey der Acciſe oder Schazkammer, die er hat hintergehen wollen, angehalten würde.

§. XXXIV.
Strafe der Bankeruttierer.

Treue und Glaube in Verträgen, Sicherheit in Handel und Wandel zu erhalten, iſt ſchlechterdings nothwendig, und eine Schuldigkeit der Geſeze, denen Gläubigern zur Bezahlung ihrer auſenſtehenden Schulden zu verhelfen. Jedoch iſt der betrügeriſche vorſezliche Schuldner von den unglüklichen und redlichen zu unterſcheiden. Jenem ſolte man mit eben der Strafe belegen, die ein falſcher Münzer zu gewarten hat. Denn ein Stük geprägtes Erzt, welches das algemein angenommene Vergütungs Mittel und gleichſam das Unterpfand einer getilgten Verſchreibung iſt, zu verfälſchen,

§. XXXIV. Strafe der Bankeruttierer.

schen, scheint kein grösser Verbrechen, als die Verfälschung der Verschreibungen selbst. Allein mit einem solchen, der erweislich machen kan, daß er durch seiner Schuldner Bosheit, oder erlittenen Verlust, oder durch seine eigene Unglüksfälle, welche die gemeine menschliche Klugheit weder vorher sehen noch vermeiden kan, um sein Vermögen gekommen, muß man nicht mit gleicher Strenge verfahren. Sol dieser nach Verluste aller seiner Güter der nakenden Freyheit, des einzigen und traurigen Gutes, beraubet werden? Sol er ein gleiches Schiksal mit dem Strafbaren erfahren, und in der Verzweifelung seiner unterdrükten Redlichkeit vielleicht die Unschuld bereuen, womit er nach den Gesezen gelebt, und die er aus unvermeidlicher Noth verlezen muste? Viele alzu strenge Geseze sind durch die Gierigkeit der Reichen entstanden, und müssen sich solche Arme deswegen gefallen lassen, weil sie sich von der verführerischen Hofnung teuschen lassen, daß alle erfreuliche Zufälle nur uns, andern aber nur die widerwärtigen treffen werden. Unterdessen haben die Menschen, welche sich nur altäglichen Empfindungen überlassen, grausame Geseze lieb, und wenn sie selbst bey deren Entwerfung Rath zu ertheilen haben, können solche nicht arg und hämisch genug geschmiedet werden, ob sie gleich gelinde vorziehen solten, weil sie sämtlich unter denselben stehen. Aber die Furcht von andern beleidiget zu werden ist grösser, als die Begierde selbst zu beleidigen.

§. XXXIV. Strafe der Bankeruttierer.

Wir wollen wiederum auf den unschuldigen Bankeruttierer zurükkehren. Er sol nicht eher frey seyn, als bis er völlige Zahlung geleistet; er sol nicht, ohne Einwilligung der sämtlichen Gläubiger, loskommen, um sein Glük anderweit zu suchen; man versage ihm das Vermögen, seine Geschiklichkeit und Talente darzu anzuwenden, um sich wieder in den Stand zu sezen, seine Gläubiger, nach dem Maase seiner wieder erlangten Kräfte, zu befriedigen: Allein niemals wird man durch taugliche Gründe ein solch Geseze rechtfertigen können, welches ihn der Freyheit herqubet, ohne daß solches zum geringsten Vortheile seiner Gläubiger gereiche ?).

Man

g). Daß ein Schuldner, wenn er merket, daß er nicht mehr, als die Helfte, also 50 für 100 seinen Gläubigern bezahlen könne, sich angeben solle, ist mir immer bedenklich gewesen. Auch der redlichste, rechtschaffenste Man thut das nicht. Die Schande ist zu groß, er wird noch nicht gedrüket. Das schimmernde Gespenst der Hofnung, welches aus allen Gegenden des Himmels seine Strahlen auf Unglükliche herabschiesen läst, bildet ihm Glüksumstände vor, wie er sich helfen könne. Fast gehöret dieses unter die Verordnungen, die der menschlichen Natur widerstreiten, und also schlechterdings ins Unmögliche fallen. Aber unmögliche Dinge sol man nicht bestrafen. Man müste vorher die Hofnung aus der menschlichen Seele herausschneiden. Diese täuscht mit mancherley Farben, — solten es auch Lotterien seyn.

 Spes facit, ut videat cum terras undique nullas
  Naufragus in mediis, brachia jactet, aquis.

Man erhöhe die Strafe so hoch man immer wil, so werden

sie

§. XXXIV. Strafe der Bankeruttierer.

Man wird mir einwenden, daß der Bankeruttierer durchs Gefängnis zur Entdekung der Betrügereyen seines angeblichen Falliments gebracht werden könne. Allein dieser Fal kan fast niemals stat finden, wenn man eine genaue Untersuchung des Verhaltens der Lebensart und der Angelegenheiten des Falliten vorher genau untersuchet hat. Nach meiner Meynung ist es ein Hauptgrundsaz der gesezgebenden Klugheit, daß die Wichtigkeit der politischen Uebel, welche aus der Nichtbestrafung entstehen, nach dem rechten Verhältnisse des Schadens berechnet werden, welcher aus dem Verbrechen für die Geselschaft erwächst, und nach dem umgekehrten Verhältnisse der Schwierigkeit, welche man findet, es unwiderleglich zu beweisen.

Man könte, wie es scheint, den Betrug von groben Versehen, das grobe Versehen von dem geringeren, und wiederum dieses von der gänzlichen Unschuld unterscheiden r). Im ersten Falle könte man sie noch nicht an die Schande reichen, die ein Bankeruttierer auch ohne alle Geseze an sich erlebet. Sie werden ihn zwar zulezt flüchtig machen, aber nie dem Unglüke in Zeiten vorbeugen.

r) Wenn ein Kaufman ein gefährliches Geschäfte unternimt, das gleichwohl, wenn es mislingt, ihn nicht gänzlich wirft, so kan man seine Begierde, dabey viel zu gewinnen, nicht tadlen. Dahingegen wenn einer anderer Leute Geld nehmen, sich davon ein Schif auf die See bauen wolte, und es gienge unter, dieses ein fast der Bosheit gleich zu achtendes

§. XXXIV. Strafe der Bankeruttierer.

man dem Schuldigen den Verlust der Freyheit, oder nach dem das Versehen groß oder geringe, auch einige Strafe zuerkennen; im Falle der gänzlichen Unschuld aber dem Schuldner die freye Wahl der Mittel lassen, um sich wieder in die Verfassung zu sezen, seine Gläubiger zu befriedigen. Hätte endlich der Schuldner ein geringes Versehen begangen, so könte den Gläubigern frey gestelt bleiben, ihm die Mittel, wie er sie befriedigen solte, vorzuschreiben. Allein nicht der wilkührlichen und allezeit gefährlichen Einsicht der Richter, sondern dem unpartheyischen Geseze muß es verstattet seyn, den Ausspruch zwischen einen groben und geringen Verbrechen zu thun. Die Bestimmung der Grenzen ist im Felde der Rechtsgelahrheit eben so nothwendig, wie in der Mathematik, um einen Maaßtab für die Abmessung des gemeinen Bestens, so wie zur Ausmessung der Grösen, aufzufinden *).

Wie achtendes Versehen seyn würde. Solte jedoch die Wahrscheinlichkeit, daß ein solches Unternehmen mit fremder Leute Geldern, aller menschlichen Vermuthung nach, nicht mislingen könne, eintreten, so würde dieses den Grad des Versehens allerdings in etwas mindern. Nur muß ihm neben bey keine zu reife Haushaltung, keine Ueppigkeit in Gastereyen, Kleidungen, kein Uebermuth vorgeworfen werden können. Denn dieses schlägt hernach alles übrige nieder.

*) Das Wachsthum der Handlung und das Recht des Eigenthums der Güter ist nicht der Zwek der geselschaftlichen Verträge, wohl aber ein Mittel, zu diesen

§. XXXIV. Strafe der Bankeruttierer.

Wie leichte könte ein vorsichtiger Gesezgeber einer grosen Menge betrügerischer Bankerotte vorbeugen und Mittel ausfindig machen, den Unstern arbeitsamer und rechtschaffener blos Verunglükten abzulehnen! Ein öfentliches, wohl abgefastes Verzeichnis aller Contracte, dessen Einsicht jedem Bürger freystünde; eine Bank, welche aus weislich vertheilten Beyträgen wohlstehender Kaufleute errichtet, und woraus die nöthigen Summen zur Unter-

diesen Zweke zu gelangen. Wolte man alle Glieder der Gesellschaft grausamen Gesezen unterwerfen, um den Uebeln vorzubeugen, welche aus dem manchfaltig in einander geschlungenen Verbindungen, die der Zustand politischer Geselschaften mit sich bringet, ihren Ursprung haben, so hiese dies die Zweke den Mitteln unterwerfen; ein ganz falscher Schlus in allen Wissenschaften, besonders aber in der Staatskunst. Nichts desto weniger ist dies der Fehler, in welchen ich in der vorigen Ausgabe meines gegenwärtigen Werkes gefallen bin, da ich gesagt, der unschuldige Bankeruttierer müsse, seiner Schulden wegen, in Verwahrung gebracht, und zum Nuzen seiner Gläubiger zu arbeiten angehalten werden. Ich schäme mich, so was Falsches vorgebracht zu haben. Man hat mich der Gotlosigkeit beschuldiget, und ich verdiente sie nicht. Man hat mich aufrührischer Gesinnungen angeschuldiget, und ich verdiente es nicht. Hier aber habe ich die Rechte der Menschlichkeit verlezt, und niemand hat mir deswegen Vorwürfe gemacht. Beccar.

§. XXXV. Von Freystäten

Unterstüzung des unschuldigen und untadelhaften Fleises hergeschossen würden; dies wären die Einrichtungen, welche keine wahre Unbequemlichkeiten, wohl aber unzählige Vortheile erzeugen würden. Allein zum Unglüke sind leichte, natürliche, wahrhaftig grose Absichten etwa eines Weisen in der Stille, welche nur auf den Wink des Gesezgebers warten, um Reichthum, Vermögen, Stärke und Heil in den Schoos des Volkes zu schütten, verachtet. Man meidet Geseze, welche ihren Verfassern unsterbliches Lob von Kind zu Kindeskindern bereiten würden, sie sind denen Grosen unbekant, und werden am wenigsten gesuchet. Ein gewisser Geist der Unruhe in Kleinigkeiten beschäftiget eine nur auf gegenwärtigen Augenblik kurzsichtige Klugheit der Räthe, die auf nichts weiter denken, als wodurch die Schazkammer unmittelbar bereichert werden möge. Mistrauen, Abscheu, Misgunst gegen alle Neuerungen, beherschen den Schwarm, welcher den Fürsten umgiebet, den er aber gleichwohl aufgetragen, auf Mittel und Wege zu sinnen, das algemeine Glük zu befördern und dauerhaft auszubreiten.

§. XXXV.

Von Freystäten und Auslieferungen der Missethäter.

Nun sind mir noch zwo Fragen zu erörtern übrig, erstlich, ob die Freystäte gerecht, und zum andern, ob Verträge der Völker, sich einander die
aufge=

aufgefangenen Missethäter auszuliefern, nüzlich? Innerhalb den Grenzen eines wohl eingerichteten Staates muß kein Ort seyn, welcher dem Geseze nicht unterworfen wäre. Jeglicher Bürger muß der Gewalt der Geseze eben so folgen, wie der Schatten den Körper begleitet. Freystat und Ungestrafheit ist eins, da der ganze Unterscheid blos in mehrern und wenigern bestehet. Weil die Strafe mehr durch ihre Unvermeidlichkeit, als durch die Gröse schreket; so reizen die Freystäte mehr zum Verbrechen, als die Strafen davon entfernen. Die Vermehrung der Freystäte stiftet eben so viel kleine Monarchien; denn wo keine Geseze das Regiment darinnen führen, da können neue Herrschaften entstehen, die den algemeinen Gesezen zuwider sind, woraus ferner Gesinnungen einschleichen, welche dem Geiste und der Denkungsart des ganzen politischen Körpers widerstreitet *). Die Geschichte wird auch lehren, daß Freystäte jederzeit grose Veränderungen in den Staaten veranlasset, und den Meynungen der Menschen eine ganz andere Wendung gegeben.

Ist es nun zum andern wohl nüzlich, daß sich die Völker wechselseitig ihre Missethäter ausliefern? Diesen Gebrauch getraue ich mir nicht zu rechtfertigen, so lange die Geseze den Bedürfnissen der Menschlichkeit nicht angemessen, die Strafe gelindert,

---

s) Dieses alles ist nicht für Protestanten geschrieben, deren Priesterhäuser und Kirchen zu keiner Freystäte dienen.

dert, so lange Recht und Billigkeit von Wilkühr
und Wahne abhänget, so lange die unterdrükte
und öfters denen Grosen verhaste Unschuld und die
verschmähte Tugend nicht von Philosophen auf dem
Throne in Sicherheit gestellet, so lange nicht die
morgenländische Tyranney in den Wüsteneyen des
Orients eingeschlossen bleibet, und Europa nur
allein die Herschaft der algemeinen Vernunft erkennet, welche die Wohlfahrt der Unterthanen mit
der Wohlfahrt der Völker immer fester verbindet.
Es wäre unterdessen vielleicht eines der kräftigsten
Mittel, dan Verbrechen vorzubeugen, wenn jeder-
männiglich bekant wäre, daß keine handvol Erde
anzutreffen sey, wo das wahre und wirkliche Verbrechen Verzeyhung hoffen könne.

§. XXXVI.
Von dem Gebrauche, einen Preis auf den Kopf zu sezen.

Ist es wohl der Geselschaft vortheilhaft, einen
Preis auf den Kopf eines bekannten Missethäters zu sezen, und jeglichen Bürger dadurch
zum Scharfrichter zu machen, daß man ihm das
Schwerd der öfentlichen Rache in die Hände giebt?
Der Verbrecher hat entweder die Grenzen eines
Staates verlassen, oder er ist noch darinnen befindlich. Im ersten Falle reizt der Regent die Bürger, ein Verbrechen zu begehen, und stellet sie den
Strafen blos, welche die Störer fremder Gerichtsbarkeit

einen Preis auf den Kopf zu sezen.

barkeit billig erfahren. Er beleidiget eine fremde Macht, maaset sich ein Recht über selbige an, und nöthiget sie durch sein Beyspiel, gleichmäsige Gewaltsamkeit auszuüben. Im zweyten Falle verräth der Gebieter seine eigene Schwäche. Wer selbst hinlängliche Kräfte zu seiner Vertheidigung hat, braucht sie nicht erst von andern zu erbetteln. Ferner reist man durch ein solches Verfahren alle Begriffe von Sitlichkeit und Tugend danieder, welche ohne dies in dem menschlichen Herzen durch den geringsten Hauch des kleinsten Windes zu verscheuchen sind. Auf der einen Seite strafen die Geseze Meuchelmord und Verrätherey, und auf der andern Seite billigen sie selbige an sich selbst. Mit einer Hand knüpfet der Gesezgeber die Bande der Verwandschaft, des Blutes, der Treue, der Redlichkeit, der Freundschaft, und mit der andern belohnet er denjenigen, der sie zerrüttet *). Immer sich

―――――――
*) Nicht allein der Fürst, sondern auch der Richter, muß ein ehrlicher Man seyn. Sol man an der Obrigkeit loben, was man bey einen Privatman verabscheuet? Derjenige, der dem Diebe Gnade verspricht, wenn er bekennen werde, und es nicht hält, ist des Stranges würdiger, als der hernach gehänget wird. Alle Schlupfwinkel, Entschuldigungen, und Hinterlist sey von Richterstule verbannet. Aber auch der Fürst ist schuldig, das Wort der Obrigkeit in Erfüllung zu bringen, wenn selbige dem Sünder, daß er ungestraft bleiben solle, versprochen hat, und wil mir nicht gefallen, wenn es unter den Vorwande umgestosen wird, der Richter habe dieses nicht versprechen können. Muß

§. XXXVI. Von dem Gebrauche,

sich selbsten widersprechend, loket er die argwöhnischen Gemüther der Menschen bald zum Vertrauen, bald streuet er in ihre Herzen schädlichen Saamen des Mistrauens. Stat einem Verbrechen vorzubeugen, giebt er zu hunderten Gelegenheit. So sind

nicht jeder Höhere für das Versehen seiner Subalternen stehen? Er weis und sol wenigstens wissen, was für einem Manne er die Gerichtsbarkeit aufgetragen. Eben so nachtheilig für das gemeine Beste ist, wenn der Richter in seinen Namen ein Grundstük subhastiret, und der Käufer nichtiger Kleinigkeiten halber das erstandene Gut wieder hergeben sol. Oefentliche Treue muß als ein Vorbild, nach welchen Unterthanen sich richten solten, über alles gehen, wannenhero das von einer Obrigkeit gegebene Wort als heilig betrachtet werden muß, weil, so bald der öfentliche Glaube wanket, dieses dem ganzen gemeinen Wesen zum äuserften Nachtheile gereichen und bey den Auswärtigen so gar der Landesherr leiden würde, wenn die von ihm bestelten Obrigkeiten in Sachen, die vor den Augen des ganzen Landes und unter öfentlichen Namen vor sich gehen, durch Hinterhalt und spizfindige Griffe sich von der Wahrheit zu entfernen, oder begangene Fehler mit neuen Fehlern zu bedeken, suchen solten. Hierdurch wird das obrigkeitliche Ansehen geschwächet, die Heiligkeit des Thrones geschändet und die Contrahenten schüchtern gemacht, sich mit Höhern einzulassen, da man die Leute vielmehr anloken und, daß sie sicher mit dem Richter, noch sicherer aber mit den Landesherren Verträge eingehen könten, zu bereden suchen solte, weil ohnehin die Menschen gegen Mächtigere, auch ohne solche Bevortheilungen, schon an und für sich selbst mistrauisch sind.

einen Preis auf den Kopf zu sezen.

sind die Mittel beschaffen, welche schwache Völker zu ihrer Vertheidigung anwenden; ihre Geseze gleichen einer wurmstichigen Stüze von kurzer Dauer, die ein baufälliges und von allen Seiten sinkendes Gebäude, vor dem Einsturz so übel und böse bewahret. Je aufgeklärter hingegen und grosmüthiger die Denkungsart eines Volkes zu werden anfängt, desto nothwendiger werden treuer Glaube, Aufrichtigkeit und wechselseitiges Vertrauen als Schönheiten tugendhafter Seelen, welche man der wahren Staatskunst ganz einzuverleiben und solcher in grosen Maase einzugiesen äuserst bemühet seyn solte. Kunstgriffe, Ränke, dunkle Umwege wird man leicht inne. Das algemeine Interesse ist mit bessern Waffen versehen, als daß es sich auf solche entehrende Art Hülfe zu schaffen nöthig hat.

Selbst die Zeiten der Unwissenheit, in welchen die algemeine Sittenlehre unter dem Joche besonderer Meynungen, und so zu sagen, einer Privat-Sittenlehre seufzete, dienen aufgeklärtern Zeiten zur Erfahrung und zum Unterricht. Eine Sittenlehre, die Verrätherey belohnet und durch die Vorbereitung des wechselseitigen Verdachtes Funken eines geheimen Krieges des Bürgers gegen den Bürger ausstreuet, ist ein mächtiges Hinderniß zu dieser so schönen, so nothwendigen Vereinigung, woraus die Menschen Glükseligkeit, die Völker Frieden und der Erdkreis einen dauerhaften Ruhestand und Befreyung von denen darauf herumwandelnden Uebeln schöpfen könten.

§. XXXVII.

§. XXXVII.

Von den angefangenen nicht aber vollendeten Verbrechen, und den Mitschuldigen.

Obgleich die Geseze den blosen Willen nicht strafen können, so ist dieses doch nicht so zu nehmen, als wenn ein Verbrechen, welches schon in einige Thathandlung ausgebrochen, keine Strafe verdiene, ob sie gleich geringer seyn muß, als wenn die Missethat ganz volbracht worden wäre. Es ist wohl nöthig, daß auch nur für ein angefangenes Verbrechen eine Strafe da sey. Eben so ist, wiewohl aus verschiedenen Grunde, zu verfahren, wenn mehrere Mitschuldige an einem Verbrechen Theil nehmen, die es aber nicht alle unmittelbar und zugleich haben volbringen helfen. Wenn sich viele einer halsbrechenden Sache aussezen, so sind sie immer bey dieser Vereinigung darauf bedacht, die Gefahr und das Uebel, je gröser es ist, gleich unter sich zu vertheilen. Bestrafen nun die Geseze den Volzieher einer Missethat schärfer, als seine Mitgenossen, so wird es desto schwerer werden, jemanden zu finden, welcher die Volbringung eines Verbrechens über sich nehmen wolle, weil er, in Rüksicht auf den Unterschied der Strafe, gröserer Gefahr läuft, als seine übrige Mitgenossen. Nur in einen einzigen Falle leidet diese Regel eine Ausnahme, nehmlich wenn demjenigen, der das Verbrechen volziehet, ein gewisses voraus und eine besondere Belohnung von seiner Bande ausgesezet wird.

nicht aber vollendeten Verbrechen ꝛc.

wird. Alsdenn ist eine Ausgleichung der gröſern Gefahr vorhanden, und die Strafen finden in gleichen Maaſe ſtat. Dieſe Betrachtungen werden vielleicht einigen phantaſtiſch und weit hergeholet ſcheinen; allein man bedenke, wie wichtig es ſey, daß die Geſeze dafür ſorgen, den Theilnehmern an einem Verbrechen, ſo wenig als möglich, Gelegenheit und Anlas zu geſtatten, um ſich mit einander zu verſtehen.

Es iſt eingeriſſen, daß dem Mitſchuldigen an einem Verbrechen die Erlaſſung der Strafe angebothen wird, wenn er ſeine Mitgenoſſen entdeket. Dergleichen Mittel zu Entdekung der Böſewichter hat ſeine Unbequemlichkeiten ſowohl, als ſeine Vortheile. Die Unbequemlichkeiten ſind, daß die Verrätherey, die doch den Frevlern ſelbſt verhaſt und abſcheulich ſcheinet, von einer obrigkeitlichen Perſon, die an Gottes Stelle ſizet, gleichſam autoriſiret wird *); ferner daß ſie zu Verbrechen, die

aus

---

*) Aus einem Stüke auswärtiger Acten erinnere ich mich, daß ein Angeſchuldigter auf dieſen Antrag ohngefähr folgendermaaſen antwortete: Herr Amtman, Sie legen mir Lokſpeiſe vor. Aber ich bin unſchuldig und habe keine Genoſſen. Wenn ich aber ſchuldig wäre und Helfer gehabt hätte, ſo würde ich ſie doch nicht entdeken. Denn wie könte ich den Herrn Amtmanne trauen, da er mir ſchon ſo viele Sprengel geſtellet und ſo viele verfängliche Fragen vorgeleget, an welche ſo gar die Unſchuld hätte ſcheitern können?

aus einer niederträchtigen Zaghaftigkeit herrühren, Gelegenheit giebt, die doch einem Volke schädlicher sind, als Verbrechen, welche Herzhaftigkeit zum Grunde haben. Herzhaftigkeit ist nicht das Loos gemeiner Seelen, und es ist Schade, wenn sie keine wohlthätige Macht findet, welche sie zum Dienste des Vaterlandes lenke; dahingegen die Zaghaftigkeit viel gemeiner, und das Loos geringer Seelen ist. Ein Richter, der zu diesen Mittel schreitet, oder ein Geseze, welches dieses zu thun erlaubet, giebt seine Schwäche blos, indem es so gar die Hülfe derer, die es verlezen, anflehen muß.

Die Vortheile hingegen sind, daß durch dieses Mittel wichtigen Verbrechen vorgebeuget wird, welche noch in ihrer Entwikelung liegen und deswegen die Geselschaft in Furcht und Schreken sezen. Meines Erachtens ist ein algemeines Gesez, welches jeglichem Mitschuldigen, der irgend ein Verbrechen offenbaret, die Erlassung der Strafe verspricht, einem besondern Versprechen des Richters in einzeln Fällen vorzuziehen; weil ein solches Gesez Bösewichter verhindern würde, sich mit einander zu verbinden, da ein jeder besorgen müste, sich ganz allein der Gefahr blos zu stellen, und weil die Uebelthäter nicht zur Kühnheit unter andern auch dadurch ermuntert würden, wenn sie sähen, daß es Fälle giebt, wo selbst die Gerichte ihres Beystandes benöthiget sind. Im übrigen müste dergleichen Gesez die Ungestrafheit mit dem Verbannen des Angebers

gebers verknüpfen. Allein vergebens bemühe ich mich, die Gewissensbisse zu unterdrüken, welche ich empfinde, daß ich die geheiligten Geseze, die Denkmåler des öfentlichen Vertrauens, die Grundsäulen aller menschlichen Moral, zur Verrätherey und Falschheit veranlassen wil. Was müste endlich wohl das für ein annoch rohes Volk seyn, wo eine Obrigkeit die versprochene Ungestrafheit dem Bekenner nicht hielte, und ausstudirte, arglistige Verdrehungen zum nichtigen Vorwande brauchen wolte denjenigen, zum Troze und zur Beschimpfung der öfentlichen Treue, nichts destoweniger in Strafe zu nehmen, welcher der Schmeicheley eines betrügerischen Richters, oder den Verheisungen der Geseze vergeblich Gehör gegeben hätte. Beyspiele von solchen Zügen sind nicht selten; daher denn freylich nicht zu verwundern, daß viele die politische Geselschaft für nichts anders ansehen, als, für eine zusammen gesezte Maschine, deren Triebfedern die Geschiktesten und Mächtigsten aufspannen, um Hülflose und Schwache zu fangen. Ein schöner Anlas, die ohnehin schon zahlreiche Menge dererjenigen zu vervielfältigen, welche fühllos gegen alles, was zärtliche und erhabene Seelen rühret, mit kaltsinniger Verschlagenheit weiter nichts, als blos dasjenige suchen, was ihren Absichten und den gegenwärtigen Endzweke vor der Hand diensam ist.

N 4 §. XXXVIII.

§. XXXVIII.
Von verfänglichen Fragen.

Unsere Geseze verbieten bey dem gerichtlichen Verhöre Fragen zu gebrauchen, so man Suggestiones nennet, das ist, diejenigen, welche, wie die Rechtslehrer reden, auf besondere Puncte gehen. Sie verlangen, daß die Frage, welche sich auf die Umstände eines Verbrechens beziehet, nur überhaupt auf die Sache gehe, und erlauben keinesweges solche Fragen, welche, weil sie einen unmittelbaren Bezug auf die Schuld oder auf die Unschuld haben, dem Verbrecher eine unmittelbare Antwort in Mund legen würden. Die Fragen müssen, wie die Criminalisten wollen, die That gleichsam nur von weiten anhauchen, und also nur seitwärts, nicht aber in gerader Richtung auf die Sache selbst gehen v).

Die

---

v) Wie einem verschlagenen Richter nichts leichter ist, als einen einfältigen Zeugen, den er abhöret, ganz andere Dinge sagend zu machen, als der Zeuge wirlich denket; so haben heimtükische und blutgierige Amtleute sich öfters ein Verdienst daraus gemacht, blöde und einfältige Verbrecher durch verflochtene Fragen in Widersprüche, oder wohl gar zu einem Bekentnisse von Umständen zu verleiten, die denen Angeschuldigten hernach den Hals gebrochen. Der Kerkermeister nimt den Angeschuldigten vor der Gerichtsthüre die Fesseln ab, zum Zeichen, daß er in Gerichte frey seyn solle, der Richter selbst aber, welch ein Widerspruch! fesselt ihn durch arglistige und boshafte Fragen mit so feinen Striken, daß kaum der Klügste solche zu bemerken, geschweige

§. XXXVIII. Von verfänglichen Fragen.

Die Gründe dieser Regel sind, theils den Angeschuldigten keine Antwort auf die Zunge zu legen, welche ihn wider die Anklage schüze w), theils deswegen, weil es widernatürlich geschienen, daß ein Beklagter sich selbst anklage. Allein, welchen von beyden Gründen man auch vor Augen gehabt habe, so widersprechen sich doch hier die Geseze auf eine sehr merkliche Weise, daß sie mit dem Verbote der verfänglichen Fragen, gleichwohl die Folter geboten

schweige denn zu zerreisen, im Stande ist, und rühmet sich noch dessen, damit die Welt sehen möge, wie betrügerisch er gehandelt. Darum sol der Urtheils Verfasser Widersprüche in Kleinigkeiten den Delinquenten nicht zu hoch anrechnen. Rhapsod. Obs. 259. und 418. Besonders wegen der Mitverbrecher geziemet es den Richter nicht zu fragen: Hat nicht, als du den Diebstahl verübetest, mitlerweile Dieze Wache gestanden? Sondern er sol fragen, ob jemand und wer mitlerweile Wache gestanden? Allein dem sey wie ihm wolle, alle Suggestiones kan man so schlechterdings nicht verwerfen, und sind sie zu dulten, nur müssen sie Liebe zur Wahrheit, nicht aber einen Blutdurst zum Grunde haben, und nicht so beschaffen seyn, daß ein Inquisit zum Richter sagen kan: Du bist kein ehrlicher Man.

w) Dieses mag nicht allein, sondern sol so gar ein rechtschafner Richter thun, und befiehlt es Kayser Carl V. peinliche Halsgerichtsordnung in folgenden Worten: Solche Erinnerung ist darum Noth, daß mancher aus Einfalt oder Schreken nicht für zu schlagen weis, ob er gleich unschuldig ist, wie er die Entschuldigung ausführen solle.

boten oder gebilliget. Denn wo ist wohl eine Frage, welche, so wie der Schmerz, den Gepeinigten die Antwort in den Mund lege? Der Schmerz, sage ich, welcher den Starken ein hartnäkigtes Stilschweigen einflöset, wodurch er einen gröseren Uebel durch ein geringeres entgehet: dem Schwachen hingegen das Geständnis suggeriret, weil er dadurch von der gegenwärtigen Quaal befreyet, die in diesem Augenblike einen stärkern Eindruk macht, als der von ihm noch weit entfernte Todesschmerz. Der andere Grund ist augenscheinlich nicht besser; denn ist eine Frage barbarisch, die den Beschuldigten zur Anklage seiner selbst verleitet, so werden die Verzukungen der Folter gerade diese Wirkung auf ihn machen. Allein die Menschen richten sich beständig mehr nach dem Unterschiede der Namen und Worte, als der Sachen.

Unter andern Misbräuchen der Sprachkunst, welche keinen geringen Einflus auf die menschlichen Begebenheiten hat, ist auch derjenige merkwürdig, welcher die Aussage eines bereits Verurtheilten null und nichtig macht, dergestalt, daß er nun weiter nichts zur Vertheidigung seiner selbst und zur Entschuldigung anderer vorbringen darf. Er ist bürgerlich tod, sagen im ernsten Tone die Aristotelischen Rechtsgelahrten, ein Toder aber keiner Handlung fähig. Um diesen unsinnigen Gedanken ein Ansehen zu geben, sind viele Opfer abgeschlachtet worden, und es haben graue Köpfe mit ernster Ueberlegung gestritten, ob wohl die

Wahr=

§. XXVIII. **Von verfänglichen Fragen.**

Wahrheit den Gerichsformeln nachgeben solle? Die neue Aussage eines Verurtheilten darf zwar den Lauf der Gerechtigkeit ohne dringende Noth nicht aufhalten, allein warum sol man ihm, in seinen äusersten Elende und zum Besten der Wahrheit, gar keine verstatten, damit er durch Beybringung neuer Umstände, welche der ganzen That eine andere Gestalt geben, entweder sich oder andere in einen neuen Verhöre rechtfertige? Die Feyerlichkeiten und Ceremonien sind bey der Verwaltung der Gerechtigkeit nothwendig, sowohl weil sie der Wilkühr des Richters Grenzen sezen, als auch, weil sie dem Volke eine gute Meynung beybringen, daß dem Missethäter nicht zu viel geschehe, sondern alles ordentlich und regelmäsig zugegangen sey, da satsam bekant ist, wie das gemeine Volk von sinlichen Dingen weit lebhafter gerühret werde, als von Wahrheiten, welche durch Nachdenken erkant werden müssen. Allein diese Feyerlichkeiten können niemals von dem Geseze so Haarscharf bestimt werden, daß ganz und gar nichts nachtheiliges für die Wahrheit dabey zu besorgen wäre; sondern nur deswegen, weil die Wahrheit entweder zu einfach oder alzu verflochten ist, hat sie die Ankleidung eines gewissen äuserlichen Puzes und öfentlichen Prunks von Nöthen, um sich den unwissenden Pöbel begreiflich zu machen.

Zum Beschlusse wollen wir noch hinzufügen, daß derjenige, welcher auf die Fragen, welche ihm in Verhöre vorgeleget werden, in einen halsstarrigen

gen Stilschweigen verharret, mit einer Strafe, und zwar einer der schwersten, welche die Geseze bestimmen, beleget werden muß, damit das der Menge so nothwendige Beyspiel nicht vereitelt werde. Diese besondere Strafe ist nicht nothwendig, wenn es auser allen Zweifel ist, daß ein Angeschuldigter ein gewisses Verbrechen begangen habe, und also das Verhör nicht weiter nöthig ist; eben so wie das Bekentnis eines Verbrechens unnüze wird, wenn die Anschuldigung schon durch andere Beweise die gehörige Bestätigung erhält. Dieser lezter Fall ist gewöhnlicher, weil die Erfahrung lehret, daß in den mehresten peinlichen Processen die Beklagten sich aufs Leugnen legen.

§. XXXIX.

Von einer besondern Art von Verbrechen.

Ohne Zweifel wird der Leser sich bereits verwundert haben, daß ich von einer Art so genanter Verbrechen noch nicht geredet habe, deren unternommene Ausrottung gar oft Europa mit Menschenblute überschwemmet und die traurigen Scheiterhaufen aufgethürmet hat, wo lebendige Geschöpfe den Flammen zur Nahrung, wie Weyrauch, aufgestreuet wurden und einen begeisterten Haufen zum angenehmen Schauspiele, zum süßen Geruche dienten; wo das gedämpfete Winseln der Elenden, so aus den Wirbeln von schwarzen Rauche hervor drang;

drang; wo das Kniſtern der anbrennenden Gebeine und der noch ſchlagenden Eingeweide, in Ohren der Verblendeten, wie eine ſanfte Harmonie erſchallete. Allein verſtändige Leſer werden wohl einſehen, daß mir weder die Umſtände des Orts, noch der Zeit, in welcher ich lebe, noch der Gegenſtand ſelbſt erlaube, mich auf die Unterſuchung dieſer ſo genanten Verbrechen einzulaſſen. Man muß alſo nicht von mir erwarten, daß ich die nothwendige Gleichförmigkeit der Meynungen in einem Staate, wider das Beyſpiel ſo vieler freydenkender Nationen erweiſen ſolle. Ich würde mich zu weit entfernen, wenn ich zu erörtern wagte, wie die verſchiedenen Glaubens Bekentniſſe, welche doch, die Wahrheit zu geſtehen, öfters blos in einem ſpizfindigen, dunkeln und tiefgeſuchten Unterſchiede, der weit über die Fähigkeiten des menſchlichen Verſtandes erhaben iſt, beſtehet, gleichwohl die öffentliche Ruhe zufälliger Weiſe ſtören können, woferne nicht eine einzige Meynung von der gebietenden Macht gebilliget, und die übrigen verworfen werden; man erwarte nicht, daß ich ausführen ſolle, wie unter dieſen ſo manchfaltigen verflochtenen Meynungen wohl etwa einige befindlich ſeyn können, die durch ihre Gährung und wechſelſeitige Bekämpfung ſich einander ſelbſt aufklären, daß die wahrhaften oben aufſchwimmen, die irrigen aber, wegen Blöſe ihrer Unbeſtändigkeit, blos mit unrechtmäſiger Macht und Anſehen bekleidet und zu ihrer Erhaltung bewafnet werden müſſen. Ich würde

zu

zu weitläuftig werden, wenn ich erweisen wolte, daß, so verhaft auch die Herschaft über die Gewissen ist, (welche nichts, als äuserlich Heuchelen, innerlich aber Haß und Verachtung gebähret) daß, so sehr auch dieser Gewissenszwang dem Geiste der Sanftmuth und der brüderlichen Liebe, (welche uns nicht nur die Vernunft lehret, sondern auch die höchst zu verehrende und anbetungswürdige Macht gebeut) gerade zuwiderläuft, dennoch zu solchen, nach Aufpruche der Kirchenverfamlungen, und vieler Stadhalter des Himmels, nothwendig und unvermeidlich sey. Alle diese paradoxen Säze müste ich für deutlich erwiesen ansehen, und dem wahren Nuzen der Menschen für gemäs halten, wenn ich die Rechtmäsigkeit der Verfolgung gründlich darthun wolte. Allein ein jeder siehet, daß dies für mich zu weitläuftig und meiner Absicht nicht gemäs seyn würde, welche keine andere ist, als nur von den Verbrechen zu handeln, die der Mensch oder Bürger begehet. Ich handle von Verlezung der geselschaftlichen Verträge, nicht aber von Sünden, deren auch zeitliche Bestrafung nach ganz andern Grundsäzen, als diejenigen sind, welche die menschliche und eingeschränkte Vernunft an die Hand giebt, eingerichtet ist *).

§. XL.

*) Den Unglüklichen, dem das Loos zu Theile worden, wahnwizig zu seyn, wil man mit heiligen Flammen rösten und einen Blinden strafen, weil er das Gerade von Krummen nicht zu unterscheiden weis. Christus am Kreuze, als er
die

§. XL.
Falsche Begriffe, so die Menschen von gewissen eingebildeten Vortheilen haben.

Eine Hauptquelle vieler Irthümer und Ungerechtigkeiten, ja so gar unverantwortlicher Grausamkeiten, wovon die Geseze wimmeln, sind die falschen Begriffe, welche sich die Gesezgeber von gewissen eingebildeten Vortheilen machen. Derjenige hat falsche Begriffe von Nüzlichen, der das besondere Uebel über das algemeine sezet; der über die

die ungläubigen Juden seiner spotten sahe, bethete und sprach: Vater, vergieb ihnen, denn sie wissen nicht, was sie an mir thun. Ich wil Christi Nachfolger werden. Wenn ich einen Irrenden sehe, so wil ich für ihn betten, denn er weis nicht, was er thut. Wer diejenigen verfolgt, die anders denken, als er, zeigt eben dadurch, daß er kein Christ sey, weil er die ersten Grundsäze des Heilandes verlezet. Der goldne Talar, den die Zorntheologen ihren Leidenschaften umzuhängen wissen, daß es der Ehre Gottes halber geschehe, kan ihre Blöse nicht deken. Warum haben die Juden Christum gekreuziget? Ihrer Meynung nach, der Ehre Gottes halber; warum haben sie Stephanum gesteiniget? Aus Orthodoxie; warum ist Huß verbrant worden? Got einen angenehmen Dienst und Ehre zu erweisen. Alles aus heiligen Eifer! Sie wollen dem Allerhöchsten beystehen. Die Milbe im Käse, welche von mir vielleicht ganz irrige Begriffe hat, die mich nicht kennet und niemals mit Augen gesehen, wil mir heifen meine Haushaltung führen!

§. XL. **Falsche Begriffe, so die Menschen** die Empfindungen gebieten und zum Verstande sagen wil: Sey Sklav!

Derjenige hat einen falschen Begrif von Nüzlichen, welcher tausend wirkliche Vortheile, einem eingebildeten oder wenig bedeutenden Uebel aufopfert *y*); derjenige, welcher den Menschen gerne das Feuer nehmen möchte, weil es an Feuersbrünsten, und das Wasser, weil es an Ersaufen Schuld ist.

Auch derjenige, welcher dem Uebel nicht anders vorzubauen weis, als durch völliges Niederreisen, hat falsche Begriffe von Nüzlichen.

In dieser Reyhe stehen z. E. die Geseze, welche verbieten, Gewehr zu tragen, weil sie doch niemanden als diejenigen entwafnen, welche weder zum Verbrechen geneigt, noch genugsam darzu entschlossen sind; denn wie werden diejenigen, welche die geheiligsten Geseze der Menschlichkeit und die theuersten Vorschriften des Gesezbuches verlezen, die unwichtigere

---

y) Wenn gleich die Aerzte seit hundert Jahren geschrien, daß jährlich eine grose Menge unehelicher, schon ohnehin äuserst gebeugter Sechswöchnerin für Schreken, Gram und Schande, durch böse Brüste und andere Zufälle dem Grabe zur Beute werden, wenn der Büttel am andern Tage ihrer Niederkunft mit öfentlichen Gepränge ihnen eine Haube auf das Bette leget, so rühmen doch ächte und from gesinnete Biedermänner, daß dieses eine sehr löbliche Gewohnheit sey. Was ist, sagen diese gotseeligen Herren, an dem Leben einer solchen Vettel gelegen?

wichtigere und wilkührliche Gebote verehren, deren Uebertretung, weil sie alzu leicht, unbestraft bleiben solte, und deren gar zu genaue Befolgung alle persönliche Freyheit benehmen würde; eine Freyheit, die dem Menschen lieb und selbst einem Gesezgeber von erhabener Einsicht angenehm seyn muß z). O traurige

z) *Freyheit.* Handlungen, deren Unterlassung der Schazkammer oder Kämmerey keinen Vortheil stiften und, weil sie niemanden beleidigen, in bürgerlichen Rechtsverstande der Republik unschädlich sind, muß der Beherscher, als gleichgültige betrachten, sie mögen auch Namen haben, was sie für einen wollen, und von einer Gattung seyn, von welcher sie wollen. Zwang in Kleinigkeiten, wenn solche gleich die unerfahrne Einfalt für Elephanten hält, Zwang in Kleinigkeiten, sage ich, machet die Menschen, (welche ohnehin schon in wichtigen und unumgänglich nothwendigen Dingen auf hundertfache Art gefesselt und eingeschränket sind) verdrießlich. Sie murren und, wenn nicht Ansessenheit oder Familie, oder andere Nothdurft sie abhält, so fliehen sie und werfen sich lieber einem Fürsten in die Arme, der als ein weiser Mentor durch einen Ablerblik das Ganze übersiehet, und mit Minervens Geiste seine beglükten Völker nachsehend zur Tugend leitet: als einem kurzsichtigen, in Mükenfange beschäftigten Orbilius, welcher mit grosen Tugenden, deren nur edle Gemüther fähig, unbekant, seine Bürger zu kleinen Pflichten peitschen und zur Frömmigkeit einsperren wil. Er weis nicht, daß Tugend, die einer beständigen Wache bedarf, Laster sey; er weis nicht, daß er in seinen Gesezen der jezigen Welt und Nachkommenschaft sein eignes kleines Herz abmahle. Besonders wollen die Politiker bemerket haben, daß die Grosen des Staats

Becc. O in

§. XL. Falsche Begriffe, so die Menschen

rige Verbote, welche Unschuldige schreklichen Mishandlungen aussezen, die nur Verbrechern gebühren. Der=

in kleinen Republiken, wenn ihre Erziehung alzu bürgerlich gewesen, gar zu gerne die kleinen, allermeist unschädlichen, jedoch auch dem Pöbel sichtbaren Rizen zu verstopfen pflegten, und in dem künstlich eingerichteten politischen Gebäude Sparren für Hauptpfeiler hielten. Weil leztere meist ein wenig versteket, und dieser Herren Einsicht bis dahin, daß sie, wenn gedachte Hauptbalken wurmstichig oder faulend werden, bemerken könten, sich nicht erstreket, das Gebäude aber sinken wil, so rufen sie: Bessert nur die Sparren! Denn die sieht man. Hier findet man kleinstädischen Zwang, und höret Lobreden auf Einrichtungen, deren man in grosen Regierungen sich schämet. Zwang in Kleinigkeiten ist es, wenn man den entblösten Busen (über welchen zu Anfange dieses Jahrhunderts die Geistlichen sich fast zu tode geprediget haben) bestrafet; wo man einen alzu weiten Reifen Rok durch des Henkers Hand zerhaken und die zerstümmelte Stüke, denen Völkern zum Schreken, gegen alle vier Weltheile ausstreuen lässet; wo man alzu zeitig in Wirthshäusern (den Raths Keller ausgenommen) Feyerabend gebiethet; wo derjenige, der in erlaubten Spielen die Marque über einen Pfennig, oder höchstens einen Zweyer, gelten lassen, fast am Leben gestrafet wird; wo eine Bandschleife, mehr oder weniger, auf der Haube die ganze Stadt in Bewegung bringet; wo man vernünftigen Schauspielern den Zutrit versaget (jedoch daß den Wurzelmännern und Zahnärzten einen Affen und Hanswurst zu führen, billig nachgelassen bleibe). Jederman weis es, daß es Städgen giebt, wo es als ein Policey Verbrechen angesehen wird, wenn man, stat der Begrüsung, sich nicht der Worte bedienet: Ge=

lobet

von gewissen eingebild. Vortheilen haben.

Dergleichen Geseze verschlimmern das Schiksal der überfallenen Beleidigten, und verbessern das Schiksal

lobet sey Jesus Christus! worauf der andere, stat der Danksagung, erwiedern muß: In alle Ewigkeit Amen! Ein Fremder begegnete einer Frau in einem solchen Orte, und sagte zu ihr: Ich bin Dero gehorsamer Diener, worauf sie ihm policeymäsig antwortete: In alle Ewigkeit Amen! Nein, Madam, versezte er, das wäre ein wenig zu lange. Unter den bedenklichen und unstrafbaren Zwang, (damit ich aus sehr vielen Beyspielen, nur einiger gedenken möge) rechnen Leute, die auf Reisen die Welt kennen lernen, Leute, welche grose Städe und Länder gesehen haben und sich Einsichten erworben, auch die Einschränkung der Pracht in Kleidungen nach Stand und Würden, die alzu strenge Bücher Censur und Confiscationen, die unnöthige Sperrungen der Thore, und die Visitationen in Privathäusern oder Haussuchungen ohne Verdacht, welche leztere in Schweden die ehedem despotisch regierende Reichsräthe, nicht nur wegen Einschleppung verbothener Waaren, sondern auch aus Frömmigkeit, um üppiges und unkeusches Leben, hohes Spiel und Schwelgereyen zu verhüten, ihrer Meynung nach, sehr weislich eingeführet hatten, so, daß bey Tag und Nacht zu allen Stunden geringschäzige Policeybediente gewalthätig in unbescholtener Leute Häuser eindrangen und, wenn man nicht den Beutel in Zeiten bliken liese, alles durchsucheten und durchwühleten. Der selbstdenkende König Gustav, welcher Weltweise gelesen und Weltweise zu Lehrern gehabt, rechnet solche unter den nichtswürdigen Zwang und hat allerneust, nehmlich am 16 Febr. 1778. sie nochmals in folgenden denkwürdigen Worten, worinnen tiefe Einsicht in die Legislatorische Klugheit hervorblizet, wohlthätig abgeschaffet, so daß niemand führohin

§. XL. Falsche Begriffe, so die Menschen

sal der Beleidiger und Ueberfallenden, sie tragen nichts zur Minderung, sondern zur Vermehrung der

in seinem Hause und Zimmer beunruhiget wird, ausgenommen offenbare Missethäter. Verordnungen, Geseze und Verbothe, welche sowohl wider der Menschen Neigungen, als wider ihre Denkungsart streiten, sind dem freyen gemeinen Wesen höchst schädlich. Denn indem sie an der einen Seite durch die Länge der Zeit unzulänglich werden, so machen sie auch einzig und allein, daß sich der Mensch gewöhnet, der Regierung ungehorsam zu seyn; oder sie zwingen auch den Regenten zu einer ungerechten und unnüzen Strenge, welche wiederum in gewissen Fällen gegen eine rechtschaffene Freyheit streitet und die besondere Ruhe, die Sicherheit, die ein jeder in seinen Hause, als der sichersten Zuflucht, haben muß, sowohl die Treue, die das Hausgesinde seiner Herschaft schuldig ist, und das einzelne Vergnügen, welches ein jeder in einem friedlichen Staate innerlich in sich hegen kan und darf, zerstöret. Verschiedene Verfassungen haben die Hausvisitationen leider verstattet, welche, indem sie sehr öfters die Ruhe und Sicherheit des dem Geseze gehorsamen Bürgers gestöret haben, eben so unzulänglich gegen den Verbrecher des Gesezes gewesen sind. Die Dienstbothen sind geschüzet ja ermuntert worden, ihre eigene Herschaft anzuklagen, welches sowohl mit der Länge der Zeit das Herz der Nation hätte verschlimmern, als auch eine weit gröfere Ungelegenheit verursachen können, als diejenige, welcher man durch dergleichen Mittel hat vorbeugen wollen. Nachdem Wir also der Natur nicht gemäß gefunden haben, mit denen Hausvisita‐
tionen

der Mordthaten bey, weil waffenlose mit mehrerer Zuversicht überfallen werden, als die, welche mit Gewehre tionen aus den Gründen, welche in unserer Verordnung von Jul. 1776. angeführet worden, fortfahren zu lassen ꝛc. Sehet da einen neuen Philosophen auf dem Throne, der, weil er aus preiswürdigen Absichten, eine neue Kleidertracht wünschet, zu solcher niemanden zwinget, sondern die Gemüther zu lenken weis, daß sie von selbst seinen Wunsch gewis erfüllen werden. Erkennet, daß Klugheit mehr als Strafe bewirke, und begreifet aus diesem Beyspiele, daß man nicht nur in Republiken, sondern auch in Monarchien, von Freyheit sprechen könne. Selbst ein König spricht davon. Kan man also wohl mich, der ich solche so eifrig vertheidige, eines Hochverraths beschuldigen? Man denke von mir, was man wil, man schimpfe, man table mich nach Belieben, ich weiche nicht von meinem Saze, sondern behaupte bis an das Ende meiner Tage, daß, weil die Unterthanen in allen Ländern durch Drangsale der Abgaben ohnehin sehr beängstiget, und verschiedene Nothwendigkeit mancherley Einschränkungen schon auserdem erfodert, der Fürst, wo er nur weis und kan, durch verstattete Freyheit denen Bürgern diese Bitterkeit versüßen, und ihnen nicht alle Tritte und Schritte, die sie thun und nicht thun sollen, vorschreiben müsse. Er liebe und verstatte Freyheit, damit man sein Herz aus seinen Gesezen lesen könne; er lerne seinen Beruf kennen, die zeitliche Glükseligkeit der Unterthanen zu befördern, und steige in keine andere Sphäre. Er verwandele Seelen in keine Marionetten; er lasse seine Geseze überal Menschlichkeit athmen, und Milzsucht von ihnen entfernet seyn; er glaube sicherlich, daß diejenigen auf unrechten Pfaden wandeln, welche die Kunst zu herschen aus Hübners, Christian

Wei-

§. XL. Falsche Begriffe, so die Menschen

Gewehre versehen sind. Sehet da Geseze, die dem Verbrechen nicht zuvorkommen, sondern sich vor dem Verbrecher fürchten; die aus den überraschenden Eindruke einiger einzeln besondern Vorfallenheiten entstanden, und sogleich zur gemeinen Regel gemacht worden sind. Man muß nicht alzu behende bey einzelen Vorfallenheiten ein neues Geseze ausheken, sondern das Ganze übersehen, damit die Geseze keine Misgeburten, sondern Früchte einer reifen Ueberlegung seyn mögen, nicht dessen, so in einzeln Fällen, sondern was in Ganzen nüzlich ist.

Ein falscher Begrif von Nüzlichen ist ferner derjenige, welcher gerne einen Haufen empfindender Wesen die Gleichförmigkeit und Ordnung geben möchte, deren eine rohe und leblose Materie fähig.

Hütet euch ferner, daß ihr bey Gebung der Geseze grose Bewegungs Gründe nicht auser Augen sezet, die stark und dauerhaft auf den gemeinen Haufen wirken, um entfernte Bewegungs Gründe zu gebrauchen, deren Eindruk matt und flüchtig ist, woferne

Weisens, Uhsens und Talanders Schriften, oder aus des Erasmus Büchelchen de civilitate morum erlernen wollen; er hüte sich, etwas zu verbiethen, wodurch dem Nächsten kein Schade erwächset, wodurch niemand beleidiget wird. Was kan er wohl für Bedenken haben, seinen Unterthanen eine Wohlthat zu erweisen, die ihm nicht das geringste kostet, sondern vielmehr einträglich ist, weil sie Fremden gefält und die Leute gerne in seinen Londe wohnen? Freyheit loket, Zwang verjaget.

woferne nicht etwa eine starke Einbildungskraft, welche der Menschlichkeit doch eben nicht gar gewöhnlich ist, durch die Zauberey der Vergröserung des Gegenstandes die Entfernung desselben ersezet.

Endlich ist auch unter die falschen Begriffe von Nüzlichen zu rechnen, wenn man mit Weglassung der Sache, den Namen beybehält und das gemeine Beste von der Wohlfarth der einzeln Personen gänzlich trennet. Der Unterschied zwischen dem Zustande der Geselschaft und der Natur bestehet darinnen, daß der in den natürlichen Zustande lebende Mensch nie zu Handlungen schreitet, die andern zum Schaden gereichen, als bis er aus der Beschädigung anderer für sich Vortheile ziehet; allein der geselschaftliche Mensch wird öfters durch fehlerhafte Geseze bewogen, andere zu verlezen, ohne sich damit selbsten Vortheile zu verschaffen. Der Despote stürzet Furcht und Niedrigkeit in die Seelen seiner Sklaven; da aber diese wiederum mit gröserer Macht auf den unumschränkten Gebiether zurükwirken, so gereichen sie ihm gar bald zu seiner Beunruhigung und zu seinem eigenen Schaden. Je heimlicher, je häuslicher und einsamer die Furcht ist, desto weniger ist sie demjenigen, der sie zum Werkzeuge seiner Glükseeligkeit zu gebrauchen weis, gefährlich; je öfentlicher sie hingegen und jemehr sie unter eine grose Anzahl von Menschen verbreitet ist, desto leichter kan es geschehen, daß ein Thor, ein Verzweifelnder, oder ein Tolkühner und Verschlagener sich finde, der sich anderer zu Ausführung seiner Absichten bedienet, und in ihren Gemüthern desto annehmlichere und verführerische Hofnungen erreget, da die Gefahr der Unternehmung unter eine grösere Menge in gleichem Maase vertheilet, und der Werth, den sie ihrem Leben beylegen, desto geringer wird, je gröser die Mühseeligkeit ist, in welcher sie leben. Dies ist die Ursache, warum eine Verlezung immer mehrere zuwege bringet, weil der Haß viel länger, als die Liebe dauert, da jener durch wiederholte Thaten mächtig gestärket, diese aber mittelst des öftern Genusses sich gleichsam selbst verzehret.

§. XLI.
Wie man den Verbrechen zuvorkommen sol.

Es ist besser den Verbrechen vorzubeugen, als schon verübte zu bestrafen. Dies ist der Hauptzwek der gesezgebenden Klugheit, welche nichts anders ist, als die Kunst, die Menschen zu dem höchst möglichen Grade des Glüks, oder dem möglichsten geringen Grade des Unglüks, zu führen. Es sind aber die bis jezt angewanden Mittel meistentheils falsch oder wohl gar dem Endzweke selbst entgegen gesezt gewesen. Es ist nicht möglich, den unruhigen Unternehmungs Geist der Menschen in eine geometrische Ordnung zu bringen, daß sich nicht hier und da einige Unregelmäsigkeit und

und Verwirrung einmischen solte. Können die festgesezten und einfachen Geseze der Bewegung nicht verhindern, daß die Planeten am Himmel in ihrem Laufe sich nicht zuweilen verirren, so werden menschliche Geseze noch viel weniger verhüten, daß nicht bey der anziehenden Kraft einer unendlichen und wider einander laufenden Menge von Vergnügen und Schmerzen, nicht einige Störungen und Unordnungen entstehen solten. Gleichwohl ist dieses das jämmerliche Hirngespinste, welches kurzsichtige Leute, wenn sie einigermaasen mit Hand an das Ruder der Regierung legen, sich in Kopf zu sezen belieben. Eine Menge gleichgültige Handlungen verbieten, heist nicht den Verbrechen vorbeugen, welche daraus entstehen können *), wohl aber heist dies Anlas zu neuen geben. Man verändert nach eigenen Gefallen und zum grösten Nachtheile der Sittenlehre durch solche Geseze die Begriffe von wahren Tugenden und wahren Lastern, welche doch sonst als ewig und unveränderlich ausgeprediget werden. Wie schlecht würde es um uns stehen, wenn uns alles, was zum Verbrechen Gelegenheit geben kan, verboten werden solte? Man müste sich des Gebrauches der Sinnen berauben.

Es

a) Das ist der Fehler unserer Policey Ordnungen, welche den Menschen zu Maschinen machen wollen, die zu gesezter Zeit schlafen, bethen, essen und trinken sollen, wie man es in Schulen mit den Kindern macht.

§. XLI. Wie man den Verbrechen

Es giebt gegen einen Bewegungs Grund, welcher die Menschen ein **wahres** Verbrechen zu begehen reizet, tausend, die sie zu **gleichgültigen** Handlungen antreiben, welchen thörichte Geseze den Namen eines Verbrechens beylegen. Die Wahrscheinlichkeit, daß Verbrechen werden verübet werden, beziehet sich auf die Anzahl der Bewegungs Gründe, welche die Menschen darzu reizen; wenn nun dieses ist, so wird durch unnöthige Erweiterung des Umfangs der Verbrechen, auch die Wahrscheinlichkeit vergrösert, daß mehrere werden begangen werden. Wahrhaftig ein groser Theil der Geseze sind nichts anders, als ein anschliesendes Vorrecht oder ein Tribut, den die meisten zum Behufe der Bequemlichkeit einiger Wenigen zu erlegen haben.

Wil man den Verbrechen zuvorkommen, so sey man darauf bedacht, daß die Geseze klar und einfach seyn mögen, und daß die ganze Macht der Nation zur Vertheidigung, und kein einziger Theil dieser Macht zur Durchlöcherung der Geseze angewendet werde. Man sehe dahin, daß nicht die verschiedene Stände der Menschen, sondern die Menschen insgesamt, von den Gesezen begünstiget seyn mögen. Man lasse sich angelegen seyn, den Menschen Furcht vor den Gesezen einzuflösen, aber vor den Gesezen allein. Diese Furcht ist heilsam; aber die Furcht eines Menschen vor dem andern ist eine ergiebige Quelle mancherley Unheils. Alle Sklaven sind wollüstiger, ausgelassener und grausamer,

samer, als freye Menschen. Diese huldigen den Wissenschaften, und überdenken das algemeine Wohl, sie sehen grose Gegenstände und streben ihnen nach. Aber in Furcht und Sklaverey lebende Bürger suchen in schwärmender Betäubung des zügellosen Lebens eine Zerstreuung, um sich den schreklichen Zustand zu erleichtern, worinnen sie sich erbliken, und einigermaasen das Nichts zu vergessen, worein sie versezt sind. An die Ungewisheit aller Begebenheiten gewöhnt, ist ihnen der Anschlag ihrer Verbrechen, gleich einem dunkeln Räthsel, unauflöslich, wodurch die Leidenschaften, von welchen sie hingerissen werden, Nahrung und Macht gewinnen.

Fält diese Ungewisheit der Geseze auf ein Volk, welches der Erdstrich, den es bewohnet, träge machet, so erhält und vermehret sie dessen Trägheit und Dumheit. Trift diese Ungewisheit eine wollüstige und schlaue Nation, so verbreitet sie, nach ihren thätigen Geiste, eine Menge kleiner Kabalen und listiger Anschläge, welche die Gemüther mistrauisch machen. Verrätherey und Verstellung wird zur gemeinen Moral. Fält die Ungewisheit der Geseze endlich auf ein muthiges und starkes Volk, so wird es nach einigen Hin- und herschwanken bald von der Freyheit zur Sklaverey, bald von der Sklaverey zur Freyheit, alle Bande gänzlich zerreisen.

§. XLII.

§. XLII.
Von den Wissenschaften und Religion.

Verbrechen werden verringert, wenn die Einsichten einer Nation sich erweitern und der Freyheit zur Seite gehen. Je ausgebreiteter die Kentnisse sind, je geringer wird die Anzahl der Uebel, die aus Einfalt und Dumheit entstehen, und desto beträchtlicher werden im Gegentheile die daher erwachsenden Vortheile. Ein kühner Betrüger, dem es am vorzüglichen Scheine niemals gebricht, wird von einem unwissenden Volke angebethet, von einem aufgeklärten hingegen verachtet [b]. Kentnisse verschaffen den Menschen eine Fertigkeit der Seele einen Vergleich zwischen den Gegenständen anzustellen,

---

[b] National Thorheiten eines Volkes sind nie von Grosen auf die gemeine Menge, sondern von den Bauern auf die Grosen kommen. Wenn ein Aberglaube erst unter den Pöbel algemein, dann wird erst der Vornehme mit fortgerissen. Gespenster und Hexen sind erst von Dorfe nach Hofe gezogen. Zoroaster und Mahomed, um ihre Lehre zu verbreiten, hiengen sich sogar an die Weiber, bey welchen Geschichten und Mährgen desto fester geglaubt werden, je unwahrscheinlicher sie ausfallen. Da nun der gemeine Man seiner Natur nach, und wegen der ihm beywohnenden Furcht, ein abergläubisches Thier ist, so habe vielmals überleget, ob es nicht zur Tugend viel beytragen würde, wenn man sich dieser seiner Schwachheit bediente, und anstat daß man ihm erzehlet, wenn ein Haase quer über den Weg laufe, dieses Unglük bedeute, andere Sprüchelgen unter

stellen, sie lehren ihm, selbige aus verschiedenen Gesichtspunkten zu betrachten; sie stellen seinen Empfindungen anderer Menschen Empfindungen entgegen, und werden solche wechselseitig gegen einander gemildert; sie helfen ihm bey andern Menschen eben die Begierden, die er selbst hat, entdeken, und von ihrer Seite gleichen Widerstand voraussehen. Vor dem hellen Scheina der aufgeklärten Vernunft verschwindet die verläumberische Dumheit, das durch Einsicht entwafnete Vorurtheil des Ansehens zittert und zaget, nur die Gewalt der Geseze bleibet unerschüttert.

Es findet sich keiner, der nicht den ofenbaren Nuzen der Verträge zur gemeinen Sicherheit erkennen und genehmigen solte, weil er die geringe Portion der unnüzen Freyheit, deren er sich beraubet, mit der Summe der Freyheit, welche die andern alle dagegen aufgeopfert, in Vergleichung ziehet und erwäget, daß der sämtlichen Mitglieder Freyheit, ohne den Beytrit der Geseze, sich wider seine Sicherheit verschwören könte. Wer ein empfindsames Herz hat, und einen Blik auf ein wohl abgefastes Gesezbuch wirft, wird zu dem Throne, und dem, der darauf sizet, mit Segenswünschen hinaufbliken,

unter ihm ausstreuete, die ihn zur Rechtschaffenheit lenketen, als z. B. wer sich grausam gegen sein Vieh bezeiget, dem gehet es in der Welt nicht wohl; oder frembdes Guth hat eiserne Zähne, es frist nicht allein sich selbst, sondern neben bey auch das eigene und gerechte Guth, u. s. w.

bliken, weil er siehet, daß er nichts weiter verloren, als die unseelige Freyheit, seinen Nebenmenschen boshafter Weise zu schaden.

Es ist falsch, daß die Wissenschaften dem menschlichen Geschlechte jederzeit schädlich, und sind sie es jemals gewesen, so war es ein der Menschlichkeit anklebendes und unvermeidliches Uebel. Die Vermehrung des menschlichen Geschlechtes auf Erden hat den Krieg verursachet; die noch unausgebildeten Künste und ersten Geseze, welche nur Verträge einer entstehenden und bald vorübergehenden Nothwendigkeit waren, fanden in dem Kriege ihren Untergang. Damals entstand die erste Philosophie, deren Grundsäze zwar nicht sehr zahlreich, aber in ihren Urstoffe richtig waren, weil die Menschen durch ihre Trägheit und Einfalt vor vielen Irthümern bewahret wurden. Als aber mit der Vermehrung der Menschen sich ihre Bedürfnisse vervielfältigten, waren stärkere und dauerhaftere Eindrüke nöthig, damit die Bürger abgeschrekt würden, nicht so wiederholte Rükfälle in ihre erste Wildnis zu versuchen; Rükfälle, die tagtäglich gefährlichere Folgen nach sich zogen.

Es waren also die ersten Irthümer in der Religion, welche die Erde mit erdichteten Gotheiten anfülten und eine unsichtbare Welt von Geistern erschufen *s*), welche die sichtbaren beherschten und regier-

s) Geistern. Damit waren die Chaldäischen Weisen sehr freygebig. Die Ursache war, weil sie keine Kentnis der Natur

regierten, eine grose Wohlthat (ich nehme dieses Wort in politischen Verstande) für das menschliche

Natur hatten. Je bekanter man ist mit der Körper Welt, desto mehr verschwindet die Geister Welt. Wie mögen aber wohl die Menschen zuerst und bevor das versiegelte Kleinod der heiligsten Offenbarung hierinnen denen Juden davon einige Kentnis gegeben, blos durch die Vernunft auf den Begrif eines Geistes gerathen seyn? Der Hauch und die Luft hat Gelegenheit gegeben, daß man sich solche unsichtbare Potenzen in gröserer Menge ersonnen, als nöthig war. Der Wind bewegte Fenster und Thüren, ja risse wohl gar Bäume aus der Erde, und man sahe ihn doch nicht. Gleich war die Definition fertig: Die unsichtbare Ursache einer sichtbaren Wirkung heist ein Hauch, ein Wind, ein Geist. Das ist eine leichte Philosophie. Man seze einen Geist in den Magnet, so weis man, warum er Eisen ziehe. Die Planeten und alle himlische Sphären wurden von Geistern gedrehet. Meer und Flüsse hatten ihre Geister, die Luft hatte ihre Geister und Wälder die ihrigen. Jeder Sterblicher bekam derer zweene zu seinen Führern, einen, der ihm gute, den andern, so ihm böse Gedanken in das Ohr lispelte. Diese Weisheit ist so bequem, so faßlich, daß sie auch Kinder verstehen können. Die Religion dieser Heyden bestand nicht in Liebe zur Tugend, nicht in Vertrauen auf Got, sondern in einer Furcht für unsichtbare Potenzen, in Bethen und Opfern. Die Sprachkunst hat mir den Ursprung der Geister, und daß der Wind oder die Luft zu solchen Gelegenheit gegeben, gelehrt. Denn in allen Sprachen ist das Wort Geist von Winde abgeleitet, wie der Lateiner spiritus, der Griechen πνευμα. Der Englische Etymologist Skinner leitet ebenermaasen das deutsche Wort Geist von Gust her, welches

224 §. XLII. Von den Wissenschaften

liche Geschlechte. Man kan die kühnen Männer, welche die ersten Einwohner der Städe betrogen, und die lehrbegierige Unwissenheit zu dem Fuse der Altäre schleppeten, als Wohlthäter des Erdkreises betrachten. Sie stelten den Völkern Dinge vor, welche ihre Sinne überstiegen, und die sich immer mehr von ihnen entfernten, je näher sie ihnen zu kommen glaubten. Dinge, die niemand zu verachten wagte, weil er sie nicht kante. Dinge, die selbst wegen ihrer Dunkelheit ihr Ansehen behaupteten. Auf diese Art vereinigte man die zerstreueten Leidenschaften vieler Menschen auf einen einzigen Mittelpunct, welcher sich gänzlich ihrer Seelen bemeisterte *d*). So war das Schiksal der ersten Völker beschaf-

ches Wind bedeutet. Alles wurde nunmehr mit Geistern erfüllet. Die Chaldäer brachten die Sache dergestalt aufs Reine, daß sie sogar Eintheilungen und Classen verfertigten, sowohl der guten als bösen Geister. Von ihnen hat sie Pythagoras und Plato überkommen. Doch was versündige ich mich, da selbst in diesen 18ten Jahrhunderte Schwedenburg, Schröpfer und Gasner die vertrauteste Bekantschaft solcher Geister genossen.

d) Daß alle Religionen, nur die jüdische ausgenommen, politische Erfindungen schlauer Staatsmänner gewesen, um den einfältigen Pöbel, der durch Aberglauben, nicht aber durch Vernunftschlüsse zu lenken ist, desto leichter zu regieren, scheint mir ein wenig zu viel gesagt. Ich weis zwar wohl, daß hierunter freylich vielerley Betrügereyen gespielet worden, und daß Numa, Minos, Lykurgus, Zaleukus, Mneves, Zatraustis und Zamolxis vorgegeben

beschaffen, die aus Wilden entstunden. Dies war der Zeitpunct, wo die grosen Geselschaften ihr Daseyn erhielten und das Band geknüpfet wurde, welches so viel Glieder vereiniget. Ich wil hiermit nicht jenes von Got erwählte Volk verstanden wissen, bey welchem auserordentliche Wunderwerke und die deutlichsten Merkmale der götlichen Gnade die Stelle der menschlichen Staatskunst vertraten. Allein wie der Irthum, seiner Natur nach, sich in unendliche Aeste verbreitet, so haben die daher entstandenen falschen Wissenschaften aus den Menschen einen fanatischen Haufen von Blinden gemacht, welche in einem verschlossenen Labyrinthe herumkreuzeten,

gegeben haben, als hätten sie ihre Geseze von Göttern, ja daß selbst Könige das Priesterthum zugleich verwaltet:

Rex Anius, rex idem hominum, Phoebique sacerdos.

Allein ich finde einen etwas nähern Grund selbst in der menschlichen Seele, welcher zur Religion Anlas gegeben, nachdem ich in denen Reisebeschreibungen gelesen, daß viele Amerikanische Völkerschaften, auch Isländer, Grönländer, Kamtschatkaer und andere Bewohner neu entdekter Inseln, die völlig wild und ohne Könige gelebet, zwar nicht von Got, d. i. von dem Geber des Guten und Schöpfer der Welt gewust, aber sämtlich Teufel geglaubt, d. i. sehr garstige unsichtbare Gespenster, die tief in der See wohneten und zuweilen hervorkamen dem Menschen zu schaden, aber mit Geschenken versöhnet werden könten. Also hat bey denen Heyden, wie die Historie bezeiget, die Furcht wenigstens Teufel erschaffen, ohne daß Könige an dieser Erfindung den mindesten Antheil gehabt.

Bttr. P

kreuzeten, wo alles dermaasen wider einander liefe, daß Meynungen gegen Meynungen stiesen und eine Lehre die andere verwundete. Diese für die Welt so traurige Scenen machten, daß einige philosophische Seelen den alten Stand der Wildheit zurükwünschten, weil sie sahen, daß solche Wissenschaften, oder richtiger zu reden, Meynungen, erstaunend schädlich waren.

Die zwote Entwikelung der Kentnisse fält in den Uebergang vom Irthume zur Wahrheit und von der Finsternis zum Lichte; ein Uebergang, welcher viel abschrekendes und schweres bey sich hat. Wahrheiten, die einer geringen Anzahl schwacher Menschen wider den ungeheuren Haufen der Irthümer gefährlich, hingegen einer grosen Anzahl mächtiger Leute nüzlich sind, musten einen Riesenkampf unternehmen. Die Gährung der in diesem Augenblike erwachten Leidenschaften stelten unzählige Schaaren von Uebeln wider die armen Sterblichen ins Feld. Wenn man die Geschichte, worinnen die Hauptbegebenheiten der Welt, nach Ablauf gewisser Perioden, immer wieder erscheinen, mit Aufmerksamkeit lieset; so wird man sehen, daß in diesem traurigen, aber nothwendigen Uebergange von der Finsternis zur Verklärung, und von der Tyranney zur Freyheit, oftmals ein ganzes Menschengeschlecht dem künftigen Glüke derer, welche darauf folgen, aufgeopfert wird. Wenn aber die Gemüther besänftiget, und das Feuer, wodurch ein von der Bosheit unterdrüktes Volk gleichsam

wie

wie das Gold geprüfet worden, von eblern und sanftern Gesinnungen erstiket, alsdann gelanget die Wahrheit zwar anfangs mit langsamen Schritten, die aber nachmals geschwinder werden, bis zu dem Throne der Monarchen, sezt sich ihm als eine Geselschafterin zur Seite, und erwirbet sich in der Versamlung des Volkes und in der ganzen Geselschaft Siz und Stimme. Wem kan da wohl noch einfallen zu behaupten, daß das den grosen Haufen erleuchtende Licht schädlicher, als die Finsternis, und die richtige Erkentnis der einfachen und leicht zu begreifenden Wahrheit dem menschlichen Geschlechte nachtheilig sey? So viel muß ich freylich gestehen, daß natürliche Unwissenheit vielleicht nicht so schädlich ist, als eine mittelmäsige und verwirte Kentnis, weil sich zu den Uebeln, welche aus der Unwissenheit entstehen, auch noch das Unheil des Eigendünkels, der Herschsucht und derer rachgierigen Irthümer hinzugesellet *). Allein wenn die Vorsicht

---

*) Noch weit schädlicher für das gemeine Wesen ist es, wenn man die Religion in äuserlichen Gepränge suchet. Das Christenthum bestehet bey den meisten Menschen in Kirchengehen, Singen und Bethen. Wer das thut, heist bey der Kirche und unter dem Pöbel ein frommer christlicher Man, wenn er auch ein Wucherer, Betrüger und Meyneidiger seyn solte. So übertünchet man Gräber, ziehet aber keine Christen, deren Handlungen tugendhaft seyn müssen. Es geziemet mir nicht, einen Blik in die Ewigkeit zu wagen, sonst würde ich muthmasen, daß ein tugendhafter

Vorsicht dem Fürsten einen Man von aufgeheiterten Einsichten gönnet, welcher die Geseze als ein Heiligthum betrachtet und selbige handhabet, so ist dieser das köstlichste Geschenke, welches der Regent sich selbst verschaffen und seinen Unterthanen wieder angedeyhen lassen kan. Da dieser Einsichts volle Weise die Wahrheit zu suchen gewohnt ist, ohne sich zu fürchten; da er über den gröſten Theil vermeynter Bedürfnisse, deren Vorspiegelung die Tugend so oft zu Falle gebracht, erhaben; da er das menschliche Geschlecht aus dem erhabensten Gesichtspuncte betrachtet, so siehet er seine Nation, als seine Familie, und seine Mitbürger, als seine Brüder an. Der blendende Abstand der Grosen von dem Gemeinen komt ihm desto geringer vor, weil nicht etwa ein oder der andere Theil, sondern das Ganze auf einmal vor seinen Augen aufgedeket liegt. Der Philosoph hat Bedürfnisse und ein Interesse, die der Pöbel nicht kennet, nehmlich, die Nothwendigkeit, den Grundsäzen, welche er in Verborgenen erkant, durch eigene Ausübung zu realisiren. Nicht eine nur knechtischen Seelen anständige Furcht vor der Strafe, sondern seine Gewohnheit, die Tugend um ihrer selbst willen zu lieben, beleben seine Thaten. Einige Männer von dieser

Gattung

Heyde, welcher von Christenthume keine Kentnis erlangen, oder solches nicht begreifen mögen, dem Throne des Glanzes wohl näher treten dürfte, als ein lasterhafter Christ mit wunderschönen Geplärre.

Gattung würden die Glükseligkeit ganzer Völker machen. Sol aber dieses Glük von Dauer seyn, so müssen gute Geseze die Anzahl der Tugendhaften so vermehren, daß die Wahrscheinlichkeit, es werde der Landesherr eine schlechte Wahl hierinnen treffen, dadurch sich von Tage zu Tage verringere.

§. XLIII.
Von den Magistratspersonen.

Ein anderes Mittel, den Verbrechen vorzubeugen, bestehet darinnen, es dahin einzuleiten, daß obrigkeitlichen Personen selbst daran gelegen sey, die ihnen anvertrauten Geseze unverlezlich zu handhaben, und sich weder durch Leidenschaft noch Freundschaft zur Hindansezung verleiten lassen. Je gröser die Anzahl derer ist, welchen die Volziehung der Geseze aufgetragen, und die einander neidisch beobachten, also sich selbst vor einander fürchten, desto seltener ist die Feilbiethung der Gerechtigkeit, desto weniger sind Mißhandlungen der Geseze zu befürchten; weil der Vortheil, der auf einen jeden fallen würde, sich verkleinert und die Gefahr der Unternehmung nicht ausgleichet. Wenn der Fürst einer Person zu viel Ansehen einräumet, und den Unterdrükten keine gerechte oder gegründete Klagen nachläst, so werden die Bürger gewöhnt, nicht sowohl die Geseze, als die Richter zu fürchten, wobey diese gewinnen, hingegen die öfentliche und privat Sicherheit verlieren.

§. XLIV.
Von den Belohnungen.

Ferner ist auch die Belohnung der Tugend ein Mittel, den Verbrechen vorzubeugen. Die Geseze aller heutigen Nationen beobachten in Rüksicht auf diesen Punct ein algemeines Stilschweigen. Ist es möglich gewesen, daß Akademien der Wissenschaften für die Erfinder nüzlicher Entdekungen Preise ausgesezet und hierdurch die Kentnisse erweitert, sowohl die Anzahl guter Bücher vergrösert haben; warum solten nicht die von der wohlthätigen Hand des obersten Gebieters ausgetheilten Preise tugendhafte Handlungen gleichermaasen vervielfältigen? Ehre und äuserliche Vorzüge sind eine solche Münze, welche in den Händen eines weisen Verwalters unerschöpflich ist, und mit grosen Wucher genüzet werden kan ƒ).

§. XLV.

ƒ) Daß bey vielen Verbrechen, als z. B. bey der Hurerey, die Strafen nichts helfen, sondern vielmehr schädlich, hat Preusen satsam erkant und wir gar vielmals erwehnet. Strafe auf eine Sache zu sezen, die sich selbst bestraft, wie sol ich dieses nennen? Die Schande ein Kind zu bekommen, und eine Hure zu heisen, ist bey dem schönen Geschlechte mehr, als der Tod. Schreket dieses nicht, was wil Kirchenbuse und vierzehn tägliches Gefängnis helfen? Treibet es aufs höchste und machet Zangen glühend, ihr werdet dem Hungrigen doch nicht verbiethen, sich nach Brode umzusehen, um seiner zu begehren. Belohnungen würden mehr ausrichten, aber sie kosten Geld. Bereits

in

§. XLV.
Von der Erziehung.

Das sicherste aber zugleich auch schwereste Mittel, die Menschen umzuarbeiten, ist endlich, daß man die Erziehung besser einrichte. Allein dieser

in fünften Jahrhunderte hat ein Bischof in Frankreich, der heilige Medardus, das Rosenfest erfunden. Er war Herr von den Dorfe Salency. Welches Mädgen auf eine gewisse Aussteuer, mithin auf einen Man, aljährlich Rechnung machen darf, muß keusch gelebt haben. Man untersuchet ihren Lebenswandel, doch nicht mit der strengsten Genauigkeit, nicht dergestalt, daß der Teufel mit einen Advocaten ihr entgegen gestellet werde. Das Rosenmädgen begiebt sich an Medardus Tage in weiser Kleidung und fliegenden Haaren in Begleitung einer Dorfmusic nach dem Schlosse. Sie macht den Herrn von Salency ein kurzes Compliment. Er, oder in seiner Abwesenheit ein Abgeordneter oder der Gerichtshalter, giebt ihr sodann die Hand und führet sie in Procession zur Kirche, wo sie ihre Ausstattung erhält. Man singt: Herr Gott dich loben wir, und die jungen Pursche plazen dabey aus Feuerröhren. Hierauf wird sie zu Tische begleitet, und unter einem grosen Baume eröfnet der Guthsherr mit diesem Mädgen den Ball. Den andern Tag bittet das Rosenmädgen die jungen Leute zu sich und bewirthet sie nach ihrer Art, wobey gesungen und getanzet wird. Man sagt, in diesem Dorfe sey eine Schwachheit des weiblichen Geschlechtes was unerhörtes, ohnerachtet in den benachbarten Dörfern selbige wie eine Pest unter den Dirnen wüthe. Also sind Belohnungen freylich gut, aber übertriebene Züchtigungen

§. XLV. Von der Erziehung.

dieser Gegenstand ist gar zu weitläuftig, und würde mich über das Ziel, welches ich mir vorgestekt, hinausführen. Aller gar wohl gemeyneten Anstalten ungeachtet, getraue ich mir zu behaupten, daß diese Sache, ihren Wesen nach, mit dem Innersten der bürgerlichen Verfassung in so genauer Verbindung stehe, daß solche nicht noch lange Zeit und bis auf glüklichere, leider! noch sehr entfernte Zeiten ein ödes, ein nur hin und wieder von einigen Weisen schüchtern bearbeitetes Brachfeld bleiben werde. Ein gewisser groser Mann, der die Menschen, so ihn verfolgen, aufzuklären suchet, hat ausführlich die vornehmsten Grundsäze einer solchen Auferziehung, wie sie dem Staate wahrhaftig Nuzen brächte, entworfen. Hier sind einige davon: Man bemühe sich den Kindern stat einer Menge fruchtloser Dinge, die sie nicht fassen, eine kleine Anzahl wohlgewählter und deutlicher Lehren vorzulegen. Sowohl bey phyſikaliſchen als moraliſchen Erſcheinungen der Natur laſſe man ihnen ſtat einer verblümten und fehlgeſchlagenen Copey, das Urbild in ſeiner

ächten

tigungen was sollen die helfen? Sie machen die Gemüther brutal und verdunkeln den Unterschied, der zwischen grosen und geringen, wahren und Scheinverbrechen obwaltet. In der Lausiz wird der Ehebruch mit sechs wöchentlichen Gefängnis, in Churſachſen mit dem Schwerdte bestrafet. Fallen etwa in diesem Marggrafthume mehrere, und in Sachsen wenigere Ehebrüche vor? Nein, dort gerade so viel wie hier, und hier gerade so viel als dort.

§. XLV. **Von der Erziehung.**

ächten Gröſe ſehen *g*). / Man ſuche ſie auf den leichten Wege der Vernunft zur Tugend zu leiten und
vom Böſen durch die von ihnen verſtandene Nothwendigkeit der Strafen, welche auf die Thaten
folgen müſſen, zu entfernen. Dieſes iſt nüzlich,
nicht aber der gebietheriſche Zwang, deſſen Wirkung
immer ungewis bleibet, und wodurch man ihnen
keinen freudigen, ſondern nur einen heuchleriſchen
Gehorſam von kurzer Dauer abnöthiget *h*).

§. XLVI.

g) Ich weis nicht, ob in irgend einer Schulordnung ein Fingerzeig geſchehen, daß der Schulmeiſter ſeiner anvertrauten Dorfjugend, die Kobolde, Drachen, Wechſelbälge,
Geſpenſter, Nixe, Berggeiſter und was dies Ungeziefer mehr
für Namen hat, aus dem Kopfe rüken und die Betrügereyen der Schazgräber, klugen Männer, Teufelsbanner und
Nativitäten Steller ihnen klar aufdeken, beſonders aber die
Wahrſagerey aus den Kartenſchlagen, Heulen der Hunde,
Schreyen des Keuzleins, aus dem Guſſe des Coffeköpfgens,
die Traumbücher u. ſ. w. lächerlich vorſtellen ſolle. Mich
deucht, eine Sache, wodurch ſo viel Menſchen unglüklich
werden, ſey keine Kleinigkeit. Allein meiſt iſt der Schulmeiſter ſelbſt Prophete, vielmals glauben die Verfaſſer der
Schulordnungen ſelbſt an die Hexe zu Endor, wie ich
denn (es iſt ſchändlich, aber ich wil es erzehlen) eine
Frau Paſtorin gekant, die mit völliger Genehmhaltung
ihres Eheherrns dem Pfande ihrer Liebe, das ſie auf dem
Arme trug, ein Scharlachläpgen um die Hand genähet
hatte, damit es nicht beſchryen würde. Got behüts!

h) Lokman, der arabiſche Weltweiſe, ſagte: Du kanſt ſündigen, wenn du nur einen Ort findeſt, wo dich

Got

§. XLVI.
Von der Begnadigung.

Je gelinder die Strafen sind (und so sollen sie seyn), desto weniger ist Gnade und Verzeihung nothwendig. Glüklich wäre das Volk, bey welchem man die Begnadigung mehr für etwas unheilsames, als lobenswürdiges ansehen müste. Die Mildigkeit, welche zuweilen bey einem Regenten jene Eigenschaften ersezen muß, welche ihm abgehen, die Pflichten des Thrones zu erfüllen, solte aus einer volkommenen Verfassung verbannet seyn; in einer solchen nehmlich, wo die Strafen, wie sie seyn müssen, milder und die peinlichen Geseze untadelhafter wären. Diese Wahrheit muß nothwendig denenjenigen hart vorkommen, welche unter einem verwirten criminal Systeme leben, wo, wegen Verwechselung der wahren Verbrechen mit chimärischen, die Begnadigung nach dem Maase der Ungereimtheit, so in peinlichen Gesezen herscht, und der Grausamkeit der übertriebenen Strafen nothwendig wird *). Das Recht

Got nicht sehen kan. Dieses scheint schön gesagt, und ist schlecht. Besser ist es, wenn der Lehrling antwortet: Ich würde blos aus Haß gegen das Laster und aus Liebe zur Tugend niemanden beleidigen, wenn ich auch dergleichen Ort zu finden wüste.

*) Nichts verräth mehr die eingeschränkte Einsicht eines Gesezgebers, als übermäsige Strafen, und machen sie wohl seinem Herzen Ehre? Feigherzige, weggeworfene, Asiatische Seelen

§. XLVI. Von der Begnadigung.

Recht Gnade zu ertheilen ist eines der schönsten Vorzüge des Thrones. Allein so glänzend auch dieses seyn mag, so beweist es doch eine stilschweigende Seelen prügeln auf die Fußsohlen, schlagen einer tauben Nuß halber die Köpfe herunter und sind unersättlich in der Rache, da hingegen die Ueberwinder der Welt, die grosmüthigen Römer, in ihren Strafen gelinde. Wir wollen den Lipius hören, wo er von der Viertheilung des Mettius redet: Avertere omnes a tanta foeditate spectaculi oculos. Primum ultimumque illud supplicium apud Romanos, exempli parum memoris legum humanarum, fuit. In aliis gloriari licet, nulli genti mitiores placuisse poenas. Bayle hat schon bemerket, daß die Menschen nicht nach ihren Grundsäzen handeln, daß die Pharisäer den Verwundeten auf der Strase liegen lassen, da der Samaritaner ihn salbet. Er zeigt, daß Naturalisten Got lieben; daß sie keine Höllen Strafen fürchten und doch weniger sündigen; daß Spinoza rechtschaffen handele ohne Hofnung einiger Belohnung. Dieses macht einen schönen Contrast mit denjenigen, welche die Religion zu Bemäntelung ihrer Bosheit misbrauchen. Ein Beweis, daß durch Schärfe der Strafe nichts zu erzwingen, sondern ein angebohrner Haß gegen das Laster, oder eine durch weise Geseze eingeprägte Liebe zur Tugend, auch in bürgerlicher Einrichtung, bessere Wirkung habe, als Todesstrafen und Staubbesen. Die Pharisäer beobachten das Gesez aus knechtischer Furcht der ewigen Verdamnis. Die Sadducäer, welche die Unsterblichkeit der Seele leugneten und keine Auferstehung glaubten, beobachteten das Gesez auch, aber nicht aus Furcht, sondern aus Liebe zu Got, ihren Wohlthäter und Erhalter. Mich hat eine lange Erfahrung durch mancherley Beyspiele belehret, daß

tugend=

genbe Misbilligung derjenigen Rechte, welche das Vorurtheil vieler Jahrhunderte, das weitschweifige Gefolge unzähliger Ausleger und die übertriebenen Lobsprüche dreister Halbgelehrten bis im Himmel erhoben. Die Gnade ist eine Tugend des Gesezgebers, nicht aber desjenigen, der die bereits gegebenen Rechte in Ausübung bringen sol; sie muß aus dem ganzen Gesezbuche hervorleuchten, aber nicht in besondern Urtheilen erscheinen. Lasset euch nur einigermaasen merken, daß die Verbrechen Vergebung erhalten können und die Strafe nicht allemal deren unausbleibliche Folge sey; o! so nähret ihr dadurch den Zunder der schmeichlerischen Hofnung durch zu schlüpfen, ja ihr erreget so gar die Meynung, daß einer, der ohne Begnadigung Strafe dulten muß, Unrecht leide, und daß die Urthelssprüche mehr Gewaltthätigkeiten, als Handlungen sind, welche aus der Gerechtigkeit fliesen. Giebt nicht ein Regent, wenn er jemanden begnadiget, die öfentliche Sicherheit gleichsam in die Hände einer Privatperson, und scheinet er nicht vermittelst einer unzeitigen Wohlthat gleichsam algemein auszurufen, daß die Verbrechen unbestraft bleiben sollen? Die Geseze müssen demnach wie Felsen stehen, und

diejeni=

tugendhafte Amtleute ihre Gefangene milder, hingegen solche, die von Fußsohlen bis auf das Haupt selbst voller Laster und Fehler sind, ihre Inquisiten auf das schärffste behandeln, und dabey überal, daß es zu Gottes Ehre geschehe, auspredigen lassen.

§. XLVII. Beschluß.

diejenigen, die sie volziehen, unerbitlich, der Gesezgeber aber bey Abfassung der Rechte gelinde, huldreich und menschlich seyn. Als ein geschikter Baumeister suche er das Gebäude der Glükseligkeit auf den Grund der Liebe zu erbauen, vermöge welcher ein jeglicher sein eigenes Wohl wünschet, und er beeifre sich seine Einrichtung dergestalt zu treffen, daß das algemeine Wohl mit dem besondern, so viel als möglich, in Vereinigung stehe. Solchergestalt wird er nachher nicht gezwungen seyn, das Wohl der Geselschaft von der Wohlfarth einzelner Personen durch besondere Geseze zu trennen, und ein Schattenbild der öfentlichen Glükseligkeit auf Furcht und Mistrauen zu errichten. Als ein tiefsinniger und empfindsamer Philosoph lasse er die Menschen, seine Brüder, den kleinen Antheil der Glükseligkeit, der ihnen übrig geblieben, in Frieden geniesen, und gönne ihnen so viele Freude, als der Schöpfer dieser Erde, die nur ein Punct des Weltgebäudes ist, ihnen zugedacht.

§. XLVII.

Beschluß.

Ich schliese mit der Anmerkung, daß die Strafen dem jedesmaligen Zustande der Nation angemessen seyn sollen. Die Eindrüke müssen auf die verhärteten Gemüther eines Volkes, welches kaum dem Stande seiner Wildnis entflohen, stärker und empfindlicher seyn. Ein Wetterstrahl treffe den wüthen-

wüthenden Löwen, der den Schuß eines Feuer=
rohrs nichts achtet. Wenn aber hernach die Ge=
müther im Stande der bürgerlichen Gesellschaft sanf=
ter und biegsamer werden, so nimt die Empfind=
lichkeit zu, mit deren Vermehrung die Härte der
Strafe abnehmen muß.

Aus allen, was wir bisher gelehret, kán man
diesen algemeinen Lehrsaz ziehen:

Damit die Strafe nicht in eine Gewalt=
thátigkeit eines Einzigen oder mehrerer gegen
einzelne Bürger ausarte, so muß sie öfent=
lich, nothwendig, so gelinde, als nach den
besondern Umständen es immer möglich ist,
den Verbrechen angemessen und durch Geseze
bestimt seyn.

Urtheile

Urtheile und Anklagen

wider

vorstehendes Buch.

Urtheile und Anklagen
wider vorstehendes Buch.

Unter tausend Rosen und Lilien, welche die bewundernde Welt dem Marquis von Beccaria zugeworfen, sind freylich auch zuweilen einige tiefe Seufzer ausgestosen worden, und wer wird das tadeln? Aber nicht leicht ist jemand die lästerlichen Schmähungen auszustehen fähig, die ein besonderer Gegner ausgestosen, welcher den Verfasser wegen Gottesverleugnung und der verlezten Majestät anklaget, und der, wenn der Satan noch was ärgers ausgebrütet hätte, auch dessen ihn beschuldiget haben würde. Ich wundre mich in der That, daß unser Schriftsteller sich so weit erniedriget, daß er sich gegen selbigen, und noch darzu sehr weitläuftig, vertheidiget hat, da doch dieser Widersacher nicht in das Innerste gedrungen, sondern einen schändlichen Consequenzenmacher abgegeben. Dieser wirft dem Marquis beständig vor, daß aus seinen Säzen Lehren flössen, welche den Meynungen der Protestanten, d. i. der Kezer, das Wort redeten. Der Marquis konte kurz und gut darauf antworten: was kan ich aber dafür, daß ein solches daraus folget? Kan man meine Säze nicht widerlegen, was gehen mich die Folgerungen an?

Das Lächerlichste unter allen ist wohl dieses, daß er unsern Beccaria Hobbesianische Grundsäze andichtet.

Der Charakter des Hobbes, dieses wirklich grosen Mannes, den selbst Puffendorf, so verschieden er auch denket, den ersten Rang unter den Propheten des natürlichen Rechtes einräumet, und mit Ehrfurcht von ihm rühmet, daß nie ein Mensch tiefer in die Sache eingedrungen sey, ist von der Denkungsart dieses Beccaria sehr verschieden. Hobbes verräth einen sehr unfreundlichen Misanthropen, hingegen der Charakter unsers Schriftstellers zeiget einen liebesvollen Menschen Freund.

Der Ankläger macht ferner ein grosses Geschrey über einen etwas zweydeutigen Ausdruk, wo Beccaria die menschliche Gerechtigkeit nicht etwas wirkliches nennet. Aber der ganze Zusammenhang giebt zu verstehen, daß gar seine Meynung nicht sey, damit so viel zu sagen, als sey die Gerechtigkeit so Etwas, wie die heidnische Göttin Themis oder ein ander fabelhaftes Hirngespinste. Er nennet vielmehr die Gerechtigkeit eine blose Vorstellung und eine zusammen gesezte Idee, die freylich nicht in der Natur selbst, nicht etwa im Meere oder unter den Sternen, oder sonst wo lebet und webet, sondern blos in dem Gehirne des Menschen ihren Siz hat, wie alle übrige unkörperliche Sachen, wie der Begrif von Obliegenheit, wie der Begrif von einer ausenstehenden Schuld u. s. w. Offenbar also hat sein Gegner diesen Ausdruk vergiftet.

Wenn schon übrigens dieser fromme und gotselige Ankläger seine ungegründeten Beschuldigungen mit dem Dekmantel der Religion beschöniget, so ist doch dieser Kunstgrif nichts neues. Selbst Italien hat in diesem jezigen Jahrhunderte erfahren und gesehen, daß zweene fromme und in aller Betrachtung verehrungswürdige Gelehrte, der Probst Ludwig Anton Muratori und der Marquis Scipio Maffei, für Kezer, Protestanten und

Janseni=

wider vorstehendes Buch.

Janseniſten ausgeſchryen worden: was Wunder demnach, daß auch unſer Beccaria dieſes Schikſal erfahren müſſen?
Sein gotſeliger Gegner bekrönt ihn mit beſondern Ehrentiteln und beſchreibt unſern Marquis als einen Man von einem engen und beſchränkten Geiſte (S. 51.), wahnwizig (S. 66.) von böſen Talenten (S. 154.) der mit offenbaren Albernheiten Ekel verurſachet (S. 140.) als einen dummen Betrüger (S. 159.) einen zügelloſen Satyriker (S. 42.) welcher Uebligkeiten und Brechen erregt (S. 130.) voller vergifteter Bitterkeit, ſchmähſüchtiger Raſerey, treuloſer Verſtellung, bösartiger Dunkelheit, ſchändlicher Widerſprechungen (S. 156.). Ich überlaſſe einem jeden zu entſcheiden, wem dergleichen Ausdrüke die gröſte Schande machen? Wie nun im Gegentheile der Marquis in ſeinen Antworten ſtets in liebenswürdiger Gelaſſenheit verbleibet, und Schmähungen nirgend erwiedert, ſo liegt zu Tage, daß ſein Ankläger nicht die Sprache eines wahrheitliebenden Mannes rede, ſondern daß Haß und Eifer ihn entzünden. Des Anklägers hartes Bezeigen iſt ohngefähr die Sprache eines überwundenen Fechters, deſſen Schikſal ſich mit Verzweifelung endiget. Dieweil ſeinen Dolch die Macht des Gegners ihm aus den Händen geſchleudert, ſo wil er wenigſtens zulezt der ſchimflichen Freude genieſen, vor ſeinem Tode noch einmal mit den Zähnen zu knirſchen und ſeinen Ueberwinder anzublöken. Von dem Buche ſelbſt ſagt er: es ſey ein Werk, welches aus dem tiefſten Abgrunde der Finſternis gekommen, welches erſchreklich (S. 4.) tollkühn (S. 16.) lächerlich (S. 35.) verunehrend, gotlos, ſchmähſüchtig, alle bösartige und ausgelaſſene Satyre überſteigend (S. 42.). Er findet darinnen Schulfüchſerey (S. 62.) verkrümte Verläumdun-

gen (S. 86.) ungeschliffene Alberheiten (S. 130.) in Raserey ausgestosene Lästerungen (S.156.) Beissigkeiten (S. 182.) ärgerliche und gotlose Schökereyen (S. 183.) wahnwizig angenommene Meynungen u. s. w. Gleichwohl spricht dieser Widersacher, ehe er zur Anstimmung seiner Noten schreitet: Ich fange meine Anmerkungen und Erwägungen mit Gelassenheit an.

Wie ich nun schon oben dem Verfasser übel ausgeleget, daß er mit einem solchen Klopfechter sich eingelassen, dessen Einwürfe in der That äuserst niedrig sind, so kan ich mich unmöglich entschliesen, alle Anklagen dieses gotseligen Gegners herzusezen. Ich würde das Buch aufschwellen und den Leser ermüden. Nur die scheinbarsten und besten wil ich aussuchen und des Herrn Marquis weitläuftige Vertheidigung zuweilen nur in einige Worte zusammen ziehen; vorher aber noch die Vorrede einrüken, welche in der neuesten Ausgabe befindlich.

Vorrede
zur neuesten Ausgabe.

An den Leser.

Ein vor zwölfhundert Jahren zu Constantinopel herschender, den Pfaffen und Weibern ergebener Prinz liese die heydnischen Geseze eines alten kriegerischen Volkes zusammen tragen, darein mengte man nachgehends barbarische Gebräuche der Longobarden, und damit alles recht bunt ausfallen möchte, krümelte man in das peinliche Wesen auch Broken aus dem kanonischen Rechte, welches allermeist von Mönchen, wie sie die damalige Zeit gab, abgefasset worden. Alles dieses ward zulezt von, ich weis nicht was für düstern, privat Auslegern mit Anmerkungen in ungeheuren Wulsten aufthürmet, welche die so genante gemeine Meynung oder das liebe Herkommen ausmachen. Der gröste Theil Europens nennet es Rechte. Noch heutiges Tages sieht man die traurige Gewohnheit herschen, daß ein Gutachten, ein Urtheil, ein gelehrter Beyfal in Grausamkeiten, so ein Carpzov, ein Clarus, ein folternder Farinacius aufbehalten, als Rechte gelten, welchen diejenigen mit Zuversicht und unerschroken folgen, welche zitternd das Leben und die Schiksale der Menschen regieren solten. Diese Misgeburthen barbarischer Zeiten wil ich (jedoch nur den Theil, welcher das peinliche Recht betrift) untersuchen.

Man waget sich denen, welche die menschliche Wohlfarth zu leiten berufen sind, das unrichtige dieses so genanten

nanten Rechts in einem philosophischen Vortrage und einer Schreibart zu zeigen, die freylich den unerleuchteten Pöbel verscheuchen wird. Das sanfte Ruder der Regierung, unter welcher der Verfasser lebet, ist der Nordstern, welcher sein Fahrzeug leitet, und die Quelle, woraus in diesem Werke seine freymüthige Nachforschung der Wahrheit entsprungen, welche ihn nöthiget, die Heerstrase der Irrenden zu verlassen.

Monarchen, ihr Wohlthäter des menschlichen Geschlechts, ihr lasset euch gewis ganz gerne von einem unbemerkten Liebhaber der Weisheit lenken, der mit Bescheidenheit und von fanatischen Eifer entfernt, seine Einsichten vorzutragen sich erkühnet, der, wider die hinreisende Gewalt der Irthümer bewafnet, mit freyen Muthe unwiderlegliche Wahrheiten vorzutragen waget. Züchtigungen und Vorwürfe waren blos in vergangenen Zeiten, nicht aber in jezigen, die Belohnung desjenigen, der Unsinn bey wichtigen Dingen in seinem ganzen Umfange vorzufinden und anzuzeigen wuste.

Wer mich in diesen meinen Vorhaben mit seinem Tadel beehren will, stelle sich nur zuerst den Endzwek vor, auf welchen mein Werk abzielet. Dieser Zwek, weit entfernt die rechtmäsige Herschaft zu mindern, gereicht vielmehr zu deren Verherlichung, wenn nur (dieses seze ich zum Voraus) die Vernunft mehr, als das Vorurtheil über den Leser vermag. Kunstrichter, die mich nicht verstanden, gründen ihren Tadel auf lauter verworrene Begriffe, und verursachen, daß ich meine vorhabende Unterhaltung mit dem erleuchteten Leser einen Augenblik unterbrechen muß, weil ich doch gerne dem blinden Eifer und dem boshaften Neide ein für allemal zu weitern Schmähungen den Zugang versperren möchte.

Die

Die moralischen und politischen Grundsäze, nach welchen die Menschen regieret werden, fliesen aus drey Quellen: der Offenbarung, dem natürlichen Rechte und den wilkührlichen Verträgen der menschlichen Gesellschaft. Die Offenbarung hat, weil sie einen ganz andern Zwek sich vorgesezet, keine Beziehung auf die andern, allein darinnen treffen alle dreye überein, daß sie zur Glükseligkeit dieses Lebens etwas beytragen. Wenn man sich blos mit den lezten beschäftiget, so schliesset man dadurch die ersten beyden nicht aus. Obgleich jene beyden götlich und unabänderlich, so sind sie doch in dem verdorbenen Gemüthe der Menschen sowohl durch falschen Gottesdienst und Aberglauben, als auch durch die unbestimten wilkührlichen Vorstellungen von Tugend und Laster auf mancherley Art so verunstaltet, daß es fast besser, ja nothwendig ist, mit Ausschluß aller andern Betrachtungen, blos allein nur dasjenige zu untersuchen, was aus dem Geselschafts Vertrage, den die Menschen stilschweigend unter einander geschlossen, abzuleiten stehet; aus dem Gesellschafts Vertrage, sage ich, welcher entweder ausdrüklich geschlossen, oder aus Nothwendigkeit eingeführet, oder wegen des gemeinen Wohls voraus gesezet worden ist. Der Christen und Türken, auch der Heyden Moral Systeme müssen nothwendig in diesem Begriffe übereinkommen. Daher kan man auch die Ungläubigen und Kezer zwingen sich nach den Grundsäzen zu richten, ohne welche die Vereinigung der menschlichen Gesellschaft nicht möglich wäre und die aus obgedachten Geselschafts Verträgen entsprungen.

Es giebt also drey unterschiedene Arten von Tugenden und Lastern, die gottesdienstlichen, die natürlichen und bürgerlichen. Diese drey Gattungen dürfen nun zwar einander nicht gerade weg widersprechen, doch die Folgen und Pflichten, so aus den zwo erstern fliesen, müssen eben nicht schlechterdings den leztern ähnlich seyn. Die Offenbarung fordert nicht alles, was das natürliche Recht verlanget, und wiederum was dieses fordert, verlanget nicht eben durchgängig das aus dem gesellschaftlichen Vertrage entsprungene bürgerliche Recht. Ueberaus wichtig aber ist es, dasjenige insonderheit auszuforschen, was aus dem geselligen Leben entsprossen. Ja, wir sind genöthiget, dieses von jenen beyden erstern zu trennen. Denn blos aus diesem ist die obrigkeitliche Gewalt entstanden, und weiter erstreken sich die Pflichten eines Bürgers nicht, wenn nicht eine besondere Sendung vom höchsten Wesen ein mehreres erfordert. Die aus den Verträgen entspringenden bürgerlichen Pflichten kan man veränderlich nennen. Ja freylich! wenn Unverstand und menschliche Leidenschaften nicht alles verdunkelten, so würde der Begrif von natürlichen Tugenden und Pflichten weit deutlicher einleuchten, als jezo geschiehet. Die gottesdienstliche Tugend ist unveränderlich, weil sie von Got unmittelbar vorgeschrieben worden, es wäre also ein Irthum und eine Zunöthigung, demjenigen Schriftsteller, der nur von geselligen Verträgen und deren Folgerung handelt, deswegen, weil er des natürlichen Rechts und der Offenbarung keine Erwähnung thut, Meynungen, die dem natürlichen Geseze und der Offenbarung zuwider, anzudichten.

Irthum wäre es, jemanden Hobbesianische Gesinnungen blos deswegen aufzubürden, weil er vom Stande der Wildniß und den beständigen Kriege eines gegen den andern eher, als vom Stande der Gesellschaft, gehandelt. Irthum wäre es, ihm Schuld zu geben, daß er keine andere Pflichten kenne, als solche, welche aus dem Kriege, also aus der verdorbenen Natur entstanden. Irthum wäre es, einem Schriftsteller zum Verbrechen anzurechnen,

rechnen, daß er die Folgen aus dem errichteten Gesellschafts Vertrage eher beleuchte, als er diese Verbindung und den Vertrag selbst erkläret hat.

Gottes Gerechtigkeit und die menschliche Gerechtigkeit sind zwar an und für sich betrachtet und ihren Wesen nach beständig und unabänderlich, weil Dinge von gleicher Art auch gleiche Eigenschaften haben müssen; allein wenn ich die Menschen zugleich als Bürger betrachte, und in Erwägung ziehe, daß die Verträge, so sie deshalb, um sich in eine Gesellschaft zu vereinigen, unter einander eingegangen, verschieden seyn können, so kan die bürgerliche oder politische Gerechtigkeit Abänderungen leiden, wornach nämlich eine That oder Handlung, dieser oder jener Gesellschaft nüzlicher oder unzuträglicher ist. Wer aber diese verschiedene Verhältnisse und den künstlichen Zusammenhang, der in etwas verflochtenen Einrichtung des Staats nicht recht auflöset, ist nicht im Stande die Begriffe recht zu entwikeln und zu zergliedern. Verwirret nur diese wesentlich verschiedenen Dinge, und ihr werdet nimmermehr in politischen Sachen richtig urtheilen.

Theologen mögen das Recht und Unrecht in Ansehung der innern Bosheit und Güte der Handlung bestimmen wie es ihnen beliebet, dem Staatskenner komt es zu, das politische Gerechte oder Ungerechte lediglich darnach zu beurtheilen, ob eine Handlung der Gesellschaft nüzlich oder schädlich sey? Es ist also leicht zu ermessen, daß die politische Gerechtigkeit jener ewigen und unveränderlichen Gerechtigkeit, so aus Got fliesset, zwar nachstehen müsse, aber keine der andern widerspreche.

Noch einmal sage ich es, wer mich mit seinen Widerlegungen beehren wil, der dichte mir nicht gleich in voraus, und ehe er mich gelesen und verstanden hat, Grundsäze an, welche Tugend und Religion aufheben. Meine Lehre ist nicht von solcher Art; lieber wolte ich für einen elenden Schwäzer oder verkehrten Politiker, als für einen Ungläubigen und Kezer angesehen seyn. Man zittere aber nur auch nicht gleich bey jedem Saze, welcher der Menschlichkeit das Wort redet. Ueberzeuget mich vielmehr von dem politischen Schaden, der aus meiner Lehre entstehen möchte, und belehret mich, wenn ihr könnet, von dem grosen Nuzen, den euer gewöhnlicher Schlendrian von hergebrachten Meynungen verschaffet. Ich habe in folgender Antwort auf die Noten und die Anmerkungen ein öfentliches Bekentnis meiner Religion und der tiefsten Unterthänigkeit gegen meinen gebiethenden Herrn abgeleget. Gegen mehrere dergleichen Zunöthigungen mich zu vertheidigen halte ich für überflüßig. Wird aber jemand mit Gelassenheit und demjenigen Anstande wider mich schreiben, welcher rechtschaffenen Männern geziemet, und so viel Einsicht äusern, daß er mich mit dem Beweise der ersten Grundwahrheiten, die eben deswegen, weil sie die ersten, keines Beweises bedürfen, verschonet, so sol er mich nicht allein zur Antwort bereitwillig, sondern auch als einen friedfertigen Vererer und eifrigen Liebhaber der Wahrheit finden.

Anklage.

Anklage.

Der Verfasser wird von aller vernünftigen Welt für einen Feind des Christenthums, für einen schlechten Philosophen und bösen Menschen gehalten. (S. 155. u. f.)

Ob ich dem Gegner als ein guter oder schlechter Philosoph vorkomme, verschlägt nichts. Daß ich aber kein böser Mensch bin, können mir diejenigen bezeugen, die mich kennen. Man kan sehen, was ich für ein Feind des Christenthums seyn müsse, weil ich behaupte, daß der ösentlichen Macht obliege, die heilige Ruhe der Tempel zu beschützen. Wo ich von Fegfeuer rede, sage ich also: „Wir sind durch eine untrügliche Lehre versichert, „daß die Fleken, welche uns die menschliche Schwachheit „zugezogen, und welche den ewigen Zorn des höchsten „Wesens nicht verdienen, durch ein unbegreifliches Feuer „gereiniget werden müssen."

Anklage.

Der Verfasser sagt, daß die Herschaft der Religion über die menschlichen Gemüther etwas verhaßtes zu seyn scheine.

Die Herschaft der Gewalt über die menschlichen Gemüther ist nicht eine rechtmäsige Herschaft; nur Vernunftschlüsse, nur Ueberredung haben Recht zu dieser Herschaft, und der Heilige und Unbeflekte hat sich auf der Erde nicht mit Morden und Wuth verbreitet, sondern durch die Predigt, Leutseligkeit und himlische Tugenden; nie ist der Geist unsrer heiligen Mutter, der Kirche, ein Geist der Gewalt oder der Tyranney gewesen, sondern vielmehr ein Geist der Sanftmuth und Huld;

ein

ein mütterlicher Geist gegen alle Gläubige, welcher sie trachtet auf dem richtigen Pfade zu erhalten mit Freundlichkeit, mit Beyspielen, mit Ermahnungen und mit sanften Züchtigungen. So ist der Geist beschaffen, welchen jeder erleuchtete katholische Christ in der Braut Jesu unsers Herrn erkennet. Der heilige Mann, mein Ankläger, wil aber lieber der christlichen Kirche einen Geist zuschreiben, den sie zu allen Zeiten verabscheuet hat. Augustin bestimmet den Geist der Kirche also: Non in contentione, et aemulatione, et persecutionibus, sed mansuete consolando, benevole hortando, leniter disputando, sicut scriptum est: servum autem domini non oportet litigare, sed mitem esse ad omnes docibilem, patientem, in modestia corripientem diversa sentientes.

Anklage.

Der Verfasser ist ein verblendeter Feind des Höchsten.

Ich bitte den Höchsten von Grund meines Herzens demjenigen, der mich durch solche Beschuldigungen beleidiget, zu verzeihen.

Anklage.

Er lästert wider die Diener der evangelischen Wahrheit, indem er ihre Hände mit Menschenblut besprizt nennet.

Alle Geschichtschreiber von Carln ben Grosen bis auf Otto ben Grosen und noch weiter hinaus, sind von dergleichen Lästerungen angefült, weil die Geistlichen, die Aebte und Bischöffe ganz ungescheuet in Krieg zogen. Mein Ankläger kan Lästerungen von diesem Schlage in Ueberflusse in den Antiquitatibus Italicis dissert. XXVII. Tom. 2. col. 164. finden.

Anklage.

Anklage.

Wenn das ein Verbrechen ist, wodurch man den Nächsten beleidiget, so müste man auch die Häuser, welche einstürzen, die Feuersbrünste, die Wasserfluthen, die Steine, das Feuer, und die Gewässer bestrafen, weil sie der Geselschaft Schaden zufügen.

Der Endzwek der Strafen ist, nach meinen Grundsäzen, den Schuldigen zu verhindern, daß er seinen Mitbürger keinen neuen Schaden verursache, und andere abzuhalten, ähnlichen Schaden zuzufügen. Wenn man dadurch, daß man einstürzende Häuser, Feuersbrünste, Ueberschwemmungen, Steine, das Feuer und das Wasser strafet, verhindern kan, daß sie keinen weitern Schaden zufügen, und andere Gewässer und Flammen abgehalten werden, ähnliche Beschädigung zu verursachen, so wird man sie bestrafen müssen. Es ist die Obliegenheit des Anklägers zu beweisen, wie die physikalischen Erscheinungen mit in diese Reyhe zu stehen kommen. Man wird mir sagen, daß ein Toller einen Todschlag, eben so wie ein andrer, begehen kan, und doch nicht eben so, wie ein andrer Mensch, bestraft wird. Ich räume es ein, aber nicht deswegen bleibt der Tolle unbestraft, weil die Absicht und die Bosheit unterschieden ist, sondern weil der Wahnwizige der Geselschaft geringern Schaden verursachet, als der Gesunde, weil dieser Verbrechen zu verüben lehret, jener aber nichts weiter, als ein Beyspiel grausamer Narheiten giebt. Der Gesunde erwekt den Unwillen, und den Begrif von einer Mordthat; der Tolle hingegen erregt nur das Gefühl des Mitleidens. Daher gilt der Lehrsaz immer noch, daß der Maasstab der Strafen auch in diesem Falle nicht der Vorsaz oder die Absicht, sondern der Schade sey, welcher der Geselschaft

schaft widerfährt. Unter dem Worte Schaden muß man überhaupt alle Arten von Beschädigung verstehen, welche der Geselschaft, entweder aus der Handlung an sich selbst, oder durch das Beyspiel zuwächst. Allein der Gegner sucht mir ein wichtigers zu versezen. Kein wahres Verbrechen ist ohne Bosheit. Volkommen richtig; aber ein anderer Saz ist: kein wahres Verbrechen ist ohne Bosheit, und wiederum ein anderer Saz: die Bosheit ist nicht der Maasstab des Verbrechens. Ein Buch nicht verstehen ist ein geringes Uebel; es widerlegen, wenn man es nicht verstehet, ist ein grosses Uebel; es widerlegen und es schmähsichtig tadeln, da man es doch nicht verstanden, ist eines der grösten Uebel, welche die Kunst Buchstaben zu mahlen jemals den Menschen zuwege gebracht hat.

Anklage.

Der Verfasser beschuldiget die katholische Kirche einer Grausamkeit, und zielet dabey auf die weisen Männer der katholischen Kirche.

Die heilige katholische Kirche, in deren Schoose ich durch Gottes Gnade das Licht dieser Welt erbliket, deren Lehren ich als götlich verehre und als untrüglich glaube, in deren Schoose ich zu leben und sterben hoffe, ist von mir nie der Grausamkeit, oder irgend eines Fehlers angeschuldiget worden. Die Klugen in der katholischen Kirche sind meine Lehrer, und ich habe das zuversichtliche Vertrauen auf ihre Gelehrsamkeit, auf ihre Redlichkeit, daß ein jeder von ihnen, wenn sein reines Herz eines von beyden erwehlen müste, lieber dasjenige, was ich izt in der Beantwortung verrichtet habe, thun werde, als das, was mein Ankläger gethan, indem er mir fälsche und nie erwiesene Dinge in einer so wichtigen Materie vorgeworfen.

Anklage.

Anklage.

Der Verfasser leugnet, daß die Kezerey nicht könne ein Verbrechen der beleidigten götlichen Majestät genant werden.

In meinen ganzen Buche ist nicht eine einzige Sylbe, woraus man diesen Saz folgern könne. Denn ich hatte mir vorgenommen, von nichts anders, als von den Verbrechen und Strafen, aber nicht von den Sünden zu reden. Ich hätte vielleicht wohlgethan, wenn ich davon geredet hätte; allein es sey: darum daß ich unterlassen davon zu reden, habe ich noch lange nicht behauptet, daß die Kezerey nicht ein Verbrechen der beleidigten götlichen Majestät in einem gewissen, ich weis nicht eigentlich in, welchen? Verstande genennet werden könne. Mein Ankläger weis vielleicht nicht, wie sehr in denen Zeiten der Tyranney und Unwissenheit man das Wort der beleidigten Majestät schändlicher Weise gemisbrauchet, und es Verbrechen von ganz verschiedener Art, die gar nicht auf die Vernichtung der Geselschaft gerade zu abzielen, beygeleget. Er braucht nur *Leg. 2. Cod. de crimin. sacril.* nachzusehen, so wird er vernehmen, daß so gar diejenigen, welche in Zweifel ziehen konten: an is dignus sit, quem elegerit Imperator? als Schuldige der beleidigten Majestät angesehen worden. Er lese *Leg. 5. ad leg. Jul. Majest.* welcher Text das Verbrechen der Majestätsschändung so gar auf diejenigen ausdehnet, welche die Räthe des Prinzens beleidigen, und dieses aus dem lächerlichen und übertriebenen spizigen Grunde, weil ipsi. pars corporis nostri sunt. Er sehe *L. 9. Cod. Theod. de fals. monet.* nach, so wird er daselbst das Verbrechen der geschändeten Majestät lächerlicher Weise bis auf die falschen Münzer ausgedehnet finden. Er sehe *Leg. 5. ad L. Jul. Majest.* an, und er wird finden, daß so gar eine

eine Erleuterung nöthig war, daß derjenige nicht als ein Verbrecher der geschändeten Majestät solte gehalten werden, der von ohngefähr einen Stein wider eine Bildsäule des Kaysers werfe. Domitianus ließe eine Weibsperson ums Leben bringen, weil sie sich vor seiner Bildsäule entkleidet hatte. Auch in weniger von uns entfernten Zeiten wird er sehen, wie Heinrich der Achte die Geseze misbrauchte, und mit einer schändenden Todesstrafe den Herzog von Norfolk hinrichten liese, indem er ihm deswegen einer Majestäts Beleidigung beschuldigte, weil er das Wappen von Engelland auf das Silbergeschirre seiner Familie hatte stechen lassen. Er sehe, wie eben dieser König das Verbrechen der verlezten Majestät bis auf denjenigen erstrekte, welcher sich unterstünde, den Tod des Fürsten zu prophezeyen, woher es denn kam, daß keiner von den Aerzten ihm bey seiner lezten Krankheit den Tod ankündigen wolte. Wenn er noch mehrere dergleichen Dinge in Erfahrung bringen wird, so dürfte er vielleicht nicht mehr in seiner Auslegung so weit gehen, daß er es für Gotteslästerung hält, wenn ich geschrieben habe: „daß die blose Rachbegierde und Unwissenheit, „welche die Namen der Dinge und die deutlichsten Be„griffe verwirren, Verbrechen von ganz verschiedener „Art den Namen der beleidigten Majestät beylegen." Doch wir wollen meines Gegners eigene Worte hören: Der Leser wird schon bemerkt haben, daß der Verfasser hier das heillose Verbrechen der Kezerey meynet; daß er kühner Weise leugnet, daß man sie ein Verbrechen der beleidigten götlichen Majestät nennen könne, und daß er diejenigen, welche das Gegentheil lehren, als Tyrannen und Unwissende ansieht und noch obendrein mit unverantwortlicher Unbescheidenheit behauptet, daß die Kezer, welche die Kirche und

und Regenten verdammet, Schlachtopfer eines Ausdrukes sind.

Wie kan denn der Ankläger verlangen, daß die leser merken sollen, daß von dem Verbrechen der Kezerey gesprochen werde, wo von der Eintheilung der Verbrechen in drey Classen die Rede ist? Die erste, welche zur unmittelbaren Vernichtung der Verbrechen abzielet; die zwote, welche ein einzeln Mitglied der Gesellschaft verlezet; die dritte, welche nur allein den Gesezen zuwider ist. Wie kan wohl jemanden in den Sin kommen, daß von Kezerey geredet werde, wo nur die theoretische Betrachtung, und blos menschliche Eintheilung der Verbrechen angestelt wird, wie sie bey dem ganzen menschlichen Geschlechte, bey den Türken, Heyden und Kezern, ohne die geringste Rüksicht auf die Religion, algemein und durchgängig obwaltet? Wer mit der Kaysergeschichte nur einigermaasen bekant ist, der weis recht wohl, wie viele Menschen, einer dummen Tyranney und Unwissenheit, Schlachopfer eines Wortes gewesen; und dieses Wort ist eben die beleidigte Majestät.

Anklage.

Der Verfasser des Buches von den Verbrechen und den Strafen beschweret sich über unsere Gottesgelehrten, weil sie lehren, daß die Sünde eine unendlich grose Beleidigung ist, welche wider die götliche Majestät begangen wird.

Nachdem ich von der Natur des Verbrechens der beleidigten Majestät geredet, nachdem ich es als ein Verbrechen bestimmet, welches unmittelbar zur Vernichtung der Gesellschaft abzielet; nachdem ich den Misbrauch angezeiget, welchen man von diesem Ausdruke: beleidigte Majestät, in den Zeiten der Tyranney und

Becc. R der

der Unwissenheit gemacht, wo man diejenigen Thaten, die nicht zur Vernichtung der Gesellschaft abzielten, sondern vielmehr von ganz verschiedener Natur waren, Majestäts Verbrechen nannte, so wil ich nunmehro den Vorwand anzeigen, womit man auch diejenigen Handlungen zu Majestäts Beleidigungen machen wolte, die gar nicht so beschaffen waren, weil man die Verlezung der Geselschaft, und die Vernichtung der Gesellschaft vermenget, daher sage ich: „jegliches Verbrechen, obgleich nur ein privat „Verbrechen, beleidiget die Gesellschaft; allein nicht jedes „Verbrechen zielet auf die unmittelbare Vernichtung der- „selben ab. Daher kan nur eine schmähsichtige Auslegung, „welche gemeiniglich die Philosophie der Sklaverey ist, „dasjenige vermengen, was die ewige Wahrheit mit un- „abänderlichen Eigenschaften unterschieden und von ein- „ander getrennet hat." Das ist die Stelle, welcher mein Ankläger Folgendes beyfüget und anhänget: Hier beklaget sich der Verfasser über unsere Theologen, weil sie lehren, eine Sünde sey eine unendlich grose Beleidigung, welche wider die götliche Majestät begangen wird.

Wenn es ihm erlaubt ist die Werke des Puffendorfs zu lesen, so lese er sie, und er wird lernen, daß die moralischen Handlungen bey dem, der von der Staatskunst handelt, nicht von Sünde zu verstehen. Algemeine Regel: Ehe man Anklagen wider ein Buch aufbringen wil, muß man das Buch verstehen.

Anklage.

Der Autor sagt, daß der Philosoph, welcher das Herz gehabt, den ersten langezeit fruchtlosen Saamen der nüzlichen Wahrheiten unter die Menge, aus seiner düstern und verachteten Kammer auszustreuen, die Dankbarkeit der Menschen

schen verdienet, und daß, weil dieser Philosoph Rousseau ist, dieses eine gotlose Lästerung sey.

Nirgend habe ich gesagt, daß dieser Weltweise Herr Rousseau sey. Gesezt aber es wäre, daß ich ihn genennet oder gemeynet, so gewiß und wahr, als es falsch ist; was wäre dieses für eine gotlose Lästerung? Hätte irgend wo der Teufel einen guten Spruch gesagt, solte ich deshalben den Spruch verwerfen, weil ihn der Teufel gebethet?

Anklage.

Der Verfasser des Buchs von den Verbrechen und Strafen zeigt eine übermäsige Kühnheit, und läst eine erschrekliche Lästerung aus, wenn er sagt, daß weder die Beredsamkeit, noch die Anmahnungen, auch nicht einmal die erhabensten Wahrheiten vermögend sind, die Leidenschaften der Menschen auf lange Zeit zu bändigen.

Ich frage meinen theologischen Gegner, ob er glaube, daß diese erhabenen Wahrheiten, das ist, die heiligen Wahrheiten des Glaubens in Italien bekant sind? Er wird mir Ja antworten. Nun frage ich, ob in Italien die Leidenschaften der Menschen auf lange Zeit sind gebändiget und unterdrükt worden? Alle geistliche Redner, alle Richter, alle Männer Italiens antworten Nein. „Folglich sind in der That die erhabensten Wahrheiten „nicht hinreichend, die Leidenschaften der Menschen auf „lange Zeit zu bändigen," und so lange peinliche Richter, Gefängnisse und Strafen bey einem katholischen Volke vorhanden seyn werden, so wird dies ein Beweis und Anzeige seyn, daß „die erhabensten Wahrheiten nicht „vermögend sind, die Leidenschaften zu bändigen."

Anklage.

Anklage.

Der Verfasser schreibt mit heilloser Tüke und Betruge wider die Inquisition.

Mein Gegner hat die Stelle vor Augen, wo ich sagte: „daß es ein ergözendes Schauspiel und eine sanfte „Harmonie für den blinden (Katholischen) Haufen gewe- „sen, als sie das dumpfe Gewinsle der Elenden ge- „höret, u. s. w." Er selbst bekennet, daß die heidnischen Völker, und die Secten zu allen Zeiten, theils wider die Christen, theils wider die Kezer und wider die sectirenden Gegner die grausamsten und unbilligsten Martern ausgeübet. Er hat Recht und zwar ganz Recht; warum wil er aber schlechterdings, daß der blinde Haufe der katholische seyn müsse?

Ich habe mein Buch, wie jeder, der es lesen wil, erkennen kan, deswegen geschrieben, um die algemeine Theorie der menschlichen Gesezgebung von den Verbrechen und den Strafen festzusezen. Wäre diese algemeine Theorie in ihr völliges Licht gesezt (ein Glük, welches ich mir nicht schmeichle erreicht zu haben) so solte sie dir zum Nordsterne und Leitfaden für alle Gesezbücher des peinlichen Verfahrens bey den Heyden, den Christen, den Muselmännern und allen andern Geselschaften der Menschen, von welcher Religion sie auch seyn mögen, billigermaaßen dienen. So wie die Anfangsgründe der Geometrie, des Handels, der Arzneykunst und aller Wissenschaften geschrieben werden, ohne daß man die Geometrie oder den Handel blos der Christen beschreibet: eben so habe ich die Anfangsgründe des peinlichen Rechtes ohne weitere Einschränkung geschrieben, wie es mir nach der Wahrheit obzuliegen schiene.

Ich

Ich frage meinen Ankläger, ob er wohl glaubt, daß die Menschen lebendig zu verbrennen, dem Geiste der heiligen Kirche wahrhaftig gemäs sey? Wäre dies seine Meynung, so würde er unserer holdseligen und heiligen Mutter grosses Unrecht anthun. Unsere heilige katholische Kirche hat immer dergleichen grausame Schauspiele verabscheuet; er lese den Hilarius B. 1. Lactantius B. 3. den h. Athanasius B. 1. den h. Justin den Märtyrer B. 5. da wird er den wahren Geist der katholischen Kirche erbliken. Ich wil eben nicht sagen, als wenn alle Diener der hochheiligen und ehrwürdigen Gerichte allezeit, in allen Ländern und in allen Jahrhunderten, ihrem Berufe gemäs gehandelt: denn auch unter seinen Aposteln erlaubte der götliche Erlöser, daß ein verruchter und verworfener befindlich war; und da die Kirche Gottes aus Menschen besteht, so hiese dies Got versuchen und ein immerwährendes Wunderwerk fodern, wenn man verlangte, es solten niemals Unordnungen darinnen vorgehen. Allein der treue Christ kennet diese Unordnungen, und misbilliget sie. Ob übrigens der Ankläger wohl gethan habe, daß er den Schleyer, welchen er boshafte Dunkelheit nennet, abgerissen, und die vorhabende Frage bis zum Verständnis des Pöbels aufgeklärt, das weis ich nicht. Ich weis aber, um wieder auf unsern Streitpunct zu kommen, ich weis, daß die Abscheulichkeiten, die Menschen lebendig zu verbrennen, gröstentheils aller Orten in Europa von den laischen Gerichtshöfen begangen worden; ich weis, daß der gröste Theil jener Unglüflichen, um des Verbrechens der Hexerey und Zauberey willen, also behandelt worden. Man sehe den Niccolo Remigio, geheimen Rath des Herzogs von Lorena, welcher sich in seiner Daemonolatreja rühmet, er habe wohl neun hundert Hexen solchergestalt hinrichten lassen. Man sehe den Peter Roger im Supplement zum ökonomischen

Wörterbuche des Chomel art. Sorcelenè, Amsterdamer Ausgabe 1740. Man sehe *Pietro le Brun* storia critica delle praticha superstiziose Tom. 1. lib. 2. cap. 3. und man wird sehen, daß mehr als sechs hundert Hexenmeister in dem einzigen Districte des Parlements zu Bourdeaux elender Weise verbrant worden, und das zwar Got zu Ehren, (propter gloriam Dei) eine Redensart, die alles zu Boden wirft, alles zum Schweigen bringet — Der Mensch wil Got zu etwas Ehre verhelfen! Lächerlich. George Gobat zeiget in seinen moralischen Werken Tom. 2. Tract. 5. cap. 42. lect. 2. num. 63. daß im vergangenen Jahrhunderte zwey hundert Hexen in Schlesien verbrant worden. Er wird über diese Materie in der Bibliotheca magica Tom. 36. p. 807. und in der *Del Rio* Disquisit. Magic. und bey Crisperten de odio Satanae, Lib. 1. Disc. 3. und in Bodins Daemonomania, lib. 4. cap. 5. und bey *Lamberto Daneo*, welcher von den Del Rio angeführet wird, in seiner Vorrede zu den Disquis. Magic. und in den Bedenken des *P. Federigo Spe*, welcher dergleichen Todesstrafe ausbrüklich also nennet: certe irreligiosa haec mihi crudelitas videtur (Beb. 23.) hinlängliche Belehrung schöpfen können. Wenn meine Denkungsart mit der Gesinnung auch einiger dummen Kirchendiener, die Got zuweilen in seinem Zorne den Gläubigen gegeben, nicht übereinstimmet: hingegen dem Geiste der rechtgläubigen katholischen Kirche, der höchsten Bischöfe und der heiligen römischen Inquisition selbst, deren Hauptsorge dahin geht, alle ihre in der christlichen Welt verstreueten Diener in den Schranken der genausten Sanftmuth und einer väterlichen Gnade zu erhalten, gemäs ist: Wenn meine Meynungen, sage ich, mit diesem Stempel geprägt sind, wie wil mein Ankläger Freysprechung von seinen Lästerungen erlangen und sich entschuldigen, daß er mich dessenthalben als einen Man gescholten, welcher einen

tükischen

tütischen Abscheu gegen die geistlichen Gerichte und die Lehre des Christenthums hat (S. 156.) welcher den Namen eines verblendeten Feindes des Höchsten verdienet. (S. 156.) Glaubt er, daß diese neue Logik demjenigen zukomme, welcher über eine gottesdienstliche Materie zu schreiben unternimt; glaubet er einen höchsten nicht zu umgehenden Richter, der alles siehet und bis in die verborgensten Winkel der Herzen eindringet, und die Handlungen der Menschen mit unendlicher Gerechtigkeit richtet? Mein Gegner sagt also, daß ich in dieser Stelle von dem Verbrechen der Kezerey zu reden die Absicht gehabt habe. Wenn es nun aber auch so wäre, was hätte es denn zu bedeuten? Hätte ich auch zum Verbrennen der lebendigen Kezer nicht angerathen, so hätte ich den Rath gegeben, dasjenige weiter fort zu thun, was alle Katholiken heut zu Tage zu thun pflegen. Wo verbrennet man denn in unsern Zeiten die Kezer? Finden nicht selbst in Rom, vor den Augen des Stadthalters Jesus Christus, in der Hauptstadt des allein selig machenden katholischen Glaubens unzählige Protestanten verschiedener Nationen alle Pflichten der Menschlichkeit und Gastfreyheit? Wo ist jezo ein Kezer, den die heilige Inquisition in unsern Tagen zum Scheiterhaufen verdammet habe? Ich habe in meinem Buche gezeigt, daß der römische Hof und die Inquisition Recht haben, daß sie es also machen; mein Ankläger aber möchte gerne erweisen, daß eben diese Unrecht haben, es so zu machen. Doch damit er siehet, daß ich ehrlich mit ihm handele, so wil ich ihm zulezt noch einen Sieges Palmen in die Hände reichen, und vor ihm und der ganzen Welt meine Schwäche öffentlich und bemüthig bekennen, welche darinnen bestehet, daß es mir nicht löblich und gut scheinet, irgend einen Menschen zu verbrennen; ob ich gleich gerne einem jedweden seinen Geschmak lassen wil.

R 4   Anklage.

Anklage.

Was das für eine Blindheit ist, von der Religion als einer Sache zu reden, welche eine blose Maxime der Politik wäre, und noch die Frage aufzuwerfen, ob sie sich nach dem Beyspiele der andern Nationen richten müsse?

Wer macht denn deswegen aus der Religion eine blose Maxime der Politik, weil er sagt: es würde zu weitläuftig seyn, wenn man erweisen solte, wie in einem Staate eine volkomne Gleichheit der Denkungsart, in Ansehung der Religion, nothwendig sey?

Von der Religion sage ich, nicht etwa von einer gewissen Religion, als von der türkischen, confuziusischen, bramanischen, babianischen, lutherischen, calvinischen, und allen andern Religions Secten und Götzendiensten, die zu tausenden in der Welt vorhanden sind, welche allesamt den prächtigen Namen Religion führen. Ich sage also, daß es weitläuftig wäre, zu beweisen, daß eine volkommene Gleichförmigkeit der Denkungsart in der Religion in einem Staate zur öfentlichen Ruhe schlechterdings nothwendig sey. Ferner sage ich, „daß es auser meinen „Zweke seyn würde, wenn ich solches beweisen wolte." Wiederum sage ich, „daß man es für deutlich erwiesen „annehmen muß, daß diese Gleichförmigkeit der Den- „kungsart schlechterdings nothwendig sey." Wie mag wohl bey dieser Gelegenheit meinen Ankläger in Kopf gekommen seyn, mich zu beschuldigen, daß ich von unserer heiligen Religion rede, als wenn sie eine blos politische Maxime wäre? Wie kan er sich mit der Obliegenheit beladen, mir dasjenige zu beweisen, was ich an verschiedenen Stellen meines Buches selbst gethan, nehmlich daß nur eine wahre Religion, alles übrige aber Blindheit und Aberglaube sey.

Ich

Ich habe schon gesagt, daß, weil ich von den Verbrechen und Strafen schriebe und die peinliche Gesezverfassung überhaupt untersuchte, es meinem Vorhaben gemäs wäre, von der Religion zu reden, sie sey beschaffen wie sie wolle, wahr oder falsch, um einzig und allein den politischen Einfluß derselben zu betrachten, ohne auf ihre Wahrheit oder Irrigkeit Rüksicht zu haben. Daß es unter den Christen Secten gebe und gegeben habe, und in groser Menge noch geben werde, welche unter sich durch sehr spizfündige, unüberdenkliche und dunkle Unterschiede von einander getrennet werden, ist einem jeden bekant. Und hierauf läuft alles anzügliche Vorbringen meines Anklägers wider die Freygeister, wider die Freydenker und wider meine Dumheit hinaus. Nun wird er doch aber einsehen, ob die vielen frommen und eifrigen Männer, welche mich gelesen und verstanden, Unrecht haben, wenn sie in meinem Buche nicht allein die erschreklichen und aufrührischen Irthümer finden, welche von je her wider die oberste Gewalt und wider die christliche Religion von allen gottesvergessenen Rezern und von allen alten und neuen Religionsfeinden und Spöttern (S. 187.) ausgebrütet worden, so wie er solche in meinem Buche findet, weil er es (ich muß es doch nur sagen) nicht verstanden hat.

Solte auch noch nach Anzeigung der vier Artikel, welche zu erweisen wären, darüber ein Zweifel entstehen, ob es schwer zu beweisen sey, daß Gewalt und Todesstrafe zu brauchen zur öfentlichen politischen Wohlfarth (wovon mein Buch handelt) nüzlich sey; so wird dieser Zweifel um vieles vermindert werden, wenn man erwäget, daß Lactantius in diesen Worten mir beyfalle: Defendenda religio est non occidendo, sed moriendo; Non laevitia, sed patientia; Non scelere sed fide. Diesem wollen

wollen wir eine Stelle des Muratorius beyfügen: Mihi potius et vnice sumo, commendare et suadere summis potestatibus moderationem hac in re et mansuetudinem. Ecclesiasticorum autem omnium esse puto, legum iustitiam hocce in negotio mitigare potius, quam accendere, et spiritum lenitatis ab Apostolo commendatum, non vero saevitiam, vbique prodere et meminisse ecclesiasticam lenitatem, sacerdotali contentam iudicio, cruentas refugere vltiones, vti ait S. Leo in *Epist. 93.* Tantum autem abest vt ecclesia suadeat extremam severitatem in devios a fide, vt ab ipsis sacris arceat religiosos viros talia suadentes, alioque pacto in iudicium mortis influentes.

Es komt mir vor, daß sich mein Gegner bey seinen Schreiben vorgestellet, daß die Einwohner des Caucasus oder Taurus und die Wilden in Canada, nicht aber Italiäner ihn lesen würden, und freylich würde er unter jenen vortreflich paradiret haben.

Anklage.

Der Verfasser nennet die Ordensleute politische Müßiggänger.

So viel ist gewis, daß die höchsten Bischöffe und der katholischen Fürsten gewissenhafte und erleuchtete Minister es jederzeit für die Gesellschaft, sowohl als für die Religion, schädlich gefunden und noch so finden, daß sich in dem Schoose des Staats Menschen aufhalten, denen obbesagte Bestimmung zukomt. Die Tempelherren, die Jesuiten, Humiliaten und andere dergleichen Orden sind von der Wachsamkeit der höchsten Bischöffe abgeschafft; die Geseze, die pragmatischen Sanctionen, die Verordnungen der Beherscher von allen Staaten Europens, welche darüber vorsichtig machen, daß die Reichthümer

thümer nicht in tobe Hände zusammengehäuft werden, beweisen mehr als zu augenscheinlich, daß die Furcht für diesen politischen Müßiggang vernünftig und christlich ist.

Anklage.

Der Verfasser des Buches von den Verbrechen und Strafen sagt, daß etliche keine andere Verschuldung auf sich ziehen, als daß sie ihren eigenen Grundsäzen treulich nachhängen, und hiermit wil er die Rezer verstanden wissen.

Kent denn mein Gegner keine heiligen Märtyrer, welche keines andern Verbrechens schuldig waren, als daß sie ihren Grundsäzen treulich anhiengen, und ihren Glauben an die von Gott geoffenbarten Wahrheiten standhaft bewahreten?

Anklage.

Der Autor gehört unter die gotlosen und verruchten Schriftsteller, welche aus den Geistlichen Harlekine, aus den Monarchen Tyrannen, aus den Heiligen Fanatiker, aus der Religion Betrügerey, und so gar die Majestät ihres Schöpfers lästerlich machen.

Der Ankläger schreibt meine Stelle folgender gestalt ab. Erst beschwert er sich über meine unglaubliche Kühnheit und Verblendung, da ich gesagt habe: daß die asiatischen Meynungen (nehmlich die Religion) und die Leidenschaften (das sind die christlichen Fürsten) welche mit Macht und Ansehen bekleidet wären, gröstentheils unvermerkt, (durch die Predigt der evangelischen Wahrheiten) zuweilen aber auch durch gewaltsame Eindrüke (durch die auffallendesten Wunderwerke)

verwerfe) auf die verzagte Leichtgläubigkeit der Menschen (das christliche Volk) gewirket und die einfachen Begriffe verstäubt, worinnen vielleicht die aufkeimende Philosophie der ersten Gesellschaften bestund, und worzu das Licht dieses Zeitalters (das Licht war in der Welt, aber die Finsterniß ꝛc.) dem Ansehen nach wieder zurükkehret ꝛc.

So hat es denn allenthalben, und besonders wenn man diese Stelle liest, das Ansehen, daß als der Gegner mein Buch von Verbrechen und Strafen in die Hand genommen, in gotseliger Absicht, zu sich gesagt habe, bevor er es noch eröfnete: Das Buch wil ich widerlegen.

Anklage.

Der Verfasser des Buchs von den Verbrechen und den Strafen schließt erkühnter Weise alles dasjenige aus, was die gesunde und richtige Vernunft, die Staatskunst und die Religion zur guten Verfassung des menschlichen Geschlechts lehren.

Ich erwarte die Beweise, womit mein Gegner eine so seltsame Beymessung erhärten wil; damit er aber inzwischen sehe, daß ich etwas, das die gesunde und richtige Vernunft, die Staatswissenschaft und die Religion lehret, gar nicht ausschließe, so wil ich ihm eine so unumstößliche als bekante Wahrheit, die mir eben jezo beyfält, sagen: daß die Geseze, welche für die Sicherheit und wider schändliche Verläumder sorgen, in der Verfassung des menschlichen Geschlechts, ausnehmend gut sind.

Anklage.

Anklage.

Der Autor zieht mit einer fürchterlichen Offenherzigkeit und auf eine rasende Art wider die Fürsten, wider die Geistlichen, los.

Die Offenherzigkeit ist kein Laster, qui ambulat simpliciter, ambulat confidenter, qui autem depravat vias suas, manifestus erit, sagt der heilige Geist in den Sprüchwörtern c. 10. Daß meine Freymüthigkeit dem Ankläger fürchterlich vorkomt, darüber gebühret ihm Richter zu seyn; denn er bezeuget es also, und ich glaube ihm.

Er beliebe unterdessen das politische Lehrgebäude des VATTEL *le Droit des gens ou Principes de la loi naturelle*, L. 1. chap. 4. nachzusehen, so wird er diese rasende Art von grosen Herren zu reden, ebenermaaßen finden: La souveraineté est cette autorité publique, qui commande dans la societé civile, qui ordonne et dirige ce, que chacun y doit faire, pour en atteindre le but. Cette autorité appartient originairement et essentiellement au corps meme de la societé, auquel chaque membre s'est soumis et a cédé les droits, qu'il tenoit de la Nature, de se conduire en toutes choses suivant ses lumieres par sa propre volonté et de se faire lui meme. Mais le corps de la societé ne retient pas toujours à soi cette autorité souveraine: souvent il prend le parti de la confier à un senat, ou a une seule personne. Ce senat, ou cette personne est alors le Souverain. Ich habe die Stelle aus diesem berühmten Staatslehrer nicht deswegen hergeschrieben, um meinen Gegner mit der Autorität, in Rükficht des Ursprungs des politischen Körpers, zu überzeugen, oder als wenn ich ihn in seinem herlichen Systeme irre machen wolte, das er sich über den Ursprung der bürgerlichen Geselschaft geschmiedet hat, und zwar nach solchen Gründen, welche, wenn sie auch
nicht

nicht die Deutlichkeit zum Verdienste haben, sich doch wenigstens durch ihre Sonderheit auszeichnen. Ich wil aus den politischen Grundsäzen meines Herrn Gegners einige beybringen, welche mir zufälliger Weise in die Augen gefallen. Sie lauten also: Ein gemein gemachtes Gesezbuch würde die Menschen dreister machen, Verbrechen zu begehen, und die Verbrechen vervielfältigen. (S. 26.) Die Furcht erhält die Reiche. (S. 164.) die Bosheit der Menschen nimt nach dem Maaße der Freyheit zu. (S. 165.) Eine Obrigkeit, welche heimliche Ankläger der Verbrechen wider den Staat annimt, und die Angeber nie offenbaret, wenn sie auch gleich solche als Verläumder finden solte, ob dergleichen Verfahren gleich zuweilen einen Unschuldigen zum Untergange gereichen könte, muß dennoch für ein Gerichte gehalten und angesehen werden, welches für alle Staaten heilsam und vortheilhaft, welches ein Meisterstük der menschlichen Staatskunst ist, (S. 50.) u. s. w. Vortreflich! bündig! gotselig! ausnehmend schön! vor drittehalb hundert Jahren möchte er übel und böse, jedoch nur bey gewissen heiligen Leuten, Beyfal gefunden haben, aber leider! heut zu Tage, dürfen dergleichen Sächelgen ohne Vorwurf nicht geschrieben werden, und keiner von den gebietenden Herren, welche die verschiedenen Staaten regieren, wird mich, der ich das Gegentheil behaupte, als einen Feind ihrer geheiligten Gerechtsame ansehen. Unsere Zeiten hegen keinen Caligula, keinen Nero, keinen Heliogabalus mehr. Mein Ankläger thut den Fürsten Unrecht, und beleidiget sie höchlich, wenn er glaubt, daß ihnen meine Grundsäze Unrecht thun. Ich habe mir in meinem Buche nichts anders, als die Natur der Strafen und der Verbrechen überhaupt zu untersuchen vorgenom-

gar mitten unter den unabänderlichen Uebeln des Krieges geschonet, die politische Freyheit vermehret, der Handel aller Arten zum Leben gebracht, prächtige Wohnungen für die entkräftete und rechtschaffene Kriegsmänner errichtet, Verarmte und Betler von Hunger und Schmach befreyet, aus landesherlicher Huld und Mildthätigkeit ernähret, beherberget und verpfleget; elende Waisenkinder, wie auch diejenigen, welche ohne die bürgerliche Genehmigung und wider die Verordnungen der Kirche die Welt erbliket, Geschöpfe, welche ehedessen unglüklicher Weise ums Leben kamen, jezt in vielen Theilen von Europa, durch die natürliche Vorsorge der Fürsten, dem Rachen des Todes entrissen werden. Die künftigen Zeiten werden in diesem philosophischen Jahrhunderte, wo Philosophen auf dem Throne sizen, nicht die asiatische Pracht, wie ehedessen an Höfen, sondern stat deren Menschlichkeit, wohlthätiges Wesen und ausgeschüttete Segenswünsche ihrer beglükten Völker um die Thronen der heutigen Monarchen, als Opfer rauchen lassen. Sie werden überhaupt die Früchte einer sanften und erlauchten Tugend erbliken, welche den unterscheidenden Charakter unsers Zeitalters ausmachen. Allein wie werden sie solche glänzende Beyspiele mit den Beschwerden meines Anklägers vereinigen; ist es möglich, werden die Gelehrten in jenen Zeiten ausrufen, daß die damaligen Gebieter das Recht mit Todesstrafe zu belegen für einen so kostbaren Schaz ansehen konten, um einen Gelehrten zu hassen, weil er solche abzuschaffen, angerathen? Wie es überhaupt scheint, daß mein Gegner kein Weltman sey, und gar wenig vernünftige Bücher gelesen habe, so siehet man auch hier, daß er von der Denkungsart der heutigen grosen Monarchen schlecht unterrichtet sich befindet. Er lasse sich demnach belehren, daß unsere jezigen Monarchen weit entfernt, das trauervolle Recht, einem Menschen

das

das Leben zu nehmen, für schäzbar zu halten, dieses Verfahren für mehr als eine der schmerzhaftesten Beschwerden des fürstlichen Amtes ansehen: Er lasse sich gesagt seyn, daß alle heutige Fürsten nicht im mindesten das Recht, mit dem Tode zu bestrafen, achten, sondern vielmehr denjenigen belohnen würden, welcher ein Mittel vorfinden könte, die öfentliche Sicherheit zu erhalten, ohne einen einzigen Menschen ausrotten zu dürfen. Er wisse, daß in diesem philosophischen Jahrhunderte einige Fürsten dem Beyspiele eines Kaysers Mauritius, Anastasius und Isaaks nachgefolget, welche nie die Gewalt, mit dem Tode zu bestrafen, haben brauchen wollen. Er mag nun darüber als ein heiliger Man jammern und klagen, so viel er wil, so ist es doch wahr und einmal nicht anders, als daß alle heutige Regenten (dergleichen gotseliger Seufzer ungeachtet, die scharfe Sittenlehrer darwider gen Himmel hinauf steigen lassen) die Anwendung der Todesstrafe eingeschränkt, gemäsiget und in ihren Staaten vermindert haben. Dies alles betrift weder die Glaubensartikel noch die Könige, sondern es kommt auf ein bloses Urtheil, und folgenden Vernunftschlus an:

Man muß zur Todesstrafe nicht schreiten, auser wenn sie nüzlich oder nothwendig ist.

Nun ist die Todesstrafe weder nüzlich noch nothwendig;

Folglich muß man nicht zur Todesstrafe schreiten.

Wir haben demnach hier nichts mit der Rechtsame der Regenten zu schaffen. Mein Ankläger wird doch nicht behaupten wollen, daß man zur Todesstrafe schreiten solle, wenn sie gleich weder nüzlich noch nothwendig ist. Ein so ärgernisvoller und unmenschlicher Saz kan unmöglich aus dem Munde eines so überschwenglich

Becc. S

schwenglich frommen und gotseligen Mannes gehen. Habe ich in dem Mittelsaze unrichtig geurtheilet, so ist dies ein Verbrechen der beleidigten Vernunftlehre, aber keines der beleidigten Majestät. Uebrigens sind doch meine Irthümer verzeihlich, weil sie unter die Anzahl dererjenigen gehören, worein so viele eifrige Christen in den ersten Jahrhunderten der Kirche gefallen. Man ziehe hierüber die heiligen Väter zu Rathe, worunter Tertullian in apolog. cap. XXXVII. also saget: Es war bey den Christen eine von ihren Regeln: lieber den Tod selbst zu leiden, als ihn andern anzuthun: und in dem Tractate von der Abgötterey Cap. 18. und 19. verwirft er alle Arten von weltlichen Bedienungen, und verbietet sie den Christen, weil sie genöthiget wären, die Schuldigen zum Tode zu verurtheilen. Jedweder sieht sehr leichte, wie man in den damaligen Zeiten in Ansehung des Abscheues der Verurtheilung zum Tode vielleicht zu weit gegangen; ich wil auch hierinnen dem Gutdünken des Tertullians nicht beytreten; vielmehr habe ich mit dem heiligen Augustin gesagt: es sey besser, daß die Verbrecher, anstat sie zum Richtplaze zu führen, alicui vtili operi integra eorum membra deserviant. AVGVST. *Epist. CCX.* Ich begnüge mich, meinen Ankläger damit zu zeigen, daß der Geist der ersten Christen mir günstig sey, wenn ich wünsche, die Fürsten schritten nicht zur Todesstrafe, sondern beschüzten die öfentliche Sicherheit auf eine andere Weise, und daß dieser Saz sehr von meinem theologischen Herrn Gegner und einiger seines Gleichen unterschieden sey, da er schlechterdings zur Ehre Gottes die Menschen wil ermordet wissen. Mein Got, was giebt es doch in der Welt für sonderbare Begebenheiten! Ein Mensch ist es, der sich wider mich auflehnet, weil ich gelehret: man solle die Menschen nicht ermorden, bis es der Nuzen oder die Nothwendigkeit erfordert! und

ein

ein Mensch getrauet sich einen Menschen deswegen zu sagen, daß etwas Unschikliches in dieser Meynung sey (S. 108.) daß ich unsinnige Raisonnements mache (S. 112.) daß ich ein Betrüger bin (S. 114.) daß ich die götliche Vorsehung selbst der Grausamkeit beschuldige (S. 118.) daß ich ungereumtes albernes Zeug vorbringe (S. 130.) und daß endlich verständige Menschen dergleichen Narheiten jederzeit mit verächtlichen Augen ansehen, und selbige für Misgeburten erboster Menschen halten werden, wie er sagt, daß ich mich bewiesen habe. (S. 135.)

Er hat ferner durch Anführung der heiligen Schrift einen Beweis beygebracht, welche wider einen Saz, den er nicht recht verstanden, nichts beweist. Ich muß ihm also dasjenige, was in unzählich vielen gar gemeinen Büchern geschrieben stehet, wiederholen, nehmlich daß die Regierung des Ebräischen Volks nicht monarchisch, nicht aristokratisch, nicht demokratisch, nicht vermischt, sondern Theokratisch war, das ist, eine solche, welche unmittelbar aus der Hand Gottes kam, indem er sich durch manchfaltige Wunderwerke zur Gunst und Belehrung seines Volkes sichtbarlich zu erkennen gab, und durch die Stimme der Propheten unmittelbar mit diesem Volke redete. Wil mein Gegner die heilige Schrift und die guten und rechtgläubigen Ausleger derselben lesen, so wird er sehen, daß viele Thaten in der Geschichte dieses Volks mit Bestande der Gerechtigkeit von uns nicht nachgeahmet werden dürfen, so wie der Ausgang aus Egypten, der Eingang in das Land der Verheisung mit einigen Umständen verknüpft gewesen, welche nur allein damals gerecht waren, da sie vom Schöpfer und Herren der Menschen und aller Dinge angeordnet und befohlen worden, dem Herren, dessen Wege gerecht und wunderbar, aber

zugleich)

zugleich dem schwachen Auge der Sterblichen unburch-dringlich sind. Nebst dem, was ich jezt angezeiget, muß ich meinem Ankläger auch noch in Erinnerung bringen, daß mit der Bekantmachung des Evangeliums und des Gesezes von der Gnade, nicht sowohl die Cerimonialgeseze des alten Testamentes, sondern auch (man merke dieses) die richterlichen abgeschaft worden, wie Tertullian uns schreibet: *Vetus lex vltione gladii se vindicabat, nova autem lex clementiam designabat. Adverſ. Jud. Cap. 3.* Dieses sind alles Sachen, welche eben keine tiefe Gelehrsamkeit erfordern. Es ist ferner zu erwägen, daß in der einzigen Criminalsache, worüber unser Erlöser richtete, nicht die Steinigung, wie sie in den Gesezen verordnet war, sondern vielmehr die Begnadigung erfolgte. Mein Gegner erforsche nur recht den Geist des heiligen Evangeliums, die Apostelgeschichte, die Schriften der ersten Christen, die Gesinnung der heiligen Kirche, welche vom Kirchendienste alle diejenigen ausschliest, welche sich des Todes eines Menschen theilhaftig gemacht, und dann sehe er zu, ob seine oder meine Meynung der Menschlichkeit, der Wohlthätigkeit, der Duldung menschlicher Schwachheiten und Irthümer (alles Tugenden, welche mein Gegner zweydeutig findet S. 30.) gemäser sey? Wo ist wohl ein Gesez, welches zu sagen oder zu schreiben verbietet, die Regierung könne vortreflich bestehen, wenn auch keinem Verbrecher die Todesstrafe zuerkant wird! Diodorus erzählt im 1 B. 65 Cap. daß Sabaco, König von Egypten, die Todesstrafe mit sehr belobter Huld in die Strafe der Knechtschaft verwandelt, und die Missethäter zum gemeinen Besten durch ihre Arbeit, mit sehr glüklichen Erfolge angewand. Strabo im XI B. sagt von gewissen Völkern, welche nahe an den Caucasus wohneten: *nemini mortem irrogaſſe, quamvis peſſima merito.* Die

römische

römische Geschichte bestätiget eben dieses, weil nach dem Portiusischen Geseze kein römischer Bürger anders, als durch den Ausspruch des ganzen Volks, das Leben verlieren konte. Endlich bekräftigt solches das Beyspiel der zwanzig jährigen Regierung des weitläuftigsten Kayserthums der Welt, da die Prinzeßin Elisabeth bey Ersteigung des Moskowitischen Thrones, keinem das Leben zu nehmen, geschworen und diesen Eyd gehalten, ohne daß die strafende Gerechtigkeit dadurch in ihrem Laufe gehemmet, oder die öfentliche Ruhe im mindesten gelitten, oder der Thron erschüttert worden. Demnach ist es nicht durch Speculation, sondern durch die That selbst erwiesen, daß eine Regierung bestehen kan, ohne jemals wider einen Verbrecher mit der Todesstrafe zu verfahren. Und wenn ich also eine offenbar erwiesene That aufgeschrieben, kan wohl mein Gegner glauben, daß ich die Geseze oder die Regenten gelästert. Ist es vielleicht einem Bürger, der aber den vorhandenen Gesezen Folge leistet, verboten zu wünschen oder zu schreiben, daß man noch bessere, angemessenere, deutlichere und gelindere Geseze verfassen möchte? Ist etwa der hochverdiente und berühmte Herr Marquis Scipio Maffei als ein Störer der öfentlichen Ruhe und Schänder der Geseze, der Regenten und der Kirche angesehen worden, weil er die Begriffe der Menschen von der Zauberey bestritten, und man auch von ihm sagen könte, daß er alle Regenten, alle weltliche Gebieter und die Weisen der Kirche als grausame Tyrannen ansehe, weil sie die Bösewichter (S. 133.) (die Hexenmeister und die Hexen müste man alsdenn sagen) zum Tode verurtheilten, wie mein Ankläger mir solche Verschuldung beymißt! Glaubet er, daß in Europa auch nur eine einzige Regierung sey oder seyn könne, welche sich für so volkommen halte, daß sie es für eine Beleidigung und einen Schimf auf-

nehmen

nehmen würde, wenn man ihr einige Abänderungen anzurathen hätte. Uebrigens wiederhole ich nochmals, daß ich bey meinem Buche eben so gedacht wie Grotius *I. B. et P. prolegom.* Vere profiteor, ficut mathematici figuras a corporibus femotas confiderant, ita me in iure tractando ab omni fingulari facto abduxiffe animum.

Anklage.

Der Verfaſſer hat nicht aus Liebe zur Menſchlichkeit geſchrieben, ſondern einzig und allein um ſeine Galle wider die gemeine Art zu urtheilen auszuſchütten.

In dieſen frommen Urtheile, welches mein gotſeliger Ankläger, denn dafür wil er gehalten ſeyn, und viele halten ihn wirklich dafür, über die verborgenen Bewegungen meines Gemüths fället, iſt er eben nicht glüklicher als in der Beurtheilung meines Buches. Die Züge der Menſchlichkeit, die jeder Unpartheyiſcher in meinen Schriften antreffen wird, ſind (ich glaube, das wird ein jeder ſehen) aus dem Grunde meines Herzens gekommen; alſo gebe ich jederman zur Beurtheilung, ob ich nicht aus Liebe zur Wahrheit, ſondern blos zur Ausſchüttung meiner Galle wider die gemeine Art zu urtheilen geſchrieben habe.

Beſchlus.

Jeder vernünftige Leſer, der meines Gegners Noten und Anmerkungen ſelbſt geſehen, mag überlegen und urtheilen, wie weit er ſeine Säze erwieſen.

Auſer augenſcheinlichen Zunöthigungen, welche man darinnen lieſt, habe ich keine Einwürfe vorgefunden, welche nur auf einen Anſchein von Wahrheit gegründet wären.

wären. Ich verspüre auch zur Zeit nicht einen einzigen von den schlimmen Gewissensbissen, welche, wie er meynet, mich beunruhigen müsten (S. 6.); im Gegentheile habe ich Ursache, von Herzensgrunde zu wünschen, daß seine Absicht so lauter und rein gewesen seyn möge, daß er sich Ruhe und Friede in seinen gotseligen Gewissen versprechen könne.

Die Anklagen, welche mein theologischer Gegner nicht vor einem Gerichtshofe, sondern im Angesichte aller Richter, aller Gerichte von Italien wider mich aufgebracht, sind gar keine Sache der Litteratur. Wären diese Vorwürfe erwiesen, so wäre ich der abscheulichste Mensch von der Welt. Sind sie nicht erwiesen, so verzeihe ich ihm dennoch, und bitte ihn um nichts anders, als sich künftig der Aeuserung seines Urtheils über andere Schriftsteller zu enthalten. Und solte man sich diese schmeichelhafte Hofnung nicht machen dürfen, so beliebe er wenigstens zum Troste desjenigen, dem es dereinst unglüklicher Weise gelten wird, gleich auf den fodersten Titelblatte einen Zettel mit rothen Buchstaben anzuhängen, auf welchen er Nachricht gebe: Er sey derjenige, welcher die Noten und Beobachtungen über das Buch geschrieben, welches betitelt ist: von Verbrechen und Strafen.

ENDE.